du même auteur

Essais

Paul Klee, l'œil en trop, La Différence, 1988 ; 2e éd., La Différence, « Matière d'images », 2007.

L'ombre de la nuit. Essai sur la mélancolie et l'angoisse dans les œuvres de Mario Sironi et de Paul Klee entre 1933 et 1940, La Différence, 1993 ; 2e éd., La Différence, « Les Essais », 2005.

Lindström, La Différence, « Mains et merveilles », 1993, épuisé.

L'art abstrait, P.U.F. « Que sais-je? », 1994 ; 2e éd., 1995, épuisé.

Paul Klee, le geste en sursis, Hachette, 1995 ; 2e éd., Hachette Littératures, « Pluriel », 2008.

L'art en France, 1945-1960, Nouvelles Éditions françaises, 1995, épuisé.

L'expérience esthétique à l'épreuve de la phénoménologie, P.U.F., 1995, épuisé.

Hergé, Tintin le terrible ou l'Alphabet des richesses, en collaboration avec J.-L. Marion, Hachette, 1996 ; 2e éd., Hachette Littératures, « Pluriel », 2006.

Le cinéma de Michelangelo Antonioni, Éditions Images modernes, 2003. Prix « Philippe Arnaud/Cinémathèque française », 2004, épuisé.

Wu Guanzhong, La Différence, « Mains et merveilles », 2007.

Le cinéma saturé. Essai sur les relations de la peinture et des images en mouvement, P.U.F., « Épiméthée », 2007 ; 2e éd. revue et augmentée, Vrin, « Essais d'art et de philosophie », 2011.

Histoire de l'art et phénoménologie. Recueil de textes 1984-2008, Vrin, « Essais d'art et de philosophie », 2009.

Le cinéma d'Akira Kurosawa, Vrin, « Essais d'art et de philosophie », 2011.

Romans et récits

Lettres d'août, La Différence, 1990.

Quarante jours dans la neige, Éditions du Regard, 1990, épuisé.

Le rêve de la guerre, La Différence, 1990.

Le malheur, La Différence, 1991.

La chambre du cerf, La Différence, 1992.

La craie, Seuil, 1996.

L'homme malade d'amour, Bartillat, 1998.

Le sang clair, La Différence, 2003.

le cinéma saturé

dans la même collection

Éric ALLIEZ, avec la collaboration de Jean-Clet MARTIN, *L'œil-cerveau. Nouvelles histoires de la peinture moderne*, 480 pages, 2007.

Laure BLANC-BENON, *La question du réalisme en peinture. Approches contemporaines*, 384 pages, 2009.

Alain BONFAND, *Histoire de l'art et phénoménologie. Recueil de textes 1984-2008*, 448 pages, 2009.

Alain BONFAND, *Le cinéma d'Akira Kurosawa*, 204 pages, 2011.

Fabienne BRUGÈRE, *L'expérience de la beauté. Essai sur la banalisation du beau au* XVIIIe *siècle*, 208 pages, 2006.

Anne-Marie CHRISTIN, *Poétique du blanc. Vide et intervalle dans la civilisation de l'alphabet*, 208 pages, 2009.

Danielle COHEN-LEVINAS, *La voix au-delà du chant. Une fenêtre aux ombres*, 320 pages, 2006.

Thomas DOMMANGE, *Instruments de résurrection. Étude philosophique de* La Passion selon saint Matthieu *de J.-S. Bach*, 384 pages, 2010.

Roman INGARDEN, *Esthétique et ontologie de l'œuvre d'art*. Choix de textes (1937-1969), présentation, traduction et notes de P. Limido-Heulot, 288 pages, 2011.

G.E. LESSING, *Traités sur la fable*, précédés de la *Soixante-dixième lettre*, suivis des *Fables*, édition bilingue, avant-propos de N. Rialland, postface de J.-Fr. Groulier, 224 pages, 2008.

Frédéric POUILLAUDE, *Le désœuvrement chorégraphique. Étude sur la notion d'œuvre en danse*, 432 pages, 2009.

Roger POUIVET, *L'ontologie de l'œuvre d'art*, 272 pages, 2010.

Eugène VÉRON, *L'esthétique*, 448 pages, 2007.

essais d'art et de philosophie

Alain Bonfand

le cinéma saturé

essai sur les relations de la peinture et des images en mouvement

deuxième édition revue
et augmentée

ouvrage publié avec le concours
des Beaux-Arts de Paris

« Le mode d'être artistique d'une œuvre peinte est celui qu'elle tient de l'artiste et de l'art auxquels elle doit d'exister.
Le mode d'être esthétique d'une peinture est celui qu'elle tient de l'expérience par laquelle et dans laquelle elle est appréhendée comme œuvre d'art ».

Étienne Gilson de l'Académie française
fondateur de la collection

directrice de collection :
Jacqueline Lichtenstein

6, place de la Sorbonne, Paris V^e
ISSN 0249-7913
ISBN 978-2-7116-2381-5

Pour Domitille

avertissement

Dans *For ever Mozart*, Jean-Luc Godard, citant Manoel de Oliveira, pour insister sur ce qu'il demande à son cinéma et au cinéma, dit : « une saturation de signes magnifiques qui baignent dans la lumière de leur absence d'explication ». Cela serait la vérité du cinéma, entre apparaître et disparaître. Déjà, en janvier 1958 dans les *Cahiers du cinéma*, Godard écrivait d'un film de Nicholas Ray : « Car *Amère Victoire*, comme le soleil, nous fait fermer les yeux. La vérité aveugle. » « L'absence d'explication » indique qu'une telle saturation a bien eu lieu, et son lieu, l'écran, serait alors celui d'une déroute intentionnelle.

On peut lire ce livre selon une perspective phénoménologique : la réduction est souvent le levier de la confrontation peinture-cinéma, et la question du phénomène saturé est assurément le fil de cette investigation.

Si ce livre peut apparaître de prime abord comme une suite d'« études de cas », c'est parce que chaque intuition est venue des images fixes et en mouvement, jamais du calque d'une position conceptuelle sur ces images.

J'ai résisté à la tentation d'aimanter par analogie d'autres références, afin de ne pas subsumer ces images. Ainsi s'explique le caractère arbitraire des auteurs évoqués (Lewin pour commencer et Tarkovski pour conclure). L'étude coïncide avec cette opération où l'œuvre va résister toujours davantage à l'analyse : c'est aussi l'affirmation d'une méthode, chercher la co-présence d'un commentaire à son objet, aucune image ne devant se subroger à une autre. Les films de Lewin supposent un type d'exégèse où la description l'emporte, quand ceux de Godard s'épuisent et se convertissent en théorie ; en dernière instance le cinéma de Tarkovski met la théorie en déroute, laissant celle-ci anéantie devant une évidence d'un autre ordre. En commentant des plans dont les phénoménalités sont comparables de façon troublante, j'ai voulu accorder le commentaire et ses suites à l'esprit de l'œuvre. Ainsi, « ce qui aveugle » dans l'avant-dernier plan de *Vivre dans la peur* d'Akira Kurosawa et « ce qui aveugle » dans le dernier plan de *L'Éclipse* d'Antonioni, appellent deux régimes d'interprétation pour une lecture comparable ; il s'agit moins de préserver des crans liés à l'interprétation que de ménager de l'implicite dans la théorie. L'angoisse et sa phénoménalité, sous la forme de l'éblouissement puis de l'aveuglement, dominent ces deux exemples. J'ai souhaité, en regardant *Vivre dans la peur*, rester en-deçà de la théorie, non pas seulement parce que Kurosawa s'en méfiait jusqu'à l'agacement, mais essentiellement parce que je reste convaincu que l'événement qui ouvre à l'idée esthétique donne plus que le concept. Et si, dans le commentaire de *L'Éclipse*, je cède à une interprétation heideggerienne, c'est d'une certaine manière « en accord » avec Antonioni, qui avant d'être cinéaste fut un critique, qui cherchait dans la théorie un outil pour penser le cinéma en attendant que son cinéma aussitôt l'en libère. Il existe un article surprenant d'Antonioni publié dans le n°155 de la revue *Cinéma*, en décembre 1942, et intitulé « Suggestions de Hegel ». Cet article est antérieur d'un an aux premiers plans filmés de ce qui sera son court métrage *Gente del Po*, qu'il ne montera qu'après-guerre. Cette tentation philosophique restera dans son cinéma sous l'image, sans que jamais il ne s'agisse d'un cinéma à thèse ou de l'illustration d'une idée. J'ai seulement fait, en regardant *L'Éclipse* par exemple, un peu d'archéologie. Mon analyse se situe entre ce que peut demander au cinéma une lecture historique, se référant à ce qui est intentionnel dans le cinéma, et ce qui est pour moi l'essence du cinéma, c'est-à-dire la liberté d'une surinterprétation, de sa puissance anticipatrice, ce qui en somme sollicite l'intuition et le pouvoir des analogies. Cette dimension anticipatrice trouve son ampleur tragique dans le court métrage *La Montagne rouge* du film *Rêves*, en 1990, de

Kurosawa, une anticipation au-delà de la question du dépassement de la peinture par l'image en mouvement.

On retrouvera, nonobstant, au gré de la comparaison peinture-cinéma ainsi revisitée, quelques questions centrales de l'esthétique : celle de l'instant prégnant ou celle de la mise en crise du cadre, celle du sublime aussi bien. Un mouvement (chaque étude marque une étape dans son affirmation) guide ces analyses. Un mouvement tel un courant dont la trace se dessinerait en se laissant dériver. Cette dérive est celle d'une *Aufhebung*, une relève de la peinture par le cinéma. Mais un retournement s'opère : un contre-courant ouvrant à la surface du cinéma, et parfois comme sur un écran, un remous visible. Le titre de la seconde partie – « Une saturation de signes magnifiques » – désigne ce retournement. Le cinéma, à ses limites, retrouve l'origine de la peinture : images acheiropoïètes pour Godard, icônes pour Tarkovski. Quand Godard, dans ses *Histoire(s) du cinéma*, affirme qu'avec Manet commence la peinture moderne, c'est-à-dire le cinématographe, il propose une généalogie. Cette «*Aufhebung-boomerang*» – le dépassement de la peinture par le cinéma, puis le moment où la peinture remonte à la surface du cinéma – procède aussi du déplacement pour Godard de cette question : il ne cherche plus à trouver une généalogie du cinéma dans la peinture, mais au contraire son essence, et cette essence, il la décèle dans les images acheiropoïètes, ces images non faites de main d'homme. Baudelaire a écrit que Manet était le premier dans la décrépitude de son art. Godard dit lui-même : « Chaque fois que j'aime un film, on me dit que ce n'est pas du cinéma. » Que ce dépassement, non pas celui de la peinture par le cinéma, mais du cinéma par lui-même, aboutisse chez Godard à un cinéma qui devient en images une théorie, une histoire et une doctrine, permet de lui appliquer la sentence de Baudelaire à propos de Manet. On entend bien sûr que « le premier » est à la fois un pionnier, un expérimentateur, et celui qui excelle.

La relève du cinéma par une théorie et une philosophie, où le cinéma est bien ce dépassé comme dépassé intériorisé, cette «*Aufhebung-boomerang*», est assurément l'ultime étape de l'œuvre de Godard, lucide et mélancolique. À « Chaque fois que j'aime un film, on me dit, Jean-Luc, ce n'est pas du cinéma », répond l'exergue du *Temps scellé*, le livre de Tarkovski. Cet exergue : « Andreï, ce ne sont pas des films que tu fais… », vient d'une conversation entre Tarkovski et son père, le poète Arseni Tarkovski, après la première de son film *Le Miroir*.

Que sont les films de Tarkovski ? Ils poussent effectivement le cinéma à sa limite. À la question : « Votre foi en Dieu se confond-elle ainsi avec votre foi en l'art ? », Tarkovski avait répondu : « L'art, c'est la capacité de créer, c'est le reflet, dans le miroir, du geste du Créateur. Nous, artistes, ne faisons que répéter, qu'imiter ce geste. » En conclusion, ce livre risquera l'hypothèse que les films de Tarkovski sont aux films en général ce que les icônes sont à la peinture.

Été 2007 – printemps 2011

première partie
la relève de la peinture par le cinéma

chapitre premier
la peinture dans le cinéma
un dépassement de la citation : les films d'Albert Lewin

Abraham Lehr, le directeur général des studios Goldwyn, avait, en 1922, prédit à Albert Lewin : « Tu ne feras jamais carrière dans le cinéma, tu es trop cultivé pour cela »[1].

La peinture a, dans le cinéma de Lewin, la mission de conférer au septième art des lettres de relief, de noblesse, une dignité.

> Je trouve regrettable que les compagnies américaines ne se lancent plus que dans des superproductions... Je ne vais plus que rarement voir un film hollywoodien, mais je vois beaucoup de films européens. Chez des gens comme Fellini et Bergman il y a de l'idée, de l'originalité. Il y a plusieurs très bons réalisateurs italiens et deux ou trois très bons britanniques et français. Ils ont ravi aux États-Unis tout le côté artistique du cinéma[2].

1. Cité par Patrick Brion, *Albert Lewin : un esthète à Hollywood*, Paris, Éditions Durante, 2002, p. 17.

2. *Ibid.*, p. 100.

Cette reconquête, ou cette conquête, de la dimension artistique, a son outil essentiel pour Lewin dans l'usage de la peinture, un usage plus subtil qu'on ne pourrait le croire ; les tableaux ne seront pas les blasons cloués à un quelconque décor, mais le point d'origine auquel le film va devoir s'accorder. Chaque film de Lewin en témoigne, à des degrés de complexité divers. Une complexité paradoxale puisque l'effet de capture du film par un tableau est parfois poussé à la caricature : grandiloquence ou emphase, qui masquerait volontiers cette complexité.

Pandora and the Flying Dutchman est le film où ce rapport est le plus passionnant. Jean-Pierre Vivet l'avait noté dans les *Cahiers du cinéma* dès la sortie du film en octobre 1951 :

> *Pandora* n'est pas un film qui donne envie d'écrire une critique sérieuse, il vaut moins et plus que cela, il fait sourire et en même temps rêver à un cinéma qui se serait débarrassé de ces gangsters et de ces flics, de ces filles-mères et de ces petites sœurs des pauvres, à un cinéma dont les héros seraient glorieux comme la mort, les héroïnes belles comme la nuit. Cinéma involontaire comme on dit poésie involontaire. Les maladresses de *Pandora* sont plus émouvantes que ses qualités et, dans leur excès même, ces fautes de goût le rattachent à la grande tradition baroque. C'est aussi ridicule qu'une couverture de magazine et puis on tourne la page et voilà qu'on se met à penser à ces nuits de Julien Gracq toutes pleines de déambulations et de conciliabules mystérieux au milieu des dunes argentées par la lune [1].

Le tableau qui donne le ton à tout le film est un faux, non pas un tableau de faussaire, ni la copie d'un tableau de De Chirico, et s'il donne la sensation d'en être la caricature, c'est parce qu'il est une clef visible à l'excès. Elle ouvre tout le film. Il y a dans *Pandora* une énigme, et la clef de l'énigme est posée là, dans la cabine du Hollandais, comme sur un plateau en argent exagérément travaillé [2]. Cette clef est un tableau, un portrait à la manière de De Chirico, et malgré Ava Gardner et James Mason, stars s'il en est, ce tableau, au moins en regard du

1. Jean-Pierre Vivet, *Cahiers du cinéma*, n°6, octobre 1951, « Pandora ou la clé des songes ».

2. Cette métaphore de la clef me traverse dans une analogie inattendue avec *Secret Beyond the Door* (*Le Secret derrière la porte*, 1948) de Fritz Lang.

scénario, leur vole la vedette. Je laisse Herman G. Weinberg résumer avec ironie le propos :

> *Pandora and the Flying Dutchman*, que les New-Yorkais découvrent après les Parisiens, écrit et dirigé par Albert Lewin, se réclame de l'Art avec un grand A (comme *The Moon and Sixpence* et *The Picture of Dorian Gray*). On ne peut que féliciter Lewin de cette ambition. La plupart des réalisateurs américains n'essayent même pas de l'avoir. Mais ici le scénario fourni par Lewin-auteur à Lewin-réalisateur met Lewin-producteur dans l'impossibilité de produire une œuvre majeure. L'erreur initiale est d'avoir mélangé deux légendes qui n'ont rien de commun. La deuxième erreur est de lier tout cela par un dialogue ampoulé qui se veut profond et qui en définitive ne signifie absolument rien. Enfin la troisième et plus grave erreur est d'avoir mis en scène le tout de façon à ce que l'on ne puisse jamais croire aux personnages ni à ce qu'ils disent. Les longs emprunts au prétendu journal du Hollandais Volant, à Shakespeare et à Omar Kayan, plus les propos philosophiques ahurissants de Lewin lui-même, appellent au bout d'une heure la boisson rafraîchissante et la compresse froide sur le front. Lewin a pourtant le sens de la composition et de l'image saisissante. Le petit village de pêcheurs espagnol est merveilleusement photographié en tons doux et chauds, ainsi qu'Ava Gardner (la femme fatale) qui "prend" admirablement le technicolor[1].

C'est la référence, non pas directement à De Chirico, mais à une atmosphère chiriquienne selon ce tableau, qui vient cimenter les deux légendes, unifier les citations, gommer l'incompossibilité des éléments. Ce tableau est une boîte de Pandore qui laisserait par effluves s'instiller dans tout le film un climat particulier, une *Stimmung* chiriquienne qui, même si l'on ne veut pas prendre le film au sérieux, nous oblige à accorder à Lewin le crédit de cette culture qui fait de lui ce personnage paradoxal à Hollywood, auteur de peu de films et peut-être finalement peintre par délégation, artiste nostalgique, à la fois en retard et en avance sur son outil.

Résumons : le film tourne autour de la scène du tableau en deux temps. Le Hollandais Volant est marin et artiste, peintre d'un seul

1. Herman G. Weinberg, « Lettre de New York », février 1952, adressée aux *Cahiers du cinéma* de mars 1952.

tableau, celui de la femme aimée, assassinée et perdue, peintre d'un tableau anamnèse, peintre en attente de rédemption. Pandora Reynolds entre par effraction dans la cabine ; alors, dans un rapport spéculaire où la toile se substitue au miroir, elle découvre son double dans ce tableau en attente de son modèle. Ainsi la référence à De Chirico coïncide avec l'énigme ; elle se noue et se dénoue en trois temps : anticipation par allusions, explicitation (pour que la thématisation soit pleine, on doit atteindre cette butée qu'est le tableau filmé au moment où le Hollandais le peint), symbolisation et amplification enfin, où progressivement une logique chiriquienne devient le moteur implicite du film. Cette scène du tableau éclaire rétroactivement certains plans antérieurs, les estampe après coup d'une marque surréaliste et devient le geste, ou la note, sur lequel toute la tonalité affective du film vient s'accorder ensuite. La référence à De Chirico est moins la boîte de Pandore de tout le film qu'un mode d'emboîtement qui peut régler la disposition des données du décor et les intuitions mises en scène selon cette logique singulière propre au monde du peintre : anticipation, présage, inquiétante étrangeté. Lewin s'en est expliqué sans pour autant démêler le filet chiriquien qui retient le film comme il retient les corps des amants remontés par les pêcheurs :

> Il était donc naturel pour moi d'essayer de faire un film délibérément surréaliste. Ce désir prit forme dans *Pandora*. L'habitude qu'avaient les surréalistes de juxtaposer des images anciennes et modernes, qui est particulièrement remarquable dans l'œuvre de De Chirico et de Paul Delvaux, m'a surtout troublé. J'ai trouvé dans le personnage du Hollandais Volant, qui avait été condamné à vivre pendant plusieurs siècles, un symbole de juxtaposition des époques. J'ai déjà parlé de l'épisode où il peint un portrait de femme qui, nous le découvrons plus tard, avait été sa femme des années auparavant. Parmi les épisodes surréalistes du film, il y a aussi la scène de la course d'auto sur la plage, un bolide qui passe à vive allure devant la statue d'une déesse grecque debout sur le sable. En réalité, c'est cette image qui fut la première pour moi et qui me poussa à développer l'histoire toute entière de Pandora. Les personnes qui finançaient le film voulaient naturellement l'éliminer parce qu'elle était difficile à réaliser, et que, à leur avis, elle n'apportait rien à l'histoire. Une autre scène qui a peut-être un caractère assez surréaliste est celle de la soirée dansante sur la plage

> au cours de laquelle des hommes en habit dansent avec des filles en costume de bain sur la musique de "*You're driving me crazy*", jouée par un ensemble de jazz placé, d'une manière érotique, parmi les fragments d'anciennes statues avec la mer en arrière-plan. Cela aussi, me disait-on, devait être éliminé puisque n'ayant rien à voir avec l'histoire. Finalement cette scène ne fut pas coupée. Peut-être faudrait-il supprimer les sculptures de la cathédrale de Chartres puisque le monument tiendrait debout sans elles [1].

Cette évocation souligne un antagonisme très moderne entre l'histoire, le récit et un plan dont la puissance picturale ou évocatrice conquiert une autonomie [2]. Les deux scènes évoquées scellent la confrontation et la complémentarité de deux mondes, mais avouent aussi la volonté explicite de faire un film européen, ambitieux, intellectuel, malgré, dans ou grâce à la machine hollywoodienne.

La scène du portrait, quant à elle, a un rôle crucial dans la diégèse. On sait que la peinture commandée à Man Ray pour le film ne fut pas utilisée. Le tableau que l'on peut voir est de Ferdinand Bellan. Mais la photographie d'Ava Gardner, exposée dans la cabine-atelier du Hollandais, montrée tel un médaillon et tenant lieu d'un portrait en costume d'époque, est de Man Ray. C'est à Londres que Lewin avait acheté à Roland Penrose et à Lee Miller l'échiquier que l'on voit dans le film lorsque Jeffrey, l'archéologue, joue contre lui-même, échiquier également conçu par Man Ray.

Il faut donc nuancer l'idée d'un film dont la matrice aurait été exclusivement l'œuvre de De Chirico. La pliure surréaliste et la volonté de faire un film cultivé n'atténuent pas, mais consolident au contraire cette dimension. Comme le Hollandais Volant peint son tableau à la façon de De Chirico, Lewin construit son film selon les principes et l'atmosphère d'une œuvre de De Chirico. L'étrangeté, cette inquiétante étrangeté, voulue et assumée, semble avoir été à plusieurs reprises confirmée lors du tournage, comme si, au décalage ordonné des époques, à la facticité des décors et à l'atmosphère lestée de

1. Cité par Patrick Brion, *Albert Lewin : un esthète à Hollywood*, *op. cit.*, p. 113.

2. Je pense au producteur caricatural qui traverse les couloirs du film de Godard *Passion* en vociférant : « Une histoire ! Une histoire ! Mais il faut une histoire ! »

présages, s'ajoutait une sorte de conspiration des éléments. Comme s'il y avait un complot pour faire de *Pandora* à la fois un film clinquant et un film de malaise, un film aveuglant et souterrain, explicite et mystérieux, un film oxymore en somme.

Jack Cardiff, le chef-opérateur, relate deux événements du tournage qui prennent soudain à la lecture une portée involontairement mais résolument chiriquienne :

> On a commencé à tourner *Pandora* à Tossa del Mar sur la côte Est de l'Espagne. J'ai vite compris que j'avais un problème : ni James ni Ava ne supportaient d'être éblouis par la lumière, chose courante chez les acteurs. Nous devions tourner une scène d'amour sur une plage au clair de lune. À cause des arrière-plans, il était impossible de le faire de nuit, on avait donc recours à la nuit américaine, ce qui impliquait l'usage de lampes et de réflecteurs afin d'équilibrer le visage des acteurs contre la lumière crue et aveuglante du soleil d'Espagne… Voyant James et Ava cligner douloureusement des yeux, j'ai fait installer au-dessus d'eux d'immenses dais de tulle noir, ce qui atténuait un peu la luminosité. Mais restait l'éclat éblouissant de cette plage chauffée à blanc : alors – et c'est d'un ridicule caractéristique – on a dû pulvériser de la peinture sur le sable ! La scène n'a pas bien marché : outre la difficulté qu'il y a à interpréter une tendre scène d'amour au clair de lune sous la canicule espagnole, les vagues déferlaient dans un tel grondement que le dialogue intime que se chuchotaient Ava et James était inaudible (pour finir, on a limité le tournage aux plans larges et réservé les gros plans pour le studio)[1].

Peindre un décor pour dire ou contredire une tonalité affective, n'est-ce pas ce que fera de façon délibérée et presque théorique Antonioni dans *Le Désert rouge* ? Mais comment faire sentir ce qu'il y a de mystérieux et paradoxal dans cette description de tournage, qui est finalement la description d'un tableau de De Chirico : l'entrelacs de deux sensations, l'angoisse du plein midi – l'heure de l'ombre la plus courte – tamisée en nuit américaine, comble de l'oxymore, et l'inquiétante étrangeté, juxtaposition des contraires où transpirent sous l'image la sensation de malaise, celle de présage et d'attente.

1. Cité par Patrick Brion, *Albert Lewin : un esthète à Hollywood*, *op. cit.*, p. 119.

Les ombres et les statues de De Chirico ne sont-elles pas aussi les protagonistes d'une action toujours repoussée, toujours retardée, attente sous les projecteurs de lumières contradictoires ?

La présence de la peinture de De Chirico n'est pas le calque de tel ou tel tableau qui remonterait à la surface du plan, telle une citation d'image ou une réminiscence. Le film est chiriquien certes dans son atmosphère, mais plus encore dans son principe : anticipation, présage, étrangeté. La présence d'éléments thématiques devenus communs aux deux univers, telle la figure de l'archéologue, gomme l'explicite de l'influence. Ainsi, ce qui pourrait apparaître comme une « citation » de la peinture dans le film permet en fait de constituer un système herméneutique face à une œuvre qui prétend à une dimension mystérieuse ou énigmatique. Aux trois temps : anticipation par allusions, explicitation, symbolisation et amplification, répond une topographie de l'image héritée de la vision de De Chirico, et que l'on conçoit rétroactivement comme indice du tableau, cette fois sous nos yeux. À partir de ce pli du film (le tableau sous nos yeux), s'impose une dramaturgie chiriquienne, ainsi qu'en témoigne le flash-back (scène en costumes d'époque – on pense bien sûr aussi au dernier De Chirico – se jouant sur un dallage qui renvoie à ce curieux échiquier, inattendu dans le mobilier de l'archéologue), où une part de l'intrigue se révèle au spectateur.

Revenons sur ce pli du film : la scène où Pandora Reynolds, nue mais drapée dans une voile, silhouette entre la statue et l'ange, va pénétrer dans la cabine du Hollandais occupé devant un chevalet. Se conjuguent alors des éléments énigmatiques et arbitraires : elle revêt un peignoir couleur du vêtement que l'effigie représentée porte dans le tableau, mais surtout, dans le miroir placé au fond de la cabine, et où devrait se refléter l'image de Pandora, seul joue le reflet de la palette, tel celui d'un soleil hésitant. À ce moment, le film s'écarte d'une dimension surréaliste moderne et cultivée, pour entrer dans sa tonalité métaphysique. On pense au texte publié en 1918 à Ferrare qui témoigne de ce que l'art métaphysique doit, pour De Chirico, supplanter le futurisme. Un prétendant vient par amour pour Pandora de détruire son bolide, mais ce geste de sacrifice va être supplanté par le mystère qui la saisit dans l'atelier du Hollandais. On a vu que Lewin soulignait l'importance de cette scène, sa charge surréaliste, mais le bolide est aussi l'emblème du futurisme, relayé par la gratuité de l'acte. Vitesse et danger, ces ingrédients modernes et futuristes affirment un contraste en regard de l'atmosphère surréaliste qu'arriment les statues sur la plage déserte. Ces effets s'éteignent dans un mélange de stupeur et de douceur dans la cabine-atelier et laissent place à une révélation proprement métaphysique :

> Cette révélation (ou intuition si l'on préfère) doit, selon moi, être ressentie d'une manière si intense, donner une telle joie – ou une telle souffrance – que nous soyons contraints à peindre sous l'impulsion d'une force encore plus grande que celle qui pousse un affamé à mordre comme une bête sauvage dans le morceau de pain trouvé par hasard [1].

La scène suivante répond à cette souffrance ou à cette joie. Dans l'apparition du tableau, le mouvement s'accomplit en trois temps : le visage idéal peint « sans modèle », la rature infligée à ce visage par Pandora, enfin la tête ovoïde (visage sans visage, figure de mannequin explicitement chiriquienne) reprise par le Hollandais. La puissance de la référence avère que celle-ci est plus qu'une citation. Le spectateur perçoit dans la rature que la référence devient complexe. Quelque chose saute et se décale, fait basculer le film dans un autre horizon. Supprimer en une seconde la représentation du visage d'Ava Gardner (auto-suppression) trahit que l'objet érotique jouit du même statut que la supposée citation et le geste sacrilège confirme le visage d'Ava en gloire d'autant plus que l'espoir d'entrevoir Ava nue vient d'être déçu. Herman G. Weinberg, dans la suite de sa lettre de février 1952 adressée aux *Cahiers du cinéma*, consignait :

> Il y a surtout la scène où elle nage, nue, vers le yacht mystérieux ancré dans la baie. Hélas ! la censure (américaine ou autre) étant ce qu'elle est, nous ne voyons d'Ava Gardner que son ravissant visage et ses épaules. À peine a-t-elle mis le pied sur le pont qu'elle découvre une

1. Giorgio De Chirico, *Manuscrit de la collection Paul Eluard, 1911-1915*, traduit par Claude Lauriol, repris dans *Les Réalismes*, catalogue d'exposition, Paris, Centre Georges-Pompidou, 7 décembre 1980-20 avril 1981.

> bâche pour s'en faire un peignoir bien venu. Pitié! un plan, un seul plan, d'Ava Gardner, debout sur le pont dans cette nuit tropicale baignée de lune... et sans peignoir eût suffit pour rendre *Pandora* inoubliable. Ainsi, à la souffrance intellectuelle que provoque le film s'ajoute celle de la frustration de cette scène.

Dans la scène clef du film, la question devient moins celle de la représentation que celle de la rature. Le tableau ne symbolise-t-il pas ce qu'est cette femme perdue, attendue, retrouvée pour le protagoniste? Il faut pour cela effacer le visage réel de celle qui sauve (« Mon nom est Pandora Reynolds d'Indianapolis ») en accomplissant ce passage par la rature et le neutre d'un visage de mannequin. Le tableau dans le film devient un outil essentiel du récit, et puisque paradoxalement la rature de la représentation est un renvoi au réel, c'est-à-dire à la fiction, le tableau anticipe les étapes successives du film. Dès que le visage est raturé, le moteur narratif se réenclenche pour que se réalise l'argument fantastique du film, c'est-à-dire l'actualisation, dans le temps de la fiction, du second mythe, celui du Hollandais Volant, lié au premier, celui de Pandora.

On peut à l'envi théoriser ce moment central, trébuchet de changeur narratif et scène d'un affrontement exemplaire entre le tableau, art hérité, et le cinéma; penser cette scène comme emblématique et la comprendre tel le lieu d'une tension peinture-cinéma. Naît l'hypothèse qu'à moins d'une rature, il ne peut y avoir représentation; la peinture ne « ferait voir » le cinéma qu'absorbée par lui, que si le cinéma, après l'avoir conduite à nouer et complexifier l'énigme, parvenait à l'effacer, c'est-à-dire à la faire entrer dans le récit – un peu à la façon d'un fantôme – et donc sur un mode essentiellement autre que la citation. Ici le tableau est mis en scène comme un acteur à part entière, au sens propre du terme il s'incarne. Au lieu d'entrer dans le récit comme une image fixe – une image citée –, non seulement il le modifie, mais se modifie en le modifiant. Envisager la relation de Pandora avec son portrait de manière seulement spéculaire serait réducteur, le portrait est une autre Pandora. Le cinéma donne alors à la peinture la puissance d'une icône profane, lui confère un sens sacré, celui du mythe. Le tableau se substantialise, est une substance traitée à l'égal d'un acteur; le geste de Pandora qui défigure, à la fois gifle et rature, n'a pas lieu contre une image, ou alors il est, au sens théologique, iconoclaste.

Ce geste a son précédent dans le cinéma de Lewin: il conclut *The Picture of Dorian Gray* (*Le Portrait de Dorian Gray*, 1945). Ce portrait est exagérément visible parce qu'il est le lieu d'une tension extrême entre la peinture et le cinéma. Lorsque l'on cherche dans le cinéma le spectacle ou le double de la peinture, qui se présenterait sans rature, sans mise en crise, et postulerait une homogénéité illusoire de la peinture et du cinéma, advient alors ce que stigmatise Jacques Aumont:

> La peinture devient parfois dans le film et même dans le cinéma tout entier un recours régressif et souvent gratuit. Ce n'est pas cette présence-là toute de surface qui m'intéresse; rien ne m'ennuie davantage, je crois, que la citation dans les films [1].

La peinture n'est jamais tant visible dans le cinéma que lorsqu'elle affirme et fait sentir sa radicale hétérogénéité. Cette hétérogénéité sera au cœur des confrontations « en double aveugle » du cinéma d'Ozu et de l'œuvre de Mondrian, du cinéma de Ford et de la peinture de Clyfford Still.

Dans la cabine-atelier du Hollandais, le tableau est la table de navigation du film, à la fois compas, boussole et portulan pour un scénario délibérément tordu. Il permet au film de changer de cap et conjure les invraisemblances en énigmes; il centre l'attention sur ce qu'il est, une image devenue figure de proue et qui s'incarne. Il semble même que Lewin, partant du modèle de De Chirico et « utilisant » Ferdinand Bellan, assume sa nostalgie de peintre. Le tableau par repentirs et ratures, en quelques secondes, raconte l'évolution d'un style à un autre. Épitomé un peu dérisoire des styles qui constituent dans l'imaginaire de Lewin l'idée de l'art moderne: au premier tableau tel qu'il se présente – un portrait classique – répond un récit « classique », tortueux et hollywoodien mais sans mystère ni énigme;

1. Jacques Aumont, *L'œil interminable*, Paris, Librairie Séguier, 1989, p. 10; 2e éd., Paris, La Différence, 2007.

la balafre modifie le tableau et la reprise du Hollandais en fait un tableau métaphysique. Le récit s'accorde à ce nouveau tableau, il entre dans le mystère et l'énigme, substitue au prosaïsme de l'immanence un arrière-monde où chaque événement est lesté de présages. Le tableau s'incarne quand il cesse d'être pour et dans le film une simple image. Il se fond dans le mythe, et ce passage confère à l'œuvre une essence mythique.

Pandora, en usant de la métaphysique chiriquienne, sans pour autant chercher des schèmes et des dispositifs de tableau qui feraient penser, par un jeu de calques dans une sorte de fondu enchaîné virtuel cinéma-peinture, à telle ou telle œuvre, impose une vision et une compréhension d'ensemble de l'œuvre de De Chirico et de son essence métaphysique. Oui, le décor est parfois jalonné d'accessoires qui sont ceux de la mélancolie, mais tout le film est par tropisme, selon la loi des présages, orienté vers l'idée de révélation, qui est l'essence métaphysique de l'œuvre de De Chirico. Parce que De Chirico a mis en scène les symboles, les instruments et les emblèmes de la mélancolie, on l'a trop vite catalogué comme *le* peintre de la mélancolie. Or De Chirico est le peintre de l'apparaître, d'un apparaître qui a lieu dans les emblèmes, les symboles et les situations de la mélancolie, malgré les emblèmes, les symboles et les situations de la mélancolie. L'apparition dit d'autant plus nettement sa préoccupation principale, l'épicentre d'une très grande partie de son œuvre : que celle-ci est mise en scène, peinte dans le décor qui devrait y faire obstacle et écran. Chez De Chirico la thématique de la mélancolie est soumise à la révélation, comme on dit « soumise à la question », elle répond de l'énigme de l'apparition. L'énigme chiriquienne tient moins à la mélancolie qu'à l'apparaître. Il faut tout d'abord écouter De Chirico lui-même :

> Le rôle essentiel revient toujours à la révélation [...]. Quand une révélation jaillit à la vue d'une composition d'objets, l'œuvre qui hante nos pensées reste étroitement liée aux circonstances dont elle est née [...]. L'œuvre vraiment profonde d'un artiste jaillira du plus intime de son être ; elle ne contiendra aucun souvenir de ruisseaux murmurants, aucun chant d'oiseaux, aucun bruissement de feuilles [...]. La révélation que nous avons d'une œuvre d'art, l'intuition d'une image,

> doit représenter une chose qui ait un sens en elle-même, sans l'aide d'aucun sujet, d'aucun sens conforme à la logique humaine [1].

Non seulement le mot *révélation* revient en leitmotiv, mais il détient aussi un caractère de soudaineté, de surprise, de surgissement : « la révélation jaillit », « l'œuvre vraiment profonde d'un artiste jaillira du plus intime de son être ». Enfin et surtout, De Chirico suppose (je reviens sur la citation précédente) que son intensité sera ressentie selon une *joie* ou une *souffrance*. Sans revenir sur la portée que confère le mot « intuition » à une telle idée de la révélation, insistons sur le mot « hasard ». De Chirico fait comprendre que ce qui a lieu dans la révélation est imprévisible, et le mot « hasard » renvoie immanquablement au mot « intuition ». Une telle notation est loin d'être un hapax. Dans un texte publié dans la livraison d'avril-mai 1919 de *Valori Plastici*, De Chirico écrit :

> Prenons un exemple : j'entre dans une pièce, je vois un homme assis sur une chaise, je vois pendre du plafond une cage contenant un canari, j'aperçois sur le mur des tableaux, une bibliothèque pleine de livres ; tout cela ne me frappe pas, ne m'étonne pas, puisque le collier de souvenirs qui se rattachent les uns aux autres m'explique la logique de ce que je vois ; mais admettons que pendant un moment et pour des raisons inexplicables, indépendantes de ma volonté, le fil du collier se rompe, qui sait comment je verrais l'homme assis, la cage, les tableaux, la bibliothèque ; qui sait quelle stupeur, quelle terreur et peut-être aussi quelle douceur et quelle consolation j'éprouverais en regardant cette scène ? Le décor cependant ne serait pas changé, c'est moi qui le verrais sous un autre angle. Et nous voici arrivés à l'aspect métaphysique des choses. Par déduction, on peut conclure que chaque chose a deux aspects : l'un banal, que nous voyons le plus souvent et que voient les hommes en général, l'autre spectral et métaphysique, que ne peuvent voir que de rares individus, dans des moments de clairvoyance et d'abstraction métaphysique, de même que certains corps, cachés par une matière impénétrable aux rayons du soleil, apparaissent sous la puissance de rayons artificiels comme des rayons X, par exemple [2].

1. Giorgio De Chirico, *Manuscrit de la collection Paul Eluard, 1911-1915*, *op. cit.*
2. *Valori Plastici*, n° 1, avril-mai 1919, p. 15-18, traduction F. Roche.

Il y a une surprenante coïncidence des termes entre cette esthétique de l'attente et de l'apparition et le ressort dramatique de *Pandora* : « qui sait quelle stupeur, quelle terreur et peut-être aussi quelle douceur et quelle consolation j'éprouverais en regardant cette scène ? » semble écrit pour le moteur dramatique qui préside à la plupart des situations clefs du film. Le fil du « collier qui se rompt » est bien l'indice et le signal d'un suspens, d'une sorte d'*épochè* où le film sans cesse chavire d'un monde à un autre, du régime de comédie dramatique à celui du mythe et du mystère. En ce sens, plus encore qu'un film surréaliste, Lewin a réussi un film chiriquien au-delà de ses espérances. Échiquier et costumes d'époque, perspectives tronquées, pittoresques et accessoires sont peu de chose en regard d'une *Stimmung* dominante devenant le centre de gravité du film, son point d'équilibre, son véritable lest, comparable au tableau installé au cœur de la cabine-atelier du Hollandais Volant.

Étrange peintre en vérité que cet Albert Lewin, peintre par délégation cherchant à utiliser l'échiquier de l'archéologue selon le principe de la mise au carreau d'un dessin pour un tableau. Le grand carrelage en damier de la scène du procès dans *Pandora* n'est-il pas la transposition et la mise en scène de l'échiquier dans le monde du rêve et du mythe ? Ce dallage comme dispositif de mise en scène, mais aussi semblable à la grille pour la projection et l'agrandissement d'un dessin, revient dans *Bel Ami* et dans *Dorian Gray*. Tout cela est construit avec un goût net et affirmé pour la peinture ; Man Ray, toujours à propos du même échiquier, en témoigne :

> Il [Lewin] m'avoua plus tard que le producteur avait essayé de l'éliminer et qu'on avait fini par le garder. Un amateur réussit même à retrouver ma trace et me commanda un échiquier identique… Allie me montra son enthousiasme en ajoutant quelques-uns de mes tableaux à sa collection[1].

Le personnage d'Albert Lewin est paradoxal, et cette volonté de concilier deux mondes incompossibles contribue probablement au

1. Man Ray, *Autoportrait*, Paris, Robert Laffont, 1964.

charme de *Pandora*. Man Ray, encore, relate cette anecdote symptomatique :

> Sa maison sur la plage de Santa Monica était le dernier cri de l'architecture moderne. Pourtant elle était bourrée de vieux meubles, de livres et d'objets d'art primitif, ces derniers comprenant des peintures aussi bien que des sculptures. Il m'a dit plus tard qu'il avait eu des ennuis avec son architecte : celui-ci désapprouvait ce fouillis, estimant qu'il jurait avec sa conception de la maison [1].

L'architecte n'est autre que Richard Neutra et toute l'ambiguïté de Lewin réside ici : passer commande d'une villa moderniste et fonctionnelle et l'encombrer d'une disparate d'étrennes. C'est tout le charme de ses films, littéralement encombrés par la peinture et finissant par donner l'impression d'un travail de peintre plutôt que de cinéaste, forçant le commentateur à analyser certains plans, notamment pour *Dorian Gray*, sur le mode d'une enquête iconologique, comme si le modèle pictural avait envahi le plan, comme si la durée du plan devenait celle de l'enquête qui, débusquant en chaque objet un symbole, l'explique et le comprend.

La liste des œuvres que posséda Lewin éclaire qui il fut, à condition d'imaginer ces œuvres dans cet endroit parfaitement inadéquat à leur exposition, l'architecture sans murs d'une villa de Richard Neutra.

> Quand je le connus un peu mieux, quand je vis les films qu'il avait produits et réalisés, je remarquai dans son œuvre une certaine continuité. Que ce fût dans *The Moon and Sixpence*, *The Picture of Dorian Gray* ou *The Private Affairs of Bel Ami*, il y avait toujours un personnage qui était peintre... Pourtant cette collection comptait surtout des primitifs [par primitifs, Man Ray évoque essentiellement André Bauchant et Camille Bombois [2]] ou ceux qu'on appelle parfois des "peintres du dimanche". Il achetait les tableaux parce qu'ils lui plaisaient sans penser un instant à ce qu'il aurait dû collectionner

1. Man Ray, *Autoportrait*, *op. cit.*, p. 47.

2. La collection de peintures et de sculptures d'Albert Lewin a été l'objet de deux ventes, en 1966 et en 1968 aux Parke-Bennet Galleries, Inc. 980, Madison Avenue, New York. La première a eu lieu le jeudi 20 octobre 1966 au sein d'une vente plus générale intitulée « Modern Paintings ». On y trouvait des tableaux appartenant notamment à Charles Laughton et à Elsa Lanchester, au colonel C. Michael Paul et au Museum of Modern Art.

> contrairement à la plupart des amateurs d'art. Peut-être était-ce une réaction contre sa propre sophistication, suggérais-je, bien que jeune, le cinéma n'était certainement pas un art primitif. Mon jugement peut l'avoir influencé, en effet il se mit à collectionner des toiles plus cérébrales, celles entre autres de certains surréalistes [1].

Certes, Lewin n'échappe pas à l'explicite de la citation picturale : l'atelier de Basil Hallward reproduit exactement *Les Ménines*, et *Un Bar aux Folies-Bergère* est joué en tableau vivant dans *Bel Ami*, mais c'est d'abord parce que Lewin fait du cinéma avec sa mémoire de la peinture. Dans les trois films en noir et blanc qui précèdent et anticipent *Pandora*, la réalité de la peinture dans le film provoque une situation critique, un raptus, une faille dans le récit. Concrètement, cela se manifeste par un passage du noir et blanc à la couleur. Le tableau apparaît en couleur, il est l'instant prégnant du récit, un symptôme, et de ce fait avoue l'hétérogénéité que je soulignais à propos de *Pandora*. À cet égard, l'apparition du tableau dans *Pandora* impose une saute identique, comme s'il y avait entre la couleur du réel filmé et la couleur du tableau le même écart qu'entre le noir et blanc et la couleur dans les autres films. Ce passage n'est pas seulement un procédé, un stratagème, il est la clause de l'apparaître, l'effectivité de l'écart entre la peinture et le cinéma, portée qui plus est par la communauté des métaphores.

Charles Strickland, le peintre de *The Moon and Sixpence*, atteint de la lèpre, en est devenu aveugle. Ata est sa compagne et son modèle. Lorsque Jeffrey, le narrateur, à la recherche de Strickland, découvre les peintures sur les murs avant qu'Ata ne mette le feu à la hutte, ce passage et cette découverte provoquent la couleur. Dans *Dorian Gray*, le corps de Dorian, poignardé, subit une métamorphose commandée par le tableau et amplifiée par la couleur. La couleur témoigne alors d'une maladie, d'une sorte de lèpre morale dont la toile est le subjectile. La toile est une peau malade, lépreuse et, dans le film, l'apparition de l'œuvre suppose le passage à la couleur. Dans *Bel Ami* enfin, le tableau de Max Ernst que le protagoniste découvre est également un portrait

1. Man Ray, *Autoportrait*, *op. cit.*

moral, et il y a une parenté certaine entre cette *Tentation de saint Antoine* et le portrait de Dorian peint par Ivan Le Lorraine Albright. La découverte du tableau par Bel Ami a lieu, là encore, en couleur, véritable dépression, fosse et abîme dans le récit. Lèpre, lèpre morale, défiguration : la métaphore est la même, elle en appelle au même artifice. La métamorphose par ce passage à la couleur est doublée par une métamorphose de l'écran. Comment ne pas penser que l'implicite de la métaphore renvoie, chez un homme aussi imprégné de la culture juive que Lewin, subliminalement ou non, au roi d'Edesse, Abgar, malade de la lèpre ? La toile est un voile, un écran qui absorbe le mal par un effet d'empreinte. L'histoire de Dorian Gray n'est rien d'autre que cet échange par empreinte, l'un des témoins le dit : « C'est comme si le portrait était rongé par la lèpre. » La peinture dans ces trois films a la même mission, faire voir quelque chose que le cinéma sans elle ne pourrait pas faire voir : une démesure, la lèpre, la lèpre morale ou l'enfer de la tentation. La peinture est donc bien investie d'une charge sacrée et d'un office d'icône profane. D'autant plus que, chaque fois, s'ajoute à la métaphore le gage de la rédemption par le feu (l'incendie de *The Moon and Sixpence*), par le meurtre du tableau qui est égal à un suicide (*Dorian Gray*), et de façon plus prosaïque par le duel dans *Bel Ami*. Les trois films que je viens d'évoquer datent de 1942, 1945 et 1947. Ils usent systématiquement de ce procédé (le passage à la couleur imposé par la « présentation » du tableau) comme d'une preuve de substance. Comment ne pas penser au très célèbre passage à la couleur dans *Ivan le Terrible* de Eisenstein, aux mêmes dates ? Mais surtout, s'impose de façon plus souterraine l'analogie avec *Andreï Roublev* de Tarkovski. La fin splendide du film accomplit le passage à la couleur parce qu'il s'agit de faire voir l'icône, comme si ce qui apparaissait dès lors n'était pas de même nature que ce que le film vient de montrer. C'est dans une sorte de faux fondu enchaîné – un plan fixe et insistant sur des tisons et des braises – que s'accomplit cette métamorphose de substance, théologique chez Tarkovski. Il peut paraître un peu dérisoire de comparer *Andreï Roublev*, un chef-d'œuvre d'un tel poids ontologique, et les films kitsch de Lewin, pourtant l'écart n'est pas plus grand qu'entre une véritable icône et un ex-voto à la fois naïf et compliqué. (Je pourrais trouver chez Hitchcock et Ferrara de ces citations d'images, marques de piété populaire, qui coupent la diégèse, la mettent en déroute et s'affirment en leur apparaître pour plus que ce que l'on pourrait voir. Des images qui, au-delà du voir, font croire à autre chose parce que le cinéma l'impose.)

Dans un premier temps, Lewin semble avoir confié à Malvin Marr Albright le portrait de Dorian Gray jeune et à Ivan Le Lorraine Albright le portrait de Dorian en décomposition ; c'est finalement Henrique Medina qui eut la charge de peindre Dorian Gray jeune. Lewin avait décidé d'utiliser la couleur comme à la fin de *The Moon and Sixpence* et de montrer en Technicolor les différentes étapes du tableau en mutation. On ne sait pourquoi la scène de la fin, où le tableau dans un maelström retourne de son dernier à son premier état, pourquoi cette métamorphose a lieu en noir et blanc : difficulté technique ou volonté que la couleur serve un type d'apparaître exclusivement lié à la déchéance, à la faute, comme si le mouvement de la rédemption entrait dans un déroulement où le noir et blanc dictait sa loi ? Né Ivan Albright en 1897, « Le Lorraine » a choisi ce pseudonyme en hommage à Claude Lorrain. Il n'est pas inutile de noter que le peintre avait trouvé sa voie dans une unité médicale au cours de la Première Guerre mondiale, en peignant les blessés et les morts avec une stupéfiante précision[1]. En choisissant Ivan Le Lorraine Albright pour peindre ce portrait, Lewin accorde l'ensemble de son récit à une esthétique de la pathologie et de la décomposition, la présence du tableau dictant ensuite le travail de mise en scène. Le procédé par lequel Lewin fait apparaître ces tableaux en couleur dans l'écran en noir et blanc ne cherche pas l'effet, mais traduit la volonté de faire entrer, selon un jeu de contrastes, le cadre de la peinture dans l'écran du cinéma, de réduire, en le faisant clairement apparaître, l'écart ontologique cadre/écran. C'est l'apparition des tableaux en couleur dans l'écran qui affirme le chiasme cadre du tableau/écran du cinéma. Dans la première apparition, on part du cadre en plan américain pour arriver

1. Passionné par les rayons X, Ivan Le Lorraine Albright peignit sa vie durant une série de peintures dominées par l'idée d'horreur. Le tableau du film est aujourd'hui au Chicago Institute of Art.

au portrait, le cadre du tableau coïncide donc avec l'écran. Dans la seconde, symétrique, un même travelling avant, puis arrière, à la même vitesse, exauce le sens propre d'une apparition. À partir de la dualité cadre/écran et à partir de la rupture noir et blanc/couleur, c'est une phénoménalité identique qui règle l'apparition. La peinture, c'est-à-dire le cadre, entre dans l'écran pour le mettre en crise.

La seconde dimension picturale du travail de cinéaste de Lewin ne renvoie pas à une analyse phénoménologique, mais à une véritable approche iconologique. La scène de l'assassinat de Basil Hallward peut être analysée à l'instar d'un tableau, d'autant plus aisément que le meurtre qui a lieu est celui d'un peintre. L'espace est ponctué de signes d'enfance, et le dispositif global fait penser à Carpaccio, que Lewin affectionnait particulièrement. La scène du meurtre est calée entre deux inscriptions, la phrase de la chansonnette qui serpente sur le tissu couvrant le piano : « *Little boy blue come blow you're horn* » et l'inscription sur le tableau noir : « *Non ignoravi mortalem esse* ». Entre ces deux inscriptions, chaque effet de mise en scène pèse d'un poids symbolique qui renvoie à une iconologie, de la ponctuation métronomique opérée par le jet du couteau sur le pupitre au balancier de la lampe qui « efface » à coups de lumière et d'ombre, et comme sur un tableau noir, les traces de ce qui vient d'advenir. Il est saisissant d'observer qu'à cette scène du meurtre du peintre répond, terme à terme, la scène du meurtre du tableau, et que chacune, plan par plan, est un laboratoire pour une enquête iconologique. Ce geste qui poignarde le peintre, puis le tableau peint par le peintre, est bien sûr le même geste, lesté d'un supplément de réel et de gravité, que celui de Pandora balafrant son visage dans le tableau qu'elle découvre. Ce geste de rature est à la fois celui de l'avènement de la peinture dans le cinéma et l'événement de son annexion. Premier effet d'une étrange *Aufhebung* où le film garde ce dépassé, la peinture, comme dépassé intériorisé, mais en lui conférant la puissance d'une effigie souveraine.

Une anecdote enfin résume ce rapport de pouvoir et de vassalité entre la peinture et le cinéma, caractéristique de ce besoin de légitimité d'un art cherchant ses lettres de noblesse dans un autre, mais aussi d'un continent neuf en quête de légitimité artistique. Adapter

Bel Ami était aussi rendre hommage au Vieux Continent, à cet ancien monde dont la peinture disait à la fois la légitimité et la noblesse. On se souvient que, dans le texte, le tableau exposé est un Christ marchant sur les eaux. Dès le projet du film, la censure fit savoir qu'une telle représentation serait impossible ; de plus, comme le nota à ce moment Lewin :

> Le Christ marchant sur les eaux n'a jamais spécialement tenté les peintres. La seule peinture importante consacrée à ce thème et dont je pouvais me souvenir était celle, superbe, du Tintoret [1].

Les producteurs eurent alors une idée : organiser un concours destiné à trouver la meilleure représentation d'une Tentation de saint Antoine. Les artistes sélectionnés recevraient 500 dollars, le lauréat aurait, lui, 2500 dollars, et les œuvres retenues feraient l'objet d'une exposition itinérante. Dans le jury figuraient Alfred H. Barr, Marcel Duchamp et Sydney Janis, et participèrent au concours Ivan Le Lorraine Albright, Eugene Berman, Dorothea Tanning, Stanley Spencer, Paul Delvaux, Salvador Dalì, Leonora Carrington, Horace Pippin, Abraham Rattner, Leonor Fini, Louis Guglielmi et Max Ernst, qui remporta le concours. Son œuvre s'intègre dans le récit avec un éclat anachronique, et en même temps on devine que le choix du sujet « La Tentation de saint Antoine », sujet présurréaliste, avait été diablement pensé par Lewin. La peinture était donc bien là explicitement une lettre de noblesse pour le cinéma, poinçonnée de l'esprit du surréalisme, c'est-à-dire validée par la diaspora d'artistes européens réfugiés aux États-Unis ; elle devenait, par le prestige du concours et par cette exposition itinérante, un instrument de promotion, une publicité pour le lancement d'un film qu'elle préfigurait.

1. Cité par Patrick Brion, *Albert Lewin : un esthète à Hollywood*, *op. cit.*, p. 63-64.

chapitre 2

quand la peinture tourmente le cinéma

instant prégnant et images en mouvement : le cinéma d'Alfred Hitchcock

La peinture n'est peut-être jamais si présente dans le cinéma que lorsqu'elle n'y est plus que partiellement visible, car absorbée par lui. Alors la peinture n'est pas une simple clef de lecture du film, mais bien la trace qui guide l'œil vers une herméneutique dérobant à l'image cinématographique ce qui appartient à l'image picturale. Cette empreinte prise dans les recès de la mémoire devient la marque d'un envoi, un *typos* soumis à l'instant de l'intuition. Mais, de la même façon que mon œil habitué à la peinture, c'est-à-dire au cadre, à l'enquête et à la référence, va retrouver des signes familiers dans le cinéma (dont l'éloquence ou la réminiscence ouvrent au plaisir singulier de la reconnaissance), le cinéma peut former le regard du peintre. Ainsi se noue l'ambiguïté du lien entre Hitchcock et Hopper, où mon œil formé par la peinture retrouve, presque malgré lui, les signes persistants qui font retour dans l'image. Un va-et-vient a lieu d'un médium à l'autre, du cinéma à Hopper, de Hopper à *Rear Window* (*Fenêtre sur cour*, 1954) : l'empreinte du cinéma est visible dans la peinture de Hopper, qui pénètre à son tour les films de Hitchcock.

L'intuition de Jacques Aumont dans *L'œil interminable* se vérifie : la peinture n'est jamais aussi efficace au cinéma (dans le cinéma) que lorsqu'elle quitte l'explicite et le brouille. D'ailleurs, le cinéma peut-il rendre visible l'événement de la peinture ? La question est bien celle de son événement, et non pas d'une quelconque *ekphrasis*. Il ne s'agit pas de filmer de la peinture, mais de filmer comme la peinture peut être vue, c'est-à-dire d'apparaître dans ce qu'il y a d'intrinsèquement cinématographique en elle. Il est alors juste de parler d'un devenir cinématographique de la peinture au sujet d'Edward Hopper. Ce devenir cinématographique préexiste dans l'œuvre du peintre, et, dans *Rear Window*, ce qui finit par apparaître n'est pas une référence à Hopper, mais la persistance d'une image « comme » celles qu'il a figurées. Non pas une œuvre de Hopper, mais ce qu'il y a déjà de cinéma dans cette œuvre, redoublé, ou mieux, comme on le dit familièrement, *doublé* par Hitchcock. Cette conaturalité se produit en un sommet du spéculaire, et le film rend la coïncidence « vertigineuse ». Des procédés complexes de mise en abîme, retenons seulement celui du cadre, puisqu'il oriente vers la définition d'un *topos* commun à Hopper et Hitchcock, celui de la solitude, et souligne donc, à partir de la même idée, l'hétérogénéité visible annoncée comme condition de la tension entre peinture et cinéma. Le plan-séquence inaugural fait l'inventaire des cadres, et le mouvement qui explore la cour, fenêtre par fenêtre, constitue le cadre de l'action, puis entre dans l'appartement de Jeff, découvrant les cadres réels des photographies avant de s'anéantir sur l'appareil photographique du personnage, motif principal du voyeur.

Chez Hopper, la peinture, au lieu d'être seulement un arrêt sur l'image, signale souvent que le mouvement qu'elle suggère est impossible. Cet impossible trouve une formulation thématique quand, pour Hopper, le cadre se fait l'instrument propre à cimenter la solitude. Ce qui organise l'espace pour le peintre crée des images synonymes dans le film quand s'ouvre un cadre dans le cadre, calant, dans le mur devenu *parergon*, la fenêtre. Le devenir-cinéma de la peinture augure dans cette mise en tension la modification du thème commun; la tension devient alors une variation ontologique de l'idée de solitude. Il s'agit bien d'une variation ontologique et non pas d'une variation eidétique qui supposerait des situations propres à la solitude thématisée différemment mais selon le même médium. Ici, il s'agit de la même situation, du même protagoniste – cette femme assise – mais passant et basculant presque d'un médium à un autre. Le tableau *Automat*[1] semble avoir été extorqué au film, alors qu'il lui est bien antérieur. La peinture dans le cadre crée une hypothétique communauté d'espaces. Hitchcock, dans une scène dont le décor reprend jusqu'à l'ironie les termes d'*Automat*, orchestre la solitude selon un nouvel espace, celui de l'optique. On ne voit plus la femme que par écran interposé, au téléobjectif et «hors cour», c'est-à-dire dans l'angle le plus étroit, dans l'angle mort, là où l'on ne devrait plus la voir, là où seul peut se faufiler le téléobjectif. Il n'y a plus alors (et c'est le médium qui en fait la démonstration) communauté d'espaces, mais accès à un degré supplémentaire, ou plutôt à un degré spécifiquement cinématographique et hitchcockien, de la solitude. Le devenir-cinéma du tableau de Hopper n'est donc jamais tant avéré et puissant que lorsque le mouvement épouse un besoin, un désir, ou une tension que la vitre rend impossible, lorsqu'il y a redoublement de l'impossible par la neutralisation, quand le cadre fait l'image fixe, la constitue comme tableau alors que la construction de l'image transitait par un désir (un mouvement) de nature cinématographique. Interrompu, ce désir est renforcé par l'incapacité de l'image cinématographique à être le «double» de l'image picturale, renforcé par cette inaptitude de l'image peinte (fût-elle celle de Hopper) à restituer la temporalité complexe de la solitude telle que l'image cinématographique la pense.

Ainsi s'écrivent, selon la question du cadre, deux temporalités d'une solitude apparemment identique. À partir d'elle, Hopper fait voir Hitchcock qui à son tour fait voir Hopper. Suffit-il, pour expliciter

1. Edward Hopper, *Automat*, 1927, huile sur toile, 71,5×91,5 cm, Des Moines Art Center, Iowa.

le mystère de cette empreinte, de dire que ce peintre contemporain de la naissance et de l'avènement du cinéma a thématisé au plus haut point dans sa peinture le septième art ? On sait qu'en américain le mot *theatre* désigne aussi bien la salle de théâtre que le cinéma, et l'on peut dénombrer les tableaux consacrés non pas seulement à ce thème, mais à cet espace de la représentation dans l'œuvre. De *The Circle Theatre* de 1936 à *Entr'acte* de 1963 en passant par *New York Movie* (*Cinéma à New York*) en 1939, la salle de cinéma ou de théâtre est chez le peintre un espace dans l'espace, un espace de la représentation dans l'espace de la représentation. C'est sur cette scène que Hopper choisit de tirer sa révérence en 1965, dans *Two Comedians* (*Deux personnages comiques*), en se peignant accompagné de son épouse Jo saluant une dernière fois le public, un peu comme si, réalisateur de la vie et de la société américaine, il sortait de l'ombre, des coulisses ou de la cabine de projection, pour faire ses adieux. Le peintre de l'anonymat sort à demi de l'anonymat (à visage découvert certes, mais ayant gardé le costume blanc d'un rôle improbable, costume qui fait moins penser à celui du clown blanc qu'à la toile vierge d'un tableau en attente) dans cet autoportrait de l'artiste avec son modèle, peint deux ans avant la mort du peintre.

Mais la référence thématique au cinéma et au théâtre n'élucide pas cette présence de l'œuvre de Hopper dans le cinéma de son temps et singulièrement dans certains plans de Hitchcock. Risquons une hypothèse : cette présence n'est pas anecdotique, elle n'est pas que thématique, elle tient à une donne spécifiquement cinématographique dans la peinture, et ce n'est donc pas un hasard si elle s'avoue avec une telle prégnance dans les films de Hitchcock. Oui, une prégnance, quelque chose qui appartient proprement à la question de l'instant prégnant tel que la peinture de Hopper, très singulièrement et systématiquement, l'impose. Il ne convient pas de relire le texte de Lessing en y instillant les questions que pose la différence entre la peinture et le cinéma, ni de rejouer l'opération de Lessing qui prétendait ruiner la rhétorique de l'*ut pictura poesis* (théorie qui voyait dans la poésie une manière parlante de peinture et dans la peinture une manière de poésie muette)[1]. Il s'agit, à partir de cet écart dans l'image entre la peinture et le cinéma, d'observer, par le prisme de la relation transitive Hitchcock/Hopper, ce qui est le thème majeur de la modernité dans le domaine de l'esthétique : la concordance des arts et leurs différences fondamentales, leurs spécificités irréductibles, qu'il appartient à chaque art de décliner, pas forcément pour son propre compte mais dans son ordre propre, jusqu'à s'identifier à ce que serait son essence. Le jeu de calques d'un tableau de Hopper sur le photogramme d'un plan interrompu de Hitchcock n'a de sens que s'il nous tire vers une telle piste ; Lessing, en opposant les arts plastiques en général à la poésie (pour lui les arts, donc aussi la musique et la danse, procédant dans l'ordre temporel), indiquait bien que les arts plastiques, ayant l'espace pour domaine, en sont réduits à l'instantané, littéralement à un arrêt sur image. Décliner la question de l'instant prégnant, acmé du récit, revient à saisir l'essence d'une œuvre. Pour moi, l'homme tué par un serpent dans un paysage de la National Gallery[2], essence même de l'œuvre de Poussin, manifeste de façon exemplaire cet instant prégnant, une panique de mort arrêtée dans un geste et en son instant. Nul peintre au XXe siècle ne conduit mieux qu'Edward Hopper à revisiter cette question, et pas exclusivement parce qu'il est un peintre de l'imitation, mais parce que l'instant arrêté, l'instantané, l'arrêt sur image que son tableau opère vient, provient d'un récit qui n'est plus celui de la vie mais celui du film de la vie.

Un film, toujours le même, dont le récit deviendrait plus inutile qu'énigmatique, non pas gommé mais sans intérêt particulier, c'est probablement à cela que tient cette sorte de laconisme et de monotonie que l'on perçoit dans la peinture de Hopper, ce que l'on croit être de la mélancolie ou l'attente d'un événement qui n'arrivera pas. C'est parce que ce qui a eu lieu avant équivaut à ce qui aura lieu ensuite. Cet instant prégnant qui se cimente dans le tableau en bloquant un mouvement singulier fait oublier le récit pour mieux sceller l'énigme d'un manque,

1. Gotthold Ephraim Lessing, *Laocoon*, Paris, Hermann, 1990.

2. Nicolas Poussin, *Paysage au serpent* dit aussi *Les effets de la terreur*, 1648, huile sur toile, 119×198,5 cm, National Gallery, Londres.

d'une absence ou d'une indifférence qui s'impose pour l'être de l'image. Il y a là quelque chose d'incroyablement moderne qui dit la précellence de l'apparaître sur la narration. Mais quels indices autorisent à dire qu'il s'agit d'un film ? Chaque mouvement qui dépose l'image vient du cinéma, chaque mouvement est un mouvement de caméra, et il semble qu'aucun tableau n'y échappe. L'image du tableau vient interrompre le mouvement de la caméra, le tableau est l'instant et l'instantané qui coupent la parole au cinéma. Le silence que l'on entend dans les tableaux de Hopper n'est pas seulement celui d'une gêne ou d'un malaise entre les protagonistes, il provient et procède de cet effet interrompu.

Hopper fait voir Hitchcock (à la façon dont on montre du doigt) parce qu'il coupe la parole au cinéaste qui met justement en jeu tous les moyens, tous les outils, tous les mouvements, toutes les ressources du cinéma. Les images de Hitchcock se déposent et se reposent, veillent et parfois s'endorment dans les tableaux de Hopper. « Temps mort », comme disent les enfants quand ils interrompent un jeu. Et il y a d'autant plus de nostalgie dans ce temps mort que le jeu qu'on imagine avoir été interrompu était spectaculaire. C'est ce très grand écart qui crée la coïncidence et non pas le repérage d'un quelconque motif, comme s'emploient à le faire les critiques qui sentent cette affinité, mais pour la ranger au magasin des accessoires. Ce mouvement de caméra est une empreinte dans l'image, son *typos*, mais à rebours, non pas la marque de son envoi mais la marque de son arrêt.

On pourrait presque faire la démonstration tableau par tableau, les ranger par colonnes : ouvrir une colonne « zoom » et y inscrire *Automat* et toute une théorie de tableaux interrompant le même mouvement, puis une rubrique « plongée », puis « contre-plongée », et ainsi de suite. À chaque mouvement répond une typologie de l'image, une thématisation en découle. Mais une thématisation complexe, doublée d'une puissance de métaphore propre à l'œuvre de Hopper : la sensation de travelling, par exemple, guide vers l'image du train, des rails, de la gare, mais cette sensation ne vient pas seulement du fait que Hopper choisit un motif qui l'accentue ou la souligne, c'est, au contraire, la sensation de cet instant arrêté qui vient conférer au motif une puissance de métaphore et d'emblème. Il y a bien un risque, pour un spectateur qui s'en tiendrait à l'image, que le motif trop visible s'impose en faisant oublier son origine : le travelling interrompu à l'instant de l'image. Un tableau tardif témoigne de cette complexité : *Chair Car*, 1965. La puissance de la métaphore se confond ici avec l'essence du cinéma : le mouvement de caméra qui est à son origine finit par être absorbé par la métaphore. Le tableau est une bobine qui se déroule, le dispositif plastique (ce qui est représenté), les fenêtres du train et la lumière jaune projetée au sol par ces fenêtres sont les encoches d'une pellicule, et le mouvement du train enclenche celui de la caméra ; nous sommes dans le compartiment immobile d'une chose absolument en mouvement. Dans le tableau, je suis sur la pellicule, à l'intérieur de la caméra.

Quant à la sensation de plan-séquence, la plus complexe, elle est le mouvement arrêté hopperien par excellence. Une route qui tourne épousant les fenêtres d'une maison où quelqu'un s'affaire, de l'autre côté le personnage que nous suivions a disparu, le tableau est là, plan interrompu – *August in the City*, 1945, par exemple. Le dessin préparatoire trahit le souhait de rendre un mouvement complexe, le crayon, nerveusement, cherche à prendre le tournant que la façade en rotonde souligne. Le tableau, au contraire, cimente ce mouvement ; la peinture, sa matière, le fige. L'instant prégnant est devenu celui d'un non-événement, comme si la bobine venait de se rompre.

On traduit *fruchtbare Augenblick* par « instant prégnant », mais l'on pourrait aussi traduire par « instant fertile », solidaire à la fois de ce qui l'a précédé et de ce qui lui fera suite. Un instant unifié par la perspective et ne pouvant donc accueillir deux moments distincts du récit, de la *storia*. Dans *August in the City*, ce virage contrarie la perspective, dicte une autre loi. Il n'y va pas d'une transgression, mais d'une ambiguïté, l'image est absolument « entre », entre deux plans. L'instant prégnant est alors fécond d'une tension qui condense la durée en un geste et dans une situation. Cette situation est ici en suspens. Une telle condensation est improbable dans une représentation circulaire ; Hopper soumet donc le tableau à une loi qui n'est pas la sienne, à un point de vue qui n'est pas celui du peintre, mais celui du cinéaste. Ou plutôt, il fait co-exister en un seul espace trois points de vue : celui du spectateur de panoramas (en étant à l'intérieur de la représentation), celui du cinéaste construisant un plan-séquence, et celui du peintre qui s'oblige à faire entrer dans le cadre du tableau de chevalet ce qui n'y a pas sa place. (On observera plus loin combien la logique des panoramas, anticipant le cinéma, disqualifie l'idée d'instant prégnant, puisque ces panoramas ne comportent ni centre ni cadre.)

Toute l'énergie déployée dans *Rear Window* : l'intrigue, le suspense, les mouvements de caméra à n'en plus finir, répondent à cette sensation de film cassé que l'on éprouve en regardant les tableaux de Hopper. Faut-il s'étonner que l'énorme machine hitchcockienne soit soudain comparée à un tableau de chevalet ? Faut-il s'étonner qu'un récit aussi complexe et aux rebondissements sans fin rejoigne l'énigme d'un non-événement figé dans une toile de petit format ? Les fenêtres qu'ouvre Hopper dans ses tableaux sont bien celles de *Rear Window*, avec leurs événements ordinaires amplifiés jusqu'à l'absurdité, jusqu'au suspense, jusqu'à l'obsession. Dans l'œuvre de Hopper, par une injonction du cinéma, la métaphore de la fenêtre s'est complexifiée. Elle ne cesse pas d'être ce que le tableau a toujours été en peinture : une fenêtre ouvrant sur le monde. Simplement, elle épouse un modèle comparable à celui qu'exploite *Rear Window* : une mise en abîme où dans l'instant et l'instantané le récit s'épuise, s'interrompt. Dans *Rear Window*, chaque fenêtre ouvre à un film dans le film, et les cadres des fenêtres sont des écrans simultanés. L'esprit des tableaux de Hopper est la synthèse de ces simultanéités, le silence, où tous les bruits des différentes bandes-son se confondent.

Étrange metteur en scène en vérité que Hopper, qui fit de son épouse Jo la doublure de la plupart de ses tableaux et qui, dès 1912, avait composé une ironique carte de visite singulièrement hitchcockienne :

> Hopper, maison fondée en 1881 : Maison E. Hopper. Objets d'art et d'usage courant. Huiles, gravures, eaux-fortes, cours de peinture, de dessin et de littérature, réparation de lampes électriques et de fenêtres, déménagement et transport de malles, guides pour la campagne, menuiserie, blanchisserie, coiffure, lutte contre les incendies, transports d'arbres et de fleurs, salles de banquets et de noces,

conférences, encyclopédie d'art et de sciences, mécanique, guérison rapide des maladies de l'esprit telle que l'inconstance, la frivolité et l'amour-propre. Prix réduits pour les veuves et les orphelins. Échantillons sur demande. Exigez la marque déposée : Maison E. Hopper, 3, Washington Square [1].

Les intuitions de Hopper trouveront un développement théorique et cinématographique ultérieur. La question de l'instant prégnant, par exemple, a un écho particulier chez Godard avec le sort qu'il fait subir à un tableau de Lichtenstein dans *Pierrot le Fou* (1965). Que se passe-t-il alors ? Le tableau de Lichtenstein est une image capturée à une planche de bande dessinée et déraillée de son caractère linéaire pour devenir une image en soi, dégagée de tout récit. Godard la réintègre, au montage, à un récit composé d'images hétérogènes et l'utilise pour la faire œuvrer dans ce récit ; il la rend à son origine. Godard agit en théoricien et en peintre. Qu'en serait-il d'Alfred Hitchcock peintre ? Le verdict de Rohmer et Chabrol : « l'un des plus grands inventeurs de formes de toute l'histoire du cinéma », est indiscutable ; Hitchcock est peintre dans son cinéma sans le savoir, et l'invention de formes tient souvent à un geste de peintre. Il n'est pas le préraphaélite que l'exposition de Montréal [2] a voulu faire de lui, mais un peintre entre le paysagiste du dimanche, Salvador Dalì, Winston Churchill, et Sam Marlowe, le protagoniste de *The Trouble with Harry* (*Mais qui a tué Harry?*, 1955). En 1915 déjà, Hitchcock fréquente les cours du soir d'histoire de l'art et ne se déplace pas sans un carnet de croquis, étudiant méthodiquement les chefs-d'œuvre de la peinture anglaise. En 1920, passionné de cinéma, il est engagé comme dessinateur de titres à mi-temps pour le studio américain Famous Players-Lasky Corporation qui vient de s'installer en Grande-Bretagne. (Soulignons par analogie et en guise de clin d'œil à Hopper, en relisant la carte de

1. On a dit et redit ce qu'il y avait de spécifiquement américain dans la peinture de Hopper, en en épuisant les motifs. Ce n'est bien sûr pas faux, mais il appert que la dimension cinématographique a dans son œuvre un rôle décisif. On ne comprend la singularité d'un écrivain tel James Salter que dans une sorte d'héritage, comme si, pour l'écrivain, l'écriture naissait du cinéma et de la peinture.

2. *Hitchcock and art, Fatal coincidences*, The Montreal Museum of Fine Arts, novembre 2000-mars 2001, Montréal.

visite que le peintre avait inventée.) C'est alors qu'il rencontre George Fitzmaurice, cinéaste, formé à la peinture et aux beaux-arts. Avec lui, Hitchcock apprend à dessiner plan par plan ses films :

> Pour moi, un film doit être planifié sur le papier... Je ne regarde jamais avec la caméra ; je pense seulement à un écran blanc qui doit être rempli comme on peint une toile [1].

L'écran et le cadre se confondent, l'écran se fait toile, mais il pose une contrainte (comparable à une contrainte de format), une condition et une donnée préalables avec lesquelles il va falloir composer. Pour cette raison, la toile-écran est souvent, dans son cinéma, une toile de fond où Hitchcock brosse l'arrière-plan pour les extérieurs (ces films dans le film qui défilent au second plan et sont l'horizon de l'action). Sur cette toile de fond, en général, il dispose et organise le décor :

> Évidemment le décor intervient dans le plan préliminaire et, souvent, j'en ai une idée assez précise. J'ai étudié les beaux-arts avant de me lancer dans le cinéma, parfois je pense d'abord aux arrière-plans [2].

On se souvient de la scène de l'orage dans *Marnie* (*Pas de printemps pour Marnie*, 1964), mais regardons attentivement l'arrière-plan ; attentivement parce que cet arrière-plan n'est a priori pas fait pour être vu, tout dans le dispositif de mise en scène en appelle à l'urgence, à la soudaineté et doit s'accorder précisément à la violence et au traumatisme, à la violence d'un traumatisme qui se dénoue en une étreinte. Mais voilà, l'arrière-plan renvoie à une analyse iconologique, sommaire certes, mais iconologique : derrière le bureau trônent deux portraits, sorte de cales psychologiques, mâchoires d'un étau désuet pour dire le passé du protagoniste Mark Rutland. On sait qu'il est veuf, mais il n'y a pas de portrait de son épouse disparue. Trône en revanche un portrait de Sophie : photographie d'un jaguarondi, petit félin cadré par le photographe telle une starlette, qu'équilibre de l'autre côté une reproduction d'un portrait de Madame Cézanne, austère et distante,

1. Cité par Charles Thomas Samuels, *Encountering Directors*, New York, G. P. Putnam's Sons, 1972, p. 234.

2. Sydney Gottlieb, *Hitchcock on Hitchcock, Selected Writings and Interviews*, Berkeley, University of California Press, 1995, p. 255.

en chignon. Ces deux images sont là à la place de la photo absente, de la photo de l'absente. Le souvenir de la morte est écarté, sinon effacé par les deux images qui triomphent à sa place. Deux images qui, en superposition, tracent les contours d'un idéal féminin du veuf : un petit félin imprévisible mais apprivoisé, une dame austère en chignon, épouse d'un grand peintre. Je surinterprète, mais par jeu de calques, à la couleur des cheveux près, nous ne sommes pas loin de Marnie (et d'ailleurs, à la couleur des cheveux près… n'oublions pas que l'un des premiers gestes de Marnie est de retrouver sa teinte naturelle de cheveux, sa blondeur parfaitement hitchcockienne). L'épouse défunte aura droit à une ultime mort puisque sa vitrine, cercueil vitré des objets symboles de sa vie, sera détruite d'un coup par une branche d'arbre, instrument de l'orage furieux. Mais cela aussi était annoncé, écrit dans l'arrière-plan. Par un effet de zoom et de flash-back subjectif, reviennent, à la seconde où la branche détruit la vitrine, les images d'un arbre déraciné et d'une boule de feu, planche double d'un livre ouvert à l'arrière-plan, qui annoncent et expliquent, calées entre le portrait de Sophie et celui de Madame Cézanne [1], la tempête, l'éclair, la vitrine brisée et tout le reste : l'épouse et les derniers « souvenirs » disparaissant une fois pour toute, « corps et biens ». Lorsque Rutland se précipite pour secourir Marnie, sa silhouette puissante libère pour le spectateur la vision simultanée des deux images annonciatrices. (On retrouve ce principe de mise en scène dans *The Wrong Man* (*Le Faux coupable*, 1956) lorsque l'ombre de Vera Miles joue avec l'image du Christ au mur de la chambre, comme si le premier plan et l'arrière-plan travaillaient à cet instant dans un rapport de rivalité et d'antagonisme complémentaires.) Est-ce un hasard si c'est pendant cette scène si parfaitement orchestrée sous l'angle iconologique, avec cet arrière-plan si modestement en ordre de bataille, que Hitchcock fera éclater, lorsque les éclairs de l'orage font voir rouge à Marnie, cette réplique sublime : « Je vous en prie, faites arrêter les couleurs ! »

1. Madame Cézanne est sempiternellement représentée en chignon. Il n'y a, à ma connaissance, qu'un seul tableau d'elle qui fait exception : *Madame Cézanne aux cheveux dénoués*, 1883-1887, huile sur toile, 62×51 cm, collection McIlhenny, Philadelphie.

Parmi les peintres que je citais en manière d'ironie et de comparaison, j'aurais pu ajouter Constable à Churchill et Turner à Dali. Hitchcock est le seul artiste à avoir conjugué, le temps d'un plan, Constable et Turner : quand le rouge éclabousse et inonde l'écran de *Marnie*, n'est-ce pas un geste à la Turner trouant le paysage où l'artiste vient de peindre une chasse à courre ?

L'autre manière d'utiliser l'arrière-plan et le format écran de la toile est d'y peindre, à la façon d'un peintre de paysage, la forêt du Vermont, comme dans *The Trouble with Harry*. Le paysage y est la synthèse savante de ces films dans le film qui défilent sempiternellement derrière le protagoniste. Il laisse la sensation d'une frise au premier plan, danse macabre et ironique, déambulation iconique, à la fois comble du naturel et du factice. (Magnifiquement photographié par Robert Burks, ce film met en valeur les flamboyants feuillages d'automne du Vermont. En réalité, il s'agit, pour la plupart, de feuilles en plastique fixées aux arbres, que de terribles tempêtes avaient totalement dénudés juste avant le tournage.) Les personnages vont et viennent, ils parcourent ce paysage, le traversent de long en large, ils vont d'un bout de l'écran à l'autre et reviennent. Leur promenade a son équivalent et son écho dans ce geste qui enterre et déterre le corps du mort. Lors des scènes situées dans le village, ils sont de nouveau au premier plan, mais rentrent aussitôt dans la forêt, comme absorbés par le décor, pour s'y aventurer. Le film prend ainsi curieuse tournure, entre *Le Septième Sceau* de Bergman et le meilleur de Walt Disney, or le paysage du Vermont s'accorde à la tonalité allégorique d'un conte ou d'une fable. Nice ou Marrakech — *To Catch a Thief* (*La Main au collet*, 1955) et *The man who knew too much* (*L'Homme qui en savait trop*, 1956) — ne permettaient pas cela, l'excès d'exotisme les condamnant à rester des toiles de fond. *To Catch a Thief* et *The man who knew too much* utilisent cette forme devenue parodiquement hitchcockienne : cette séparation entre l'action et le décor, aveu d'incompossibilité surmontée qui fait exister deux films en un, mais l'un devant l'autre. Cet artifice est un geste de peintre, une façon de faire se déployer Marrakech, par exemple, tel un décor, de lui donner un supplément d'exotisme où ce qui pourrait être absorbé par la mise en scène et le jeu des acteurs doit demeurer absolument étranger et résolument étrange. Séjournant à Marrakech, tournant à Marrakech, Hitchcock résiste à toute tentative d'absorption, la toile de fond doit rester une toile de fond. C'est pourquoi *The Trouble with Harry* est finalement le film le plus exotique et le plus déroutant, et l'automne dans le Vermont le comble de l'exotisme. C'est un hapax dans l'œuvre de Hitchcock, l'action appartient au décor, et le choix extravagant de Shirley MacLaine semble avoir été guidé par lui, comme s'il avait fallu une actrice rousse et « noisette » avec un petit garçon à tête d'écureuil pour entrer dans un tel tableau par un effet de mimétisme pictural, mais aussi dans une sorte de souci d'identité et d'appartenance à une terre natale et à une saison : une fille du Vermont en automne.

Cette idée que Hitchcock compose avec l'écran blanc comme avec une toile a, dans son cinéma, au moins deux occurrences très particulières : l'une banale au début de l'œuvre, dans *Blackmail* (*Chantage*, 1929), l'autre géniale et beaucoup plus complexe dans *Spellbound* (*La Maison du docteur Edwardes*, 1945). Dans *Blackmail*, la séquence de l'assassinat du peintre par la jeune femme qu'il tente de violer a quelque chose de splendidement prémonitoire : cette blonde se défendant contre un artiste inaugure un programme. Je résiste à détailler un lexique d'obsessions qui seront celles du cinéma de Hitchcock pour garder de cette scène deux tableaux. Le premier, une ébauche d'elle dévêtue, abandonnée par le peintre, qu'elle signe ou plutôt souligne de son nom : Alice White[1]. L'autre tableau est le portrait d'un bouffon sarcastique et obscène, témoin de toute la scène. Il en est l'*incipit* lorsqu'elle rit en le découvrant, lui rendant son geste et sa grimace. À la fin de la scène, en clôture du drame, elle fera le geste de poignarder le bouffon avant de caviarder son nom, anéantissant le mot *White* en le maculant de noir, et détruisant ainsi la pièce à conviction. (Hitchcock se souviendra de ce geste dans *Harry*, quand il fera dire après une retouche du portrait du mort : « Vous venez d'effacer une pièce à conviction. ») En épilogue, les deux tableaux sont emportés, collés l'un à l'autre. L'esquisse du corps d'Alice oblitère

1. Par lapsus, je me suis longtemps souvenu du nom de Lucy White, ajoutant au blanc de la toile vierge une note de lumière.

alors la face crevée du bouffon. Le geste de la répétition, poignarder le portrait du bouffon, est là en place du meurtre que l'on ne voit pas, geste en deux temps où le tableau remplit un office assez semblable à celui observé dans *The Picture of Dorian Gray* et *Pandora*. En frappant le bouffon, Hitchcock insiste sur un geste à blanc, il s'agit là d'une répétition au double sens du mot. La robe, celle jetée par le peintre, couvre le tableau ; en reprenant sa robe, Alice découvre à nouveau la trogne du bouffon qu'exaspérée elle frappe. Puis elle déchire la toile, arrache les couches marouflées, et ce geste conjuratoire est le symétrique de celui de se rhabiller. Le couteau qu'elle tient à la main cligne et scintille, lance des éclairs. Dans *Spellbound*, Hitchcock retrouvera ce brasillement réfracté par un couteau, à la table du déjeuner, au début du film. Et par métaphore et retournement, le flash, dans *Rear Window*, parce qu'il brille d'une lumière aveuglante, devient une arme assez puissante pour retarder l'avancée de Thorwald. Le cinéma amplifie le geste du photographe et se l'approprie, l'appareil photographique est chargé à blanc, la lumière du flash éblouit jusqu'à l'aveuglement et sature l'écran. Dans *Blackmail*, le geste de poignarder le tableau est l'écho d'un geste qu'on ne voit pas, et cet écho se répercute ensuite dans le film : le mot « *knife* » est répété et répété encore par la voisine. La puissance du mot met la scène sous scellés. L'action est visible en différé grâce à son substitut, le tableau, et l'amplification par la lumière de l'outil du meurtre, le couteau, exacerbe cette visibilité. Enfin le mot « *knife* » conclut une action entièrement reconstituée. Un peu plus tard, dans les rues, le regard s'attarde sur les néons d'un music-hall où clignote un poignard.

Dans *Spellbound* encore, on garde en mémoire cette magnifique réplique du docteur Petersen : « Le mot blanc est notre allié », et le mot « *white* » est essentiel pour l'enquête d'Ingrid Bergman. Dans ce film, le blanc, l'écran, la toile, la surface encadrée et blanche est la surface de l'énigme. Si *Marnie* est un film éclaboussé de rouge, *Spellbound* est un film saturé par le blanc. Ce blanc prélapsaire est l'écran où doit naître l'énigme, forme de la perte de conscience. *Spellbound* n'aurait pas pu être autrement qu'en noir et blanc, même si on sait que la scène du rêve a failli être en couleur. Dans les archives

Selznick se trouve cette réflexion : « La séquence du rêve est très bonne, pourquoi ne pas l'avoir tournée en couleur ? » Le bazar des décors de Dalì oblitère en fait quelque chose de plus subtil, de plus « surréaliste » aussi, dans le rapport qu'entretient ce film avec « l'acte créateur », le geste du peintre, son principe et son intuition. *Spellbound* est un film dessiné, le blanc est d'abord cette feuille blanche où le cinéaste va dessiner son film. Plus exactement, il va y tracer à plusieurs reprises, sur le mode de l'esquisse, une intuition, toujours la même, qui opère, comme des esquisses successives le feraient pour un tableau, une avancée dans l'énigme. Le blanc est la surface où l'enquête, pour retrouver une identité, se déroule, à la fois surface de la perte et indice de la reconquête : quand Gregory Peck doit choisir un pseudonyme, il dit « John Brown ». Le blanc est véritablement un leitmotiv avant d'être un abîme. Fond, surface et épaisseur d'une énigme, il décline ses identités : l'enveloppe et le coupe-papier au tout début du film, avant l'arrivée de Gregory Peck sous la double identité : Edwardes-Ballantine, le blanc du bloc opératoire et celui de la salle de bain où il se trouve cerné par les objets et le décor d'une blancheur imparable, et où il est alors pris d'une véritable crise obsidionale. C'est aussi, bien sûr, le verre de lait (au bromure) qui opercule de blanc l'écran, tout l'écran. Cette saturation de l'écran par une non-couleur signifie trivialement qu'il faut y faire un dessin pour accéder à l'origine du traumatisme et de la perte de mémoire. Le blanc devient la matière où Hitchcock dessine son intuition : dans le déjeuner inaugural, la fourchette trace un chemin sur la nappe, puis le couteau réfracte la lumière avant d'effacer les traces. Plus tard dans le film, nous assistons à la reprise articulée en deux scènes de ce motif : la trace de la fourchette sur une surface blanche. Dans un premier temps la scène qui conclut l'énorme machine dalinienne : une scène vertigineusement modeste et efficace, au point d'éclipser tout le fourbi du décor qui vient d'être mis en place, à l'instar de la résolution d'une énigme qui déblaie le bric-à-brac des indices. Edwardes-Ballantine, occupé à boire son café (un liquide noir, anticipateur par contraste), est averti par la sensation, celle du blanc, que dehors la neige envahit la rue en pente du village. Une sensation ou une intuition confirmée par le regard que portent les deux médecins vers l'extérieur. On voit d'abord la fenêtre, cadre dans l'écran, qui contient une scène d'hiver, le détail d'un petit village où il commence à neiger. Le mouvement de la caméra épouse celui de l'intuition, il zoome pour définir un cadre dans le cadre, un carreau de fenêtre, pareil à un petit tableau ou une page blanche pour un dessin. Ce n'est pas une focalisation sur un détail, mais l'espace découpé pour une esquisse, le trait qui trace en acte l'intuition. La mise en scène est celle d'un dessin pour l'ébauche d'un tableau, à un détail près : ce tableau est le film. Alors, comme la fourchette traçait des lignes parallèles sur la nappe immaculée, un traîneau dessine un motif identique dans la neige.

La seconde scène de reprise du motif sera conclusive. À la fin du film, le docteur Petersen, inquiète, et Edwardes-Ballantine, crispé, skient l'un à côté de l'autre, suggérant le motif, cette fois non apparent. Un décor défile derrière eux, conformément à l'esthétique hitchcockienne que j'ai soulignée plus haut, un paysage de montagne où le blanc de la neige se confond avec celui de l'écran. Nous savons que nous allons toucher à la résolution de l'énigme.

Il faut, pour comprendre le mécanisme de cette intuition, se reporter à deux œuvres de Klee appartenant à la collection de Hitchcock : *Odysseus*, 1924, et *Seltsame Jagd* (*Chasse étrange*), 1937. Ces deux tableaux ont véritablement de l'importance pour Hitchcock : il aime se faire photographier devant eux et se plaît à déclarer, confondant un peu tout : « Je me compare à un peintre abstrait. Mon peintre préféré est Klee »[1]. En superposant soigneusement les principes qui régissent ces deux œuvres, et bien sûr en supposant la connaissance d'œuvres de Klee contemporaines de celles-ci, alors un geste d'artiste se dévoile, qui correspond étonnamment à ce motif de lignes, « cette aventure de lignes » qui est au cœur du scénario de *Spellbound*. Les deux œuvres de Klee ont assurément formé le regard de Hitchcock qui vit avec elles (pour l'anecdote, il suffit de voir à quel point la frise du générique de *The Trouble with Harry* s'inspire jusqu'à la

1. Cité par Charles Thomas Samuels, *Encountering Directors*, *op. cit.*, p. 239.

caricature de l'esprit de Klee). Je ne suggère pas qu'il y a là le décalque d'une œuvre dans un film, mais que souterrainement, à partir des œuvres de Klee qu'il possède et d'une constellation d'œuvres de documentation qu'en apprenti collectionneur il compulse, le cinéaste apprend quelque chose du peintre. En quelque sorte, à partir d'une œuvre assez anecdotique, *Odysseus* (et c'est sans doute précisément à cause de ce caractère anecdotique qu'elle a plu à Hitchcock), il remonte le cours d'un principe créateur.

Il est amusant d'observer qu'*Odysseus* et *Seltsame Jagd* racontent tous deux une histoire, une fable ou un mythe qui n'est pas sans rapport avec *Spellbound*. Hitchcock connaissait des dessins de Klee contemporains d'*Odysseus*, peut-être *Rendre visible*, 1926, qui constitue à la fois le schème et l'accomplissement du principe que je viens d'ébaucher. Cette intuition de peinture – ce geste de peintre passant dans le cinéma – peut être, sinon élucidée, du moins approchée, autant qu'on puisse approcher la source d'une intuition. C'est, à l'intérieur d'un film, du film, une sorte de symétrique de cette pliure cinématographique dans la peinture observée chez Hopper : ici, un pli pictural dans le cinéma.

Je ne résiste pas, en constatant ce retournement, à citer ce que Klee écrivait dans un texte contemporain d'*Odysseus* :

> Tout devenir se fonde sur le mouvement. Dans son *Laocoon* qui nous fit gaspiller naguère quelques essais de réflexions de jeunesse, Lessing s'évertue à opposer un art que régirait le temps à un art que gouvernerait l'espace. À y regarder de plus près, il ne s'agit là que de pédantes divagations ; car l'espace aussi est un concept temporel. Il faut du temps pour qu'un point devienne mouvement et ligne. Ou qu'une ligne émette une surface en se déplaçant. Ou, enfin, que les surfaces produisent des espaces [1].

Ces aventures de lignes, chères à Paul Klee, trouvent dans le film de Hitchcock ce pouvoir temporel revendiqué par le peintre. Elles laissent aussi la trace, après que l'énigme a été résolue, d'une autre énigme : celle de la genèse d'une intuition devenue forme. D'où viennent, dans

1. Paul Klee, « Credo du créateur », dans *Théorie de l'art moderne*, Paris, Éditions Gonthier, 1975, p. 37, traduction révisée.

Spellbound, ces deux inventions de formes hallucinées et hallucinantes, le fondu au blanc à partir du verre de lait et l'incroyable éclaboussure rouge qui, le temps d'une seconde, d'un déclic, envahit l'écran, quand le canon du revolver se retourne contre le docteur Murchison et en même temps met en joue le spectateur? Tache invraisemblablement rouge dans un film au noir et blanc sans pareil, éclaboussure rouge qui confère au blanc le statut d'une couleur, mais qui avoue surtout ce que Hitchcock ne peut, ne sait, ne veut pas montrer, comment le petit garçon bousculé par son frère s'empale sur les fers de la grille.

Ce rouge envahissant l'écran deviendra le leitmotiv de *Marnie*. Par un geste de peintre, Hitchcock pousse l'image au bord d'elle-même, ou plutôt, par ce motif d'aveuglement, il détruit, il éclate l'image. Elle éclate et déborde l'écran, parce qu'elle sature le cadre, elle donne une ultime définition de l'écran. L'écran deviendrait ce cadre « débordé » par le fondu au blanc et par le rouge du coup de feu final dans *Spellbound*, par le rouge dans *Marnie*, par le flash dans *Rear Window*, par l'éclat du couteau dans *Blackmail*, par le feu d'artifice, enfin, dans *To Catch a Thief*. L'écran devient une sorte de *all over*[1].

En peinture, le motif est le moteur du tableau, son *motus*, la mise en mouvement de la peinture. Ce motif n'est pas seulement le sujet mais la lumière, une lumière instituée qui met en œuvre la scène et met en scène l'œuvre. L'espace du tableau en dépend. Le rouge, le pourpre plus exactement, est pour Goethe, dans ses *Farbenlehre*[2], la couleur qui contient toutes les autres. Elle rivalise avec le gris qui s'obtient en faisant tourner le cercle chromatique en son entier. Le rouge est une couleur totale. La dernière image de *Spellbound* est en fait une destruction d'image. Par leitmotiv, dans *Marnie*, le rouge est à la fois la synthèse de la lumière par aveuglement et la couleur de l'*Augenblick* (c'est également Goethe qui le dit). Ces instants trouent le film, ils sont la forme cinématographique de l'instant prégnant.

1. On sait que Hitchcock avait voulu acheter un tableau de Dubuffet; Pollock, à mon sens, aurait été également accordé à de tels gestes de cinéma.

2. Johann Wolfgang von Goethe, *Traité des couleurs*, Paris, Éditions du Centre Triades, 1980, p. 263.

Marnie à cet égard est exemplaire : l'instant de l'angoisse est rouge parce que toutes les couleurs s'en mêlent. Le récit rebondit chaque fois sur cet instant qui féconde le film. Hitchcock avait mis cette hypothèse au brouillon dans *To Catch a Thief*, en faisant du feu d'artifice l'acmé du récit, un baiser pour une histoire de diamants volés qui explose dans l'écran. L'intuition que l'instant prégnant et la saturation de l'écran par la lumière coïncident dans le cinéma de Hitchcock a sa matrice dans *Rear Window*. La scène du flash qui sature l'écran de lumière et aveugle Thorwald et le spectateur est la seconde de la peur, à la fois résumé et sommet du film.

La peur et l'angoisse auront trouvé dans le cinéma de Hitchcock une forme particulière. L'instant, qui est l'événement de cette forme, la fait non seulement voir mais éprouver par le spectateur. Ce pouvoir de la sensation, qui est le propre du cinéma de Hitchcock, l'est pour avoir accordé un absolu crédit à l'image, comme si elle était investie d'une charge de vérité et d'un supplément de présence par rapport au réel. D'ailleurs, une dimension religieuse et votive traverse au moins un film de Hitchcock : *The Wrong Man (Le Faux coupable*, 1956).

The Wrong Man, calé entre *The man who knew too much* et *Vertigo* (*Sueurs froides*, 1958), film mal aimé de Hitchcock – et film insolite où Ferrara a puisé le meilleur de ce qu'il a fait lui-même –, est peut-être celui qui prend le plus au sérieux le pouvoir d'une image dans l'image, d'autant plus que celle dont il est question est une image du Christ. Au départ, elle fait partie du décor, solidifiant l'arrière-plan de la chambre de Manny et Rose Balestrero. Au moment de la résolution du film – Manny/Henry Fonda en dernier recours, prie, instant simultané à la découverte du vrai coupable –, cette image va soudain sortir de l'arrière-plan pour devenir le centre du récit. Le statut de l'image dans le scénario impose une phénoménalité particulière liée à sa fonction dans la diégèse.

De la même manière que l'intuition se dessinait par un jeu de cadres dans l'écran dans *Spellbound*, l'image du Christ encadrée, comme si elle se suffisait à elle-même, sans être servie par un mouvement de caméra particulier, s'impose – cadre dans l'écran – par son seul pouvoir d'image ; elle s'impose dans l'écran, dans le plan, et rétroactivement dans le film. Il ne s'agit plus, comme dans d'autres films de Hitchcock, par l'entremise d'un tableau, d'un simple portrait archétype ou d'un double différé du protagoniste (c'est le cas dans *Rebecca*, 1940, ou *Vertigo*), mais d'une véritable apparition. Certes l'image du Christ double celle de Manny Balestrero, à un moment où il est dans une situation christique, sans recours ni secours, ayant pour seule issue la prière. Le Christ au mur n'est d'ailleurs pas un Christ en croix, mais, nonobstant l'auréole, un homme parmi les hommes. Cette reproduction apparaît deux fois dans le film : au début, où elle passe presque inaperçue, et dans cette résolution selon une véritable apparition.

Deux scènes symétriques tiennent le film en étau. Au commencement, le basculement dans la folie pour Rose a lieu dans cette chambre ; parmi quelques tableaux anodins, dont deux portraits de femmes, on aperçoit cette reproduction du Christ qui sort, au sens le plus rigoureux du terme, de l'ombre de Rose et joue à cache-cache avec cette ombre au moment où elle dit : « Ils ont démoli ton alibi ! Ils nous écraseront ! » Quelque chose alors se brise dans leur vie (pour ne pas avoir vu cette image ou avoir été abandonnés par elle) et se brise à l'instar du miroir contre lequel Manny bute à cet instant. On voit son front ouvert dans le miroir brisé : une image disloquée, les deux moitiés d'un même visage qui ne coïncident plus. C'est sur ce visage que la schizophrénie de Rose s'explique. À la fin du film, nous retrouvons cette chambre et ce chromo du Christ, mais un effet d'anamorphose impose une modification ontologique du statut de l'image. La caméra cadre la reproduction dans l'écran, insiste, la tient en suspens ; on voit de dos, semblable à une ombre, la silhouette de Manny. Le catholicisme de Hitchcock n'a jamais été aussi revendiqué qu'à cet instant, dans cette façon simple et singulière de montrer, sinon un miracle, du moins une prière exaucée. Hitchcock nous dit qu'il faut prendre absolument au sérieux les images, les images et les gestes, c'est-à-dire le cinéma.

Le psychiatre explique à Manny la folie de Rose : « Elle vit dans un autre monde, un paysage effrayant qui serait comme la face cachée de la lune ; vous êtes là et les enfants aussi, mais elle vous voit comme des ombres monstrueuses. Elle sait qu'elle vit dans un cauchemar dont elle ne peut sortir... » Dans cette description, il y a en substance, au-delà du diagnostic, la description d'un film peut-être expressionniste, en tout cas d'un film de Hitchcock. Le pouvoir attendu et escompté des images que Hitchcock fabrique est décalqué du pouvoir de cette figure du Christ dans *The Wrong Man*. Dans son cinéma, quelque chose leste les images, ici un poids religieux, qui donne à chaque geste de l'importance (mettre en scène, n'est-ce pas vouloir à la fois que chaque geste soit vrai, mais aussi, pour le cinéaste, conférer au geste le pouvoir d'être un signe et parfois un symbole ?). Dans la scène du tribunal, le témoin doit, pour désigner en Manny le coupable, lui toucher l'épaule au moment où il égrène son chapelet. En dirigeant cette scène, Hitchcock s'est souvenu du Christ au Mont des Oliviers : « Judas, c'est par un baiser que tu livres le Fils de l'Homme » [Luc 22, 47-48]. « Or, celui qui le livrait leur avait donné un signe en leur disant : Celui que j'embrasserai, c'est lui. Arrêtez-le et amenez-le sous bonne garde » [Marc 14, 43-46].

L'œil de *Psycho* (*Psychose*, 1960) est la reprise de l'œil gigantesque du rêve dans *Spellbound*, un œil-maelström où tout le film, à cet instant, semble vouloir se dévider. À cet œil-vortex, où doit s'engouffrer tout le visible, répond une image mystérieuse, puissante, lourde, celle du dernier plan de *The Birds* (*Les Oiseaux*, 1963), une image portant tout ce qu'est le film et tout ce qui vient d'avoir lieu. À cette minute, tout stagne sans être en repos. Il s'agit d'une fausse accalmie, tout est prêt à se soulever à nouveau.

Le surgissement des formes dans le cinéma de Hitchcock répond à une nécessité interne au récit, une goulotte subliminale, un conduit souterrain par lequel le film se viderait d'un coup : par la douche de *Psycho* (le raccord entre la douche et l'œil se fait immédiatement), par le trou du canon qui nous vise dans *Spellbound*, ou encore par hémorragie, comme dans *The Birds* ou *Marnie*. Dans *Marnie*, la couleur rouge déclenche à chaque fois une explosion d'angoisse, c'est la tache d'encre sur le chemisier blanc, les pois rouges sur la casaque du jockey, la veste rouge dans la scène de chasse à courre. Chaque fois, en trouvant la même détermination ontique, l'angoisse se vide un peu, progressivement, par détonations et saignements successifs.

Dans *The Birds*, le même principe d'écoulement par hémorragie a lieu, mais à la fin le conduit se bouche, comme si le chenal du film avait voulu aboutir à cette image qui est une hémostase : cette flaque stagnante, mais remuante d'oiseaux. Ce plan des oiseaux envahissant l'image est l'équivalent du plan de l'œil dans *Psycho* débordant le cadre pour devenir le lieu même de l'écran. Oui, l'écran est un œil, un œil énorme qui se transforme en tourbillon. Dans *The Birds*, le film ne finit pas, ne s'écoule plus, reste en suspens. On éprouve cette sensation d'*Unheimlichkeit* telle que Heidegger la pense : la sensation d'être étranger chez soi, tel un climat liminaire ouvrant à l'angoisse.

Après les yeux de papier crevés et découpés dans *Spellbound*, Hitchcock a décidé qu'il fallait crever les yeux en vrai, que les oiseaux allaient dévorer les yeux des hommes. Cette flaque d'oiseaux qui obstrue la fin du film a une puissance réaliste et onirique proprement vertigineuse. Elle fait écho aux images explosives, disruptives et coruscantes qui éclaboussent l'écran : les éclairs rouges dans *Marnie*, le flash de *Rear Window*, le coup de feu dans *Spellbound*, le feu d'artifice de *To Catch a Thief*. Je dis l'écho, mais ce n'est pas tout à fait cela, c'est plutôt le plan d'une irruption qui ne peut pas avoir lieu, d'une détonation impossible, d'une catastrophe suspendue dont l'éclat ne réglerait rien, une hémostase qui condamne au lieu de sauver.

Chaque scène de *The Birds* est le cratère secondaire d'un volcan invisible, on imagine une solution formelle impossible, l'amplification atomique du feu d'artifice de *To Catch a Thief* ou de la détonation de *Spellbound*. La fin de *The Birds* a encore plus de puissance que les explosions qui la précèdent en anéantissant l'écran, précisément parce que l'explosion n'a pas lieu. Ce dernier plan est celui d'un vertige, mais d'un vertige à plat, sans précipice. On retrouve bien sûr la peur du vide propre au protagoniste hitchcockien, mais transformée en ce vertige ontologique qu'est l'angoisse, puisqu'il n'y a plus de détermination ontique à ce vertige. C'est l'horizon, l'alentour, le monde tout entier qui est devenu l'espace de la chute. L'écran est un nid de mort, le nid de tous les oiseaux, l'aire de la mort et de l'angoisse, le berceau pour convertir l'angoisse et la terreur en forme, et les apprivoiser. Hitchcock a filmé une immobilité qui bouge, l'écorce d'une terre humide et moisie couverte de plumes, de duvet et de déjections. Une croûte qui se soulève d'une respiration malade et de l'imminence d'une catastrophe qui pourtant a déjà eu lieu.

Le cinéaste a fabriqué le totem, l'image dérisoire et cynique de cette angoisse, comme s'il fallait en garder un symbole manipulable. Donald Spoto rapporte cette anecdote :

> Bien avant le démarrage de *Marnie*, Hitchcock envoya à la petite fille de Tippi Hedren, qui avait cinq ans, un cadeau étrange et très effrayant : une poupée coûteuse et sophistiquée représentant sa mère habillée comme le personnage qu'elle interprétait dans *The Birds*, avec le même costume vert et la même coiffure élégante, mais la poupée était emballée dans une petite boîte en sapin. Puis, prenant prétexte d'une séance de maquillage compliquée, Hitchcock fit faire un masque de son actrice dont il conserva longtemps près de lui les traits délicats à jamais fixés dans ce repos parfait. Un autre admirateur aurait pu vénérer une de ses photos, une de ses bagues ou un de ses vêtements, mais Hitchcock avait déjà fabriqué lui-même ses photos, ses bijoux et ses costumes. La poupée et le masque avaient peut-être une valeur magique entre la vie et la mort, comme les totems d'une grande et nécessaire souffrance [1].

Ce masque mortuaire a un sens très au-delà de la pathologie amoureuse, il est le viatique de *The Birds* mais aussi de *Marnie* et dit quelque chose de l'essence même du portrait. Au XVIIe siècle, le masque mortuaire jeté en plâtre servait au peintre à faire ensuite le portrait du mort.

Dans *Under Capricorn* (*Les Amants du Capricorne*, 1949), il existe un portrait qui n'est pas un tableau mais proprement une apparition : en une seconde, Ingrid Bergman va retrouver une image d'elle perdue. Michael Wilding lui offre de se voir ainsi parce qu'il la voit ainsi. Pour qu'elle se voie comme il la voit, il ôte sa redingote, double la vitre et la doublure devient le tain pour le miroir provisoire d'une image venue

1. Donald Spoto, *La face cachée d'un génie, La vraie vie d'Alfred Hitchcock*, Paris, Albin Michel, 2003, p. 488.

de la nuit et d'un hier perdu. Hitchcock réinvente pour le cinéma, sans forcément le connaître, cet outil mystérieux du peintre : le miroir noir. Il est, dans cette scène, marqué par une dimension funeste et mélancolique[1]. Il s'agit bien là d'une apparition qui, à partir d'un genre hérité de la peinture, le portrait, et rendu complexe par l'usage du miroir noir, énonce l'essence même du cinéma. Ce plan est plus mystérieux, plus magique aussi que celui du Christ apparaissant dans *The Wrong Man*, mais de même nature que celui-ci. Plus loin dans *Under Capricorn*, Ingrid Bergman découvre une petite tête jivaro (saisissante de parenté avec la tête de la mère dans *Psycho*), placée fortuitement dans ses affaires pour ajouter à sa terreur. Le portrait d'Ingrid Bergman dans *Under Capricorn* n'est donc pas seulement celui qui se reflète dans la vitre, il est, dans l'espace de la mise en scène, entre ce reflet auratique – unique apparition d'un lointain – et l'effroi provoqué par la tête jivaro.

1. Je reviendrai sur cette question du miroir noir dans le chapitre 5 du présent essai.

chapitre 3
une mise en crise du cadre
la rencontre inventée de Yasujirô Ozu et de Piet Mondrian

L'atelier de Mondrian, lieu clos et expérimental, est la topographie où la question du tableau se pose sans cesse. L'atelier est l'expérimentation en soi d'une œuvre au-delà du tableau, mais qui conserve celui-ci pour son centre problématique plutôt que comme simple élément constituant. S'il y a dépassement du tableau de chevalet, c'est bien dans l'atelier de Mondrian, illustration parfaite d'une *Aufhebung*, dépassement conservant le dépassé comme dépassé intériorisé. Tout se passe comme si la troisième dimension exclue du tableau par Mondrian trouvait dans l'atelier son écho.

À partir de son installation 26, rue du Départ, l'atelier de Mondrian a fonction d'œuvre, œuvre « construite », « bâtie » à partir des œuvres qui s'y trouvent, tributaire des éléments modulaires que les œuvres orchestrent. Il faut accorder à l'atelier ce statut d'œuvre, sachant que ce qu'il devient est toujours en liberté conditionnelle. Conditionnée par la structure du mur où les tableaux s'équilibrent, ou du mur où les rectangles ou carrés de couleur, punaisés, permutent, conspirant à cet équilibre; conditionnée par le tableau lui-même, soumis aux mêmes lois d'équilibre (l'exubérance d'une couleur doit, à l'intérieur du tableau, être neutralisée) ; conditionnée enfin par chaque élément compositionnel qui « œuvre » à l'équilibre néo-plastique dont l'atelier devra être le lieu par excellence.

Et pourtant, de nombreux témoignages le confirment, au centre de cet atelier demeure un chevalet, ultime pièce à conviction de ce qui fut une telle mise en cause de la peinture de chevalet. Mais il faut savoir que ce chevalet est l'outil qui isole tel tableau mais ne participe pas à sa fabrication. Il est phénoménologiquement le lieu de la « réduction » *de* l'œuvre (sa neutralisation), alors qu'il était, dans toute la tradition, l'autre du sujet peignant, son prolongement, son outil, sa « réduction » *à* l'œuvre.

Le tableau que Mondrian présente sur le chevalet n'y est pas exécuté (là encore les témoignages convergent, le peintre travaillait sur une table, « à plat »). La plupart des photos désignent ce chevalet au milieu de l'atelier, le saisissent portant un tableau losangique, carré sur sa pointe, exhibé sans avoir été exécuté sur ledit chevalet. Le correspondant d'un journal hollandais qui rendit visite à Mondrian en 1920 posa cette question :

> Comment le peintre pense-t-il pouvoir encadrer, limiter, placer dans un intérieur son œuvre qui par elle-même semble si ouverte ? Car n'en a-t-on pas fini avec la peinture de chevalet ? Mondrian n'a plus à répondre à cette question : l'atelier parle pour lui. Les murs de cette pièce de proportions agréables sont en effet subdivisés par des toiles vierges ou peintes de couleurs primaires, de sorte que chaque mur forme en lui-même comme un tableau géométrique agrandi plusieurs fois. Le but de Mondrian est donc visiblement d'être le complément de l'architecte en ravivant ses surfaces monotones. [...] N'est-il pas regrettable de rompre un mur monumental par un décor de petits rectangles ? Non, car il intégrera autant que possible l'ouverture des portes et fenêtres dans sa composition.

Mondrian vécut au 26 de la rue du Départ de 1921 à 1936. La structure de l'atelier était dichotomisée et séparée par un sas, une partie restreinte pour les fonctions quotidiennes de l'existence, l'autre pour l'œuvre. Dans « De 1921 à 1936, Réalité naturelle et réalité abstraite », publié par la revue *De Stijl* entre 1919 et 1920, qui mettait en scène une conversation entre Y (un amateur de peinture), X (un peintre naturaliste) et Z (le peintre abstrait réaliste ou adepte du néo-plasticisme), à la question posée par Y : « Mais si le mur en face duquel vous travaillez était lui aussi traité de la sorte, les couleurs ne vous gêneraient-elles pas ? », Mondrian faisait répondre par Z :

> Le chevalet est placé juste devant la grande armoire qui avance dans l'atelier. Celle-ci devrait être peinte, ici, dans une couleur neutre, le gris par exemple, et ainsi le problème serait résolu. Mais le problème serait encore bien mieux résolu en ne faisant plus de tableaux de chevalet. Si les personnes sympathisantes laissaient composer leurs intérieurs selon la Nouvelle Plastique, la peinture de chevalet pourrait progressivement disparaître. Et la Nouvelle Plastique serait, de la sorte, bien plus réellement vivante autour de nous. Dans l'exécution, faire un tableau ou peindre une chambre sont choses également difficiles.

Michel Seuphor donne de l'atelier une description quasiment contemporaine – nous sommes en avril 1923 :

> Une fois cette porte franchie, on se trouvait dans une petite pièce moitié chambre à coucher, moitié cuisine. Devant une fenêtre qui donnait sur la cour, Mondrian avait son réchaud à gaz et, tout autour, à portée de la main, un attirail de cuisine et quelques étroites étagères pour les provisions. Mais le visiteur ne voyait généralement rien de tout cela : un habile système de rideaux formant un couloir le dirigeait vers l'atelier auquel on accédait après avoir monté, dans l'obscurité, cinq ou six marches. Alors tout changeait. C'était une assez grande pièce, très claire et très haute de plafond, que Mondrian avait irrégulièrement divisée, utilisant à cette fin une grande armoire peinte en noir, elle-même partiellement masquée par un chevalet hors d'usage couvert de grands cartons rouges, gris et blancs. Un autre chevalet était placé contre le grand mur du fond, lequel changeait souvent d'aspect, Mondrian exerçant sur lui sa virtuosité néo-plastique. Ce second chevalet était entièrement peint en blanc et ne servait habituellement que pour la montre des toiles achevées. Le lieu réel de travail était la table. Elle se trouvait devant la grande fenêtre qui donnait sur la rue du Départ. [...] Il y avait deux larges fauteuils en osier également peints en blanc et sur le plancher soigneusement entretenu, deux petits tapis,

> l'un rouge, l'autre gris. Tel était l'atelier où Mondrian vécut treize ans, où tant de gens lui ont rendu visite [1].

C'est en fait sur une table, en face d'une autre partie du mur, et non sous la fenêtre donnant rue du Départ, comme l'écrit Seuphor, que Mondrian peignait (les photographies de l'époque le montrent, mais aussi, à l'évidence, Mondrian ne pouvait peindre en regardant au dehors, confronté à l'ouvert d'une fenêtre).

Cet atelier, qu'il fût rue du Départ, ou plus tard à Londres ou à New York, avait été le lieu expérimental où le tableau de chevalet, intégré dans son environnement néo-plasticiste, avait été poussé au plus loin de ses « limites ». Mais le chevalet restait (chevalet peint, c'est-à-dire intégré à l'univers néo-plasticiste, mais aussi son ombre, son double, chevalet non peint comme le note Seuphor) le témoin dédoublé et la pièce à conviction d'un dépassement qui n'avait pu avoir lieu qu'idéellement.

Le dispositif initiatique pour entrer dans l'atelier de Mondrian – ce passage par ce couloir sombre – autorise une analogie avec le parcours d'un spectateur de cinéma accédant en retard, dans la pénombre, à l'écran de lumière. Dans l'atelier, sur le mur-écran, le cadre n'est plus qu'un accessoire de mise en scène et le tableau, un acteur parmi d'autres. Si l'atelier est un écran, ou plusieurs écrans simultanés, alors se trame là un film constitué de permutations, avec ses règles de mise en scène : équilibre et neutralisation de la couleur. Mondrian fait son cinéma sans histoire ni psychologie et l'écran est le lieu de la neutralisation du cadre. Si Mondrian aimait fréquenter les dancings, pratiquait-il les salles de cinéma ? Il est certain, en tout cas, qu'il n'a jamais vu de film de l'artiste qui lui est le plus proche, dans la forme, dans l'esprit, dans la méthode, dans l'évolution même de son art. C'est d'Ozu, de Yasujirô Ozu, que je veux parler.

Ozu et Mondrian ne sont pas exactement contemporains, mais ils mènent des recherches semblabes et parallèles c'est-à-dire ne pouvant ni ne devant à aucun moment se croiser. Pour les témoins tardifs, cette avancée en double aveugle est désarmante, et il est

1. Michel Seuphor, *Mondrian*, Paris, Flammarion, 1956, p. 338.

surprenant qu'elle n'ait jamais été mise en évidence. J'emploie l'expression « en double aveugle » sans penser à son usage rigoureux de protocole médical, je veux simplement dire qu'Ozu ne sait pas ce que fait Mondrian, ni même que Mondrian existe, et réciproquement.

L'*Aufhebung* opérée par Mondrian correspond à ce que consigne, avec une pertinence qui ne trouve malheureusement pas ses arguments, le meilleur critique d'Ozu, Shiguéhiko Hasumi :

> Ces images hors du commun, à la fois excès et manque, quoi de plus effrayant ? Après en avoir été témoin, on ne sait plus comment parler de cinéma. En fait, cette dernière période d'Ozu, est-ce encore du cinéma ? [1]

Le dépassement de la peinture opéré par Mondrian ouvre sur l'architecture, par exemple, et a ses conséquences et ses marques dans la théorie, c'est une *Aufhebung* effective. Le dépassement du cinéma qu'opèrerait Ozu sans le chercher, sans le vouloir, sans le savoir, ce dépassement si lourd de conséquences spirituelles et métaphysiques, a pour seul écho cette déroute du commentaire que diagnostique Hasumi. Mais le cinéma d'Ozu est sans lendemain, sans filiation, sans postérité, aucun art ne profite directement de ce dépassement, ni ne naît de lui ; l'historien ou le théoricien n'y trouvera donc rien à déduire ni à dire de particulier, et c'est bien ainsi.

Au-delà de ce dépassement que les deux œuvres de Mondrian et d'Ozu accomplissent, il s'agit maintenant de faire voir un faisceau de confluences, et puisque tout dans ces deux œuvres, terme à terme, correspond et semble se répondre, j'ai choisi – ma comparaison n'ayant en rien un dessein formaliste –, de suivre une sorte de chronologie et d'évolution parallèle des deux œuvres.

À partir de la question de l'écran et de cette manière de faire tenir dans l'écran un motif se dispensant du cadre, je comparerai les œuvres de Mondrian contemporaines de *Jetée et Océan* [2] à certains plans des premiers films d'Ozu, dans *Histoire d'herbes flottantes* (*Ukigusa*

1. Shiguéhiko Hasumi, *Yasujirô Ozu*, Paris, Cahiers du cinéma, 1998, p. 109.

2. Par exemple : *Jetée et Océan*, 1915, huile sur toile, 85×108 cm, Rijksmuseum Kröller-Müller, Otterlo.

monogatari, 1934) et *Récit d'un propriétaire* (*Nagaya shinshiroku*, 1947) en particulier. L'écran correspond encore à des extérieurs et le motif stabilisé dans le plan y fait alors exister un cadre sans cadre.

Je chercherai ensuite dans les plans d'intérieur d'Ozu quelque chose qui répond au travail qu'accomplit Mondrian sur le mur-écran de son atelier : une composition et la recherche de son équilibre, la recherche d'un équilibre et de son pourquoi. Son pourquoi, c'est-à-dire essentiellement la neutralisation du motif (ce qui est l'enjeu de l'œuvre de Mondrian à partir de *Jetée et Océan*). À cette neutralisation du motif correspond chez Ozu une neutralisation des événements qui articulent le récit. Cette façon unique qu'a Ozu de convertir des phénomènes saturés, excédentaires en intuition et où l'intentionnalité est prise de court, en phénomènes pauvres, pauvres en intuition bien sûr, cette prodigieuse égalisation des phénomènes qui conduit précisément à ce que les phénomènes pauvres deviennent tels des phénomènes saturés[1]. N'est-ce pas d'ailleurs ce que suggère Hasumi en parlant de « ces images hors du commun, à la fois excès et manque » ?

Enfin, j'examine la façon que trouve Ozu, lorsqu'il passe tardivement à la couleur, de redoubler cette décision de neutralisation. Si le rouge est l'élément tragique par excellence pour Mondrian, la petite bouilloire rouge qui cherche sa place entre les angles droits est chez Ozu la cale métaphysique, spirituelle et spatiale de tout un monde. Un monde qui pousse effectivement le cinéma à sa limite. Je fais référence et je m'intéresserai donc à ces plans propres à Ozu, plans d'extérieur qui coupent le récit, le laissent quelques secondes en suspens pour faire exister un autre temps, une durée particulière.

1. Je me réfère à la première occurrence de cette notion, dans la philosophie de Jean-Luc Marion. Elle est formulée à l'origine dans le cadre d'une journée d'études organisée à l'École normale supérieure le 15 mai 1992. L'intervention de Jean-Luc Marion sera reprise dans l'ouvrage *Phénoménologie et Théologie*, Paris, Critérion, 1992, p. 79 à 128. Je le cite : « Lorsque le *Je* se découvre, de constituant qu'il restait face aux phénomènes de droit commun, constitué par un phénomène saturé, il ne peut s'identifier lui-même comme tel qu'en admettant la préséance sur lui d'un tel phénomène. Ce renversement le laisse interloqué, essentiellement surpris par l'événement plus originel qui dépend de soi. » (p. 121-122) Je préfère substituer à la notion de « phénomène de droit commun » la notion de phénomène pauvre, et pas seulement parce qu'elle me paraît plus adaptée au contexte de mon commentaire sur le cinéma d'Ozu.

Cette façon de faire exister la durée dans le cadre répond d'ailleurs au premier point évoqué (les plans d'extérieur qui cherchent à caler le motif dans l'écran puisque, une fois le motif en équilibre, le plan s'interrompt). Cette durée, ce temps propre dans l'immobilité du cadre, cet effet de coulisse qui s'ouvre et se ferme, telles les cloisons des maisons japonaises, latéralement, a son équivalent dans les tableaux américains de Mondrian.

Je laisserai de côté ce qu'on pourrait appeler «l'arrière-plan spirituel commun» des deux artistes : le zen et la théosophie. En revanche, j'aime l'idée qu'Ozu et Mondrian étaient célibataires, et que pendant que l'un dansait le charleston, l'autre s'endormait sur sa bouteille de cognac Hennessy.

Que l'abstraction de Mondrian ait remis en question son médium, la peinture, est une évidence. Hasumi, dans son essai, insiste sur ce qu'Ozu touche également aux limites de son outil. Cette insistance procède d'une intuition très juste et sa répétition est aussi le symptôme que Hasumi n'arrive pas à prouver, à faire voir ce qu'il voit et ce qu'il sent.

> Si Ozu est à ce point stimulant, ce n'est pas parce que son œuvre est irréductible aux codes cinématographiques d'une époque, mais plutôt parce que le cinéaste révèle les limites de la forme d'expression appelée cinéma. C'est parce qu'il affronte, en tant que "signe" productif, l'impossibilité du cinéma, qu'Ozu est *moderne* et *novateur*. [...] Si nous nous attachons à Ozu, ce n'est pas parce que son œuvre dévie du paradigme de son époque, mais parce que, par moments, elle cesse d'être du cinéma[1].

Plus loin dans son texte, Hasumi insiste :

> Regarder un film, c'est permettre à nos yeux de prolonger une émotion en la renouvelant. Pour le cinéma lui-même, c'est une cruelle expérience, car Ozu nous avertit que le cinéma pourrait cesser d'être le cinéma. Cela procure un surplus d'intensité à la durée narrative. Par exemple, cet échange de regards sous la pluie entre Ganjirô Nakamura et Machiko Kyô dans *Herbes flottantes* (*Ukigusa*, 1959). La densité dramatique de cette scène tient moins à la figuration du conflit

1. Shiguéhiko Hasumi, *Yasujirô Ozu*, *op. cit.*, p. 31.

> psychologique qu'à la tension exigée pour poursuivre cet échange de regards. Le procédé champ/contrechamp atteint une telle intensité que l'on ressent effectivement que le cinéma, ayant dépassé ses limites, pourrait cesser d'être le cinéma [1].

Cette idée est donc sans cesse traquée par Hasumi, mais on a l'impression qu'elle reste à l'état d'hypothèse :

> Le père et le fils, en pêchant, ressentent le temps qui s'écoule. Les yeux ne regardent plus et on dirait des aveugles qui vivent le mouvement même. Mais une telle image ne peut se prolonger : pour que le cinéma reste cinéma, se dit-on, cette scène doit prendre fin et les deux êtres doivent interrompre leurs gestes similaires et ne plus se tenir l'un près de l'autre. Ce pressentiment introduit une tension étouffante dans le calme de ce paysage. Ce phénomène de condensation narrative, en corrélation avec la tension d'un espace clos, frappe l'œuvre d'Ozu d'une sorte de convulsion de l'instant où le cinéma touche à ses limites [2].

Et le mot « limites » est définitivement le leitmotiv de l'essai :

> La scène de la dispute entre le vieux directeur de la troupe de théâtre et sa femme, dans *Herbes flottantes*, est particulière. Ici, l'homme et la femme s'agressent mutuellement avec une égale animosité et leurs répliques, ainsi que les plans qui les cadrent de face, sont équitablement partagés. Il s'agit donc d'une dispute à égalité, situation rare chez Ozu. L'important est qu'à force de regarder ce couple se dévisager et s'insulter sous une pluie battante, on a moins le sentiment d'assister à une querelle que d'observer le cinéma lui-même. C'est là l'essentiel. Nous disons "le cinéma lui-même", mais il s'agit plus précisément de ses limites [3].

Le titre du livre de Kiju Yoshida, *Ozu ou l'anti-cinéma* [4], souligne également cette idée de dépassement, elle est l'étiage de la correspondance que je suggère entre Ozu et Mondrian.

1. *Ibid.*, p. 155.
2. *Ibid.*, p. 158.
3. *Ibid.*, p. 197.
4. Kiju Yoshida, *Ozu ou l'anti-cinéma*, Lyon-Arles, Institut Lumière/Actes Sud, Arte Éditions, 2004.

Dans *Histoire d'herbes flottantes*, Otoki (Yoshiko Tsubouchi) s'éloigne, le paysage n'est marqué que par les poteaux télégraphiques qui dessinent à la fois des lignes verticales dans ce plan parfaitement horizontal, mais surtout, à leur pointe, un idéogramme, toujours le même, cloué dans l'espace. Espace dans lequel s'éloigne Otoki. Le dos de son kimono est marqué d'un signe, ce dessin bouge alors dans l'écran à mesure qu'elle avance. Ozu semble chercher, en filmant ce plan, à trouver par l'entremise de ce signe un point d'équilibre. Le plan s'interrompt lorsque cet équilibre est atteint, marque solide dans l'espace qui scelle l'écran d'un cadre invisible[1]. On est subjugué par le degré d'abstraction de ce plan, une abstraction dessinée, graphique, crayonnée même par esquisses successives, semblable au trait de Mondrian quand il dessine ses *Dunes* vers 1910, et plus encore à la série *Jetée et Océan*, en 1914, où, malgré le tracé de l'huile sur la toile, l'on garde la sensation d'esquisse cherchant à réduire la perspective et à affirmer la planéité de l'espace de la représentation.

Ozu, en dégageant ainsi l'horizon pour le contrarier de quelques verticales, y fait tanguer un motif jusqu'à son équilibre. On retrouve dans *Récit d'un propriétaire* des plans comparables, dans les dunes justement, où la femme s'emploie à perdre le petit garçon. La silhouette de l'enfant joue dans l'espace et de l'espace comme un signe, y laissant des traces progressives qui sont les esquisses, plan par plan, pour essayer de rendre l'horizon à une sorte de planéité, de le conformer à l'écran. Il s'agit ici de faire entrer de l'infini dans le cadre. Ces plans conjuguent la volonté de filmer l'horizon et l'immensité, c'est-à-dire de faire entrer dans le cadre ce qui ne peut y entrer ; ils avouent cette obsession du cadre propre à Ozu et, dans le même temps, « écrivent » la nécessité d'un récit très simple – ce petit garçon qui court derrière cette femme, deux formes, l'une claire, l'autre foncée, qui commandent grâce à cette poursuite la succession des plans. On voit aussi, par superposition, à l'intérieur de l'écran, se dessiner, subreptice, un schème ovale qui atténue les angles. Ozu cadre les dunes

1. Je n'ai jamais mieux compris cette remarque de Godard en 1979, cité par Jacques Aumont dans *L'œil interminable* (*op. cit.*, p. 230) : « Le cadre c'est quand est-ce qu'on commence le plan et quand est-ce qu'on le coupe ».

en jouant de leur ondulation pour réduire les bords de l'écran, y affirmer ainsi un cadre invisible : procédé qui sera un leitmotiv de Mondrian, de *Jetée et Océan* jusqu'aux deux *Nature morte au pot de gingembre*[1], où l'ovale, de stratagème, devient une syntaxe pour limer le visible afin de le faire entrer dans le cadre.

Dans le même film, à la fin, une scène comparable se répète, la femme dans un kimono sombre, sur une esplanade qui domine la ville, cherche cette fois le petit garçon parce qu'il a disparu. Son affolement coïncide exactement avec la définition du cadre, l'écran est le lieu même de sa panique et de sa recherche, elle va et vient, et ce va-et-vient définit et limite le cadre. L'action réduite et essentielle s'exécute tel un trait qui dessine et vide un espace déjà dépouillé. La sensation de dessin est bien sûr augmentée par le noir et blanc, mais réservée aux plans d'extérieur, là où le cadre ne s'impose pas et ne préexiste pas.

Dans les plans d'intérieur, le cadre est préalablement là : la structure de la maison japonaise a présidé à la hauteur de la caméra, elle est aussi une prédéfinition du cadre et de son autorité[2]. Il semble que cette définition de l'espace à partir des jeux de coulisses de la maison japonaise n'ait cessé de se complexifier. Dans les premiers films d'Ozu, le jeu de coulisses des portes encadre, cadre une scène, un espace qui ouvre éventuellement, par un même jeu d'angle droit, sur un autre. Le plan fixe, la position de la caméra et le cadre s'évertuent à gommer tout effet de profondeur et de perspective. La disposition des objets dans l'espace conspire à la planéité. Dans ses derniers films, donc dans des films en couleur, Ozu semble avoir multiplié ces jeux de coulisses et ces ouvertures, non pas pour creuser l'espace et rétablir une perspective, mais au contraire pour le cimenter, faire que l'écran devienne un mur dont l'appareil complexe serait fait d'espaces hétérogènes, mais rendus compossibles et conciliés par la planéité de l'écran.

1. Piet Mondrian, *Nature morte au pot de gingembre I*, 1911-12, huile sur toile, 65,5×75 cm, et *Nature morte au pot de gingembre II*, 1912, huile sur toile, 91,5×120 cm, La Haye, Gemeentemuseum (Slijper).

2. On a rarement souligné l'influence de l'architecture japonaise dans l'œuvre de Mondrian, elle est certaine. Serge Fauchereau est un des seuls à la mentionner dans son article « Le Dernier Mondrian et l'utopie néo-plastique », *Revue critique*, n° 571, décembre 1994.

Ajoutons qu'Ozu rend cela visible en vidant le plan de toute action, et en le déchargeant de toute présence humaine.

La neutralisation du motif et le redoublement de cette réduction, en niant le pouvoir de la couleur, semblent l'étape suivante de cette définition du cadre, un cadre à partir du cinéma, qui appartiendrait plutôt à un projet de peintre et coïncide toujours plus avec l'entreprise de Mondrian. Par neutralisation du motif, j'entends quelque chose d'analogue à ce que j'observais en suivant l'exemple du kimono dans *Histoire d'herbes flottantes*. On trouvera cent exemples dans le cinéma d'Ozu où un mot, une inscription, perd son sens pour ne garder qu'un pouvoir plastique dans le cadre, y devenir un point d'ancrage au détriment de son sens premier, ancrage dont la précarité, ou au contraire l'autorité, est affirmée lorsque cette inscription coïncide avec un néon. L'effet de la couleur dans le cadre vient conclure ou infirmer ce travail de neutralisation. Le rouge est la couleur de prédilection. La perte du sens premier – ce que signifie ce qui est écrit – est bien sûr accrue quand Ozu, dans le même espace, cale une inscription par idéogramme ou une inscription telle *Luna* ou *New Japan*. Cette neutralisation et cette égalisation du sens, en mettant à égalité dans le cadre – plastiquement – deux systèmes d'écriture, sont aussi une métaphore du cinéma d'Ozu : avoir imposé un tropisme américain en l'intégrant dans l'espace de la tradition japonaise, avoir accordé la pérennité d'un héritage à un médium venu pour Ozu des États-Unis.

Départir le motif de son sens premier est également à l'origine de l'abstraction chez Mondrian :

> Je trouve qu'un semblable moulin est réellement très beau. Surtout lorsque, comme à présent, il est si rapproché de nous que la distance manque pour le voir ou le peindre dans le champ d'une perspective normale. De cette distance il est très difficile de rendre la chose vue : il faut avoir recours à un genre d'expression plus libre. J'ai quelquefois, jadis, essayé de peindre les objets d'une distance très courte, justement parce qu'ils paraissaient alors plus grandioses. Pour en revenir à ce moulin-ci, oui, la forme en croix des ailes m'a tout spécialement attiré. Mais comme je vois à la base de toute chose la position d'angle droit, ces ailes ne sont pas pour moi plus belles qu'autre chose. Considérées du point de vue plastique elles ont même quelque chose

> de défavorable. C'est qu'à la forme régulière de la croix nous lions si facilement une idée particulière, plutôt littéraire. C'est pour cette raison que la nouvelle plastique brise toujours la forme de la croix traditionnelle[1].

À la mission de désimprégner de sens le motif, s'ajoute l'idée qu'une façon de se placer devant l'objet le modifie, modifie son poids, son pouvoir. Comment ne pas penser aux deux plans d'ouverture de *Fin d'automne* (*Akibiyori*, 1960) ? Ozu cadre en plan fixe une antenne, relais de radio ou de télévision, de deux points de vue différents. Dans le premier plan, elle se détache dans l'espace en contre-plongée, à peine contredite par quelques branches qui viennent brouiller, pour essayer de se confondre avec elle, l'architecture métallique, l'élément architectural est devenu un pur élément plastique ; on ne sait ni ne cherche plus quelle est son identité d'objet. Le second plan prend du recul et nous explique cet objet ; le cadre est quasiment superposable à celui de la fameuse église de Domburg[2]. En épilogue du même film, Ozu cadrera de la même manière la cheminée du crematorium[3]. C'est alors plus qu'une césure verticale dans l'espace. C'est l'hypothèse, en deçà de la théorie, d'une façon de construire le monde.

Reconstruire le monde, c'est ce que propose l'expression néerlandaise *Nieuwe beelding*, que traduit l'allemand *die neue Gestaltung*, improprement traduite en français par néo-plasticisme. Elle traduit l'écart entre percevoir, voir et construire. Que l'image, ou plutôt la grille où semble se résumer l'art de Mondrian, s'impose très tôt, que ce schème où apparaît déjà le motif de l'angle droit soit premier, est peu contestable. Il ne s'agit pas d'une abstraction à partir du réel (ce qu'un commentaire tirant Mondrian vers le cubisme voudrait faire croire), ni d'une abstraction qui se réduirait à un procès de simplification, cherchant à dégager la structure formelle de l'objet perçu. Mondrian, au contraire, soumet les motifs du monde (ce

1. Cité par Michel Seuphor, *Mondrian*, *op. cit.*, p. 322.

2. Je pense spécialement au dessin de Mondrian, *Tour de l'église de Domburg*, 1910, huile sur toile, 114×75 cm, La Haye, Gemeentemuseum (Slijper).

3. On pense alors à la *Tour-Phare à West-Kapelle*, 1909-10, huile sur toile, 39×29,5 cm, La Haye, Gemeentemuseum (Slijper).

qui dans le monde est en mouvement) à la dialectique verticale/horizontale. Souvent il choisit ses motifs selon leur conaturalité à ce schème ; ce qui est vrai de la série *Jetée et Oéan* l'est plus encore de la série des *Façades* ; mais Mondrian s'affronte également à l'arbre, élément rebelle par excellence, celui où la nature résiste jusqu'à être contrainte par l'angle du regard. Le motif de l'arbre, nonobstant, s'accorde à l'ovale qui l'intègre dans le cadre.

Les thèmes, avant le passage à l'abstraction, ne sont jamais choisis au hasard : tour, phare, mer étale, plage, plus tard façade à échafaudage. Le peintre voit selon cette grille, l'abstraction est là avant d'être. Il n'y a pas primat d'un objet du monde sur un autre, ni hiérarchie entre les objets du monde, ce qui prime est la grille qui fait monde (ce qui est à relativiser pour Ozu, puisque ce qui est vrai dans un plan général, vidé de tout protagoniste, ne l'est pas forcément quand il filme en plan fixe son acteur, l'objet reprenant alors une dimension symbolique, ou plutôt une dimension plastique, où il est l'écho de ce que diffuse la présence de l'acteur). Le poids théosophique de la symbolique des couleurs est alors réduit (au sens proprement phénoménologique d'une réduction). Lorsque Mondrian réintroduira dans ses toiles la couleur, ce sera pour la réduire à ce qu'on peut croire être son essence. Ainsi, par décision, il n'usera que de couleurs pures : rouge, bleu, jaune, dans leur opposition aux non-couleurs : noir, gris et blanc, tout en veillant à séparer absolument lignes et couleurs en plages rectangulaires homogènes où l'œil devine à peine, ne doit pas deviner, la trace de la main.

Pour Goethe dans ses *Farbenlehre*, mais aussi pour Kandinsky, le rouge doit « s'enfoncer dans l'œil ». Ce que requiert Mondrian est le contraire : échapper à la fascination de la couleur, la contenir dans le champ plastique, que le rouge devienne un rouge commun, un invariant, que ce rouge qui pour Goethe était le moteur de la peinture, soit mis en panne, neutralisé. Le mettre en panne, retirer le *Je* qui l'éprouve du rouge en tant que rouge. Obtenir un rouge sans qualité. Rompre avec la signification que Mondrian qualifiait de « tragique » et qui naissait selon lui de la domination d'un élément par un autre ;

chaque ligne, chaque couleur ne devant signifier qu'intégrée dans une composition.

C'est cette quête d'une composition dans le plan, dans l'écran et selon le cadre, que poursuit Ozu. Cette construction par modules dans le cadre pourrait être transposée au principe même du film. Il semble que dans un film d'Ozu, le plan, le dialogue, la bande-son, chaque élément est précisément comme une unité modulaire, et que la confondante ressemblance des films d'Ozu entre eux ne tient pas, comme on le croit, au fait qu'il raconte toujours la même histoire, mais à ce principe de construction de l'identité du cadre par modules, qui se retrouve de film en film. Cette proposition de cadre et de plan me semble être la métaphore de la construction de tout le film. Il y a donc une coïncidence parfaite avec le principe même qui régit le néo-plasticisme de Mondrian, il ne s'agit pas simplement de bâtir le mur, module par module, comme un écran, mais d'établir une loi de reconstruction du monde : pour Ozu, son film.

On voit dans les films d'Ozu la couleur rouge trouver tel ou tel mobile pour s'arrimer dans le cadre : un néon, mais aussi un sac à main, une bouilloire, une affiche, un extincteur. Le directeur de la photographie d'Ozu, Yuharu Atsuta, souligne modestement cette règle de composition pour le moindre détail :

> Il mettait toujours de petits objets au coin du cadre – une bouteille de bière par exemple. Ceci pour mettre l'accent sur la composition du cadre. Quand il s'agissait de la mettre au premier plan, une bouteille de bière était gênante dans le champ et il m'arrivait d'insister pour la remplacer par une bouteille plus petite. Nous avons pris l'habitude de préparer des tas de petits accessoires susceptibles de plaire à Ozu pour telle ou telle circonstance. Ne rien mettre et laisser un espace vide était inacceptable pour sa composition.

Et son décorateur, Tomo Shimokawara, ajoute :

> Ozu tenait à mettre quelque chose de rouge dans chaque plan. Nous avions préparé, pour son plaisir, des tas d'accessoires intentionnellement peints en rouge : un petit récipient rouge, une boîte d'allumettes rouge, une brosse à moitié peinte en rouge, etc. Ozu fouillait dans le coffre à accessoires et choisissait les choses qui lui plaisaient, il les mettait aux endroits qui lui convenaient. Miyagawa passait derrière lui

> pour les enlever. Je disais à Ozu : "Pour un film en couleur, il ne suffit pas de mettre des objets partout. Sans éclairage suffisant, ça ne donnera aucun effet".

Et Atsuta, le directeur de la photo, poursuit :

> Ozu choisissait un véritable tableau de maître pour l'accrocher à un mur du fond d'un bureau. Le tableau n'avait aucun rapport avec l'action qui se déroulait, mais Ozu tenait à ce que le tableau soit bien éclairé. Il se servait d'objets de prix, et tenait à ce que ces objets soient mis en valeur dans l'image. Une fois qu'on avait décidé de l'endroit exact où placer un tableau ou un objet, il marquait un signe pour l'indiquer sur le parquet ou le mur [1].

Dans les compositions de Mondrian, et particulièrement celles exécutées rue du Départ, le rouge est un élément déterminant, relégué le plus souvent au bord du cadre ; il est ainsi jugulé et la composition travaille en ce sens. Dans les plans d'Ozu, il semble que le motif rouge ait une fonction également essentielle, symétrique mais inverse, il n'est pas une ponctuation mais la cale qui va faire que le plan ne bougera plus. L'exubérance du rouge travaille tel un élément d'équilibre dans et selon la composition.

Il est une scène d'Ozu qui me reste singulièrement en mémoire : à la fin d'*Herbes flottantes*, trois des acteurs sont assis sur une plage, et le premier dit cette réplique stupéfiante : « Le ciel est bleu et tragique. » Mais Ozu ne montre pas le ciel, ne cherche pas à cadrer le ciel, à faire voir ce qui « est bleu et tragique », et le deuxième acteur répond : « Je mangerais volontiers une côtelette. » Cette précaution de ne pas cadrer le ciel, ou cette impossibilité, avoue que le cinéma d'Ozu n'a de cesse d'aplatir les phénomènes saturés, ceux où l'excès d'intuition déborde pour les faire apparaître comme des événements ou des phénomènes à égalité des autres. Ozu filme les obsèques comme un événement qui fait partie de la vie ; la mort, phénomène saturé s'il en est, est neutralisée par la diégèse, et ce qui n'est pas encore vrai dans *Il était un père* (*Chichi Ariki*, 1942), où la mort du père est un

1. Ces réflexions sont extraites du texte publié dans *Introduction à Yasujirô Ozu*, à l'occasion de la rétrospective Ozu du 32e festival du film de Locarno, 1979.

véritable relief dans le film, le devient sensiblement dans la suite de son cinéma. Ce que je suggère est à relativiser puisqu'il s'agit ici d'un événement social et rituel, mais en revanche, est incontestable pour un événement esthétique à la fois ordinaire et considérable : regarder le ciel, cadrer son poids d'infini et de néant. Ozu traite cet événement-là par l'ellipse ou la litote ; dans *Été précoce* (*Bakushû*, 1951), l'acteur qui joue le grand-père, à la sortie d'un dimanche passé au musée, assis à côté de son épouse, scène qui préfigure humblement le *Voyage à Tokyo*, (*Tôkyô monogatari*, 1953), regarde un ballon s'envoler. Ozu cadre en plan fixe le ciel pour observer la disparition du ballon. Le vieil homme dit alors : « Il doit y avoir un gosse qui pleure quelque part. »

Il me semble que le cinéma d'Ozu tient dans cet écart vertigineux entre ce qui est montré et la réplique qui l'euphémise. Le ciel fixé par ce vieil homme est l'image même de quelque chose d'infini, bien qu'il dise la fin de quelque chose. Il est d'ailleurs en train d'expliquer à son épouse qu'ils vivent la meilleure période de leur vie, on sait qu'ensuite leur fille va partir et que ce sera vraiment la vieillesse. Ozu fait ressentir l'infini du ciel cadré par l'intercession du ballon (ce ciel dont on comprend qu'il est bleu et tragique). On croit que l'événement minuscule, quotidien, ordinaire – un enfant qui vient de perdre son ballon – est un prétexte pour cadrer le ciel. Et, par un retournement dont Ozu a le secret, cet événement ordinaire, la perte du ballon, prend le relief d'une tristesse infinie[1].

Mais ce plan comporte une autre richesse : faire éprouver une durée, une temporalité par un plan fixe, c'est-à-dire couper, interrompre la diégèse par un temps qui semble appartenir à un autre ordre. Ce temps est aussi celui de l'utopie de Mondrian dans les tableaux des années 1920 et de la rue du Départ, un temps arrêté qui, en Amérique, dans des tableaux comme *Broadway Boogie-Woogie* et

1. Quelque chose a lieu là qui ne peut se résumer à ce que Paul Schrader a essayé de comprendre comme le style transcendantal d'Ozu : « Chez Ozu, comme dans le zen, la stase évoque les dispositions du *fûryû* (concept d'esthétique exprimant le détachement), et particulièrement le *mono no awaré*. L'homme fait de nouveau un avec la nature, quoique non sans tristesse. » Cité par Shiguéhiko Hasumi, *Yasujirô Ozu*, *op. cit.*, p. 219.

Victory Boogie-Woogie[1], se transforma en une durée comparable au rythme des néons qui clignotent dans les films d'Ozu ; une durée tenue et vécue dans l'unité du cadre. L'obsession du temps, de l'écoulement du temps, va trouver là sa forme, indissociable du cinéma d'Ozu[2].

On retrouve cette obsession sous une autre forme, diluée et moins visible, au début de *Fin d'automne* ; Ozu, pour faire sentir l'écoulement du temps, a recours à un élément métaphorique : l'eau, l'eau qui coule, le fleuve. Les plans se succèdent pendant quelques minutes, tressant la métaphore à des scènes prosaïques de la vie. Un premier plan fait voir un pont réel, plus loin, c'est un plan fixe sur un tableau représentant un pont de Paris ou d'ailleurs et c'est, pour conclure, le reflet de l'eau sur un mur. Cette succession de plans dure quelques minutes et, grâce à la puissance de la métaphore, a pourtant une unité, une unité de séquence qui est une seconde ouverture au film. Ceci est d'autant plus vrai que l'on retrouve les mêmes plans, exactement, dans une sorte d'avant-fin du film, comme si Ozu avait voulu faire tenir le récit entre ces deux séquences. Ces plans sont les précipités en plan fixe de cette sensation de durée : ils tiennent l'écoulement du temps quelques secondes dans le cadre. Ils l'éternisent au double sens du mot, c'est-à-dire qu'ils font d'un instant quelconque véritablement un instant d'éternité, mais ils l'éternisent aussi au sens familier du mot, le font durer, ils font durer l'instant.

On aurait tendance de prime abord à concevoir ces plans qui coupent la diégèse à l'aune et à l'aide de la photographie, d'autant plus qu'elle a, dans les films d'Ozu, une fonction particulière. Les séances de pose photographique, dans ces films, incitent bien sûr à comprendre ces plans comme des photogrammes qui viendraient couper le film, s'inscrire en lui et durer le temps de la pose. Raymond Bellour a une belle formule à propos de cette puissance de la photographie dans le cinéma, il dit d'elle qu'elle serait un corps intérieur

1. Piet Mondrian, *Broadway Boogie-Woogie*, 1942-43, huile sur toile, 127×127 cm, Museum of Modern Art, New york ; Piet Mondrian, *Victory Boogie-Woogie*, 1943-44, huile-collage, diag. 177,5 cm, Collection B. Tremaine, Meriden.

2. Même si on en trouve un équivalent dans des films aussi différents que *Toni*, 1934, de Renoir ou *L'Éclipse*, 1962, d'Antonioni.

du film « qu'elle constitue et reconstitue, par différence, virtuellement »[1]. Bien sûr, on sent dans ces plans quelque chose de photographique, mais il faut, si on suit cette piste, remonter plus loin et retrouver alors dans l'histoire des formes un type de phénoménalité accordée à l'effet très particulier que produisent ces plans, systématiquement, dans les films d'Ozu.

On trouve chez Caspar David Friedrich la description d'un dispositif accordé à une telle phénoménalité. Friedrich est tout à la fois le peintre qui écrit :

> Le peintre ne doit pas peindre seulement ce qu'il voit devant lui, mais aussi ce qu'il voit en lui-même. Mais s'il ne voit rien en lui-même il ferait bien de ne pas non plus peindre ce qu'il voit devant lui[2].

et celui qui accompagne l'envoi de ses tableaux à leurs commanditaires d'un ensemble de notations où il explique minutieusement comment ils doivent être présentés. Il y décrit des scénographies optiques et des sortes de dioramas qui sont part entière de l'œuvre. Il écrit ainsi, le 12 décembre 1835, à Shukowsi, son intermédiaire à la cour du tsar :

> Le montage des tableaux se fait de la manière suivante : pour montrer le tableau n° 1, on placera la caisse sur un chevalet ou sur une table d'une hauteur d'une aune de 17 pouces, et on remplira une des boules de verre d'eau claire et pure, de préférence bouillie ; on suspendra ou fixera la boule dans l'ouverture intérieure B, en rapprochant la caisse et le chevalet d'une fenêtre, de telle manière que la boule remplie d'eau touche presque la vitre. Il est préférable de choisir une fenêtre qui donne au Nord... On couvrira alors complètement la fenêtre de planches, mais pour être tout à fait certain que pas le moindre rayon de lumière ne pénètre dans la pièce et que l'obscurité y sera totale – à l'exception de ce qui pénètre dans la caisse à travers la boule de verre –, on masquera en outre les planches à l'aide de draps de couleur sombre. On placera ensuite le bloc de bois D et la lampe dans la caisse, de telle manière que la flamme se trouve précisément *derrière l'endroit* du tableau où brûle le trésor présumé. Mais la flamme ne doit à aucun prix être plus forte que le minimum qui suffit pour l'entretenir, et elle

1. Raymond Bellour, *L'Entre-Images*, Paris, La Différence, 2002, p. 125.

2. Carl Gustav Carus, Caspar David Friedrich, *De la peinture de paysage dans l'Allemagne romantique*, présentation Marcel Brion, Paris, Klincksieck, 1988, p. 168.

> doit être aussi proche que possible du tableau, sans le brûler. On glissera alors le tableau n° 1 dans la rainure E, de telle manière que la face recouverte de papier fin se trouve du côté du contemplateur. Devant la caisse on placera deux chaises à une distance permettant au contemplateur d'embrasser calmement l'ensemble du tableau. Lorsque tout est ainsi préparé, on invitera le contemplateur à s'asseoir, après l'avoir retenu pendant quelques minutes dans une faible lumière, afin que son œil s'habitue à l'obscurité. On dégagera alors la coulisse F, et le tableau sera visible [1].

Friedrich imagine ensuite un rideau « pouvant être ouvert et fermé sans bruit pendant le changement de tableaux » et un tapis qui servirait à assourdir les grincements du bois. Il ajoute : « Pour augmenter l'effet que ces tableaux pourraient produire à un moment bien choisi, dans le cas favorable où ils plairaient, je souhaiterais qu'ils soient contemplés avec accompagnement musical », celui-ci devant s'accorder à la tonalité affective propre à chaque tableau. Le détail de la conclusion achèverait de nous convaincre de l'attention portée par Friedrich à toute cette mise en scène :

1. Dans une précédente lettre du 14 octobre 1835, Friedrich présentait ainsi à Shukowski les tableaux faisant l'objet de l'envoi : « J'ai oublié de vous parler des quatre tableaux achevés qui se trouvent chez moi. Ces tableaux sont tout à fait différents de ceux que j'ai évoqués dans ma première lettre, non seulement par les sujets choisis mais encore par leur exécution, car ils sont peints sur du papier en transparence. Ces tableaux ne peuvent être contemplés que grâce à un dispositif particulier dans une pièce où la lumière pénètre par une petite ouverture, tout le reste de la pièce étant sombre. Il ne s'agit pas, cependant, de vues de boîte optique. Trois de ces tableaux peuvent être considérés comme un ensemble. Le premier tableau représente deux jeunes filles qui chantent et qui jouent du luth parmi des ruines gothiques éclairées par la pleine lune. Le second tableau : une jeune fille est assise sur un balcon jouant de la harpe ; près d'elle une colonne, un peu plus loin une église dont quelques fenêtres sont faiblement éclairées. La figure féminine semble accompagner de sa harpe les sons lointains de l'orgue. Le troisième tableau : un jeune musicien s'est endormi sous de hautes mauves, le luth près de lui, rêvant qu'il entend une musique céleste. Dans les nuages on voit des anges musiciens. Le quatrième tableau : dans la forêt d'épicéas, on voit la pleine lune derrière des troncs d'arbres. Une magicienne a tracé un cercle enchanté autour d'un homme assoiffé d'or. Au centre de ce cercle on voit brûler le trésor ardemment désiré. L'avare se précipite sur le trésor pour s'en emparer et transgresse d'un pied le cercle protecteur, il est donc la proie du diable qui le ligote immédiatement. » Carl Gustav Carus, Caspar David Friedrich dans *De la peinture de paysage dans l'Allemagne romantique*, *op. cit.*, p. 161-62. Le trésor dont il est question dans le texte de la « Coulisse F » est celui décrit dans le quatrième tableau.

> Il serait également nécessaire d'avertir les musiciens, qui se tiennent à distance du changement des tableaux, de manière précise et instantanée et sans que le signe puisse être perçu par le contemplateur[1].

Le souci extrême de garder l'intériorité de la création ne s'oppose pas à une telle mise en scène, il en est, au contraire, garant.

Une première remarque s'impose : l'élaboration de techniques qui préfigurent la photographie et le cinéma (ici, le diorama) est d'autant plus avérée et visible dans un effet de contraste que mise au service d'une inspiration héritée du premier romantisme. Cette anticipation du diorama annonce aussi, au cœur même de la peinture de chevalet, comment celle-ci ne cessera de se poser la question du médium puis, jusqu'à la sophistication extrême (le conservateur se sachant autorisé à prendre le relais de l'artiste), celle de l'exposition.

La seconde remarque porte naturellement sur l'explicite aveu, dans une telle recommandation de mise en scène, que l'œuvre d'une certaine façon ne se suffit pas à elle-même. Ce qui est censé ici rendre l'accès à l'œuvre plus immédiat, en la médiatisant par tant d'accessoires, suppose que l'œuvre sépare de ce qu'elle donne. Ces stratagèmes sont autant d'éléments qui manifestent que l'œuvre est l'écran où ce qui se projette est en deçà de ce que nous devons éprouver. Ces éléments qui conspirent à un recueillement plus intense, à une intériorité plus grande, sont les attributs de la séparation, prescrits pour compenser ce que l'œuvre seule ne peut atteindre ; l'introduction d'une musique s'accordant à la tonalité affective voulue par le tableau en est l'indice manifeste.

Le dispositif est bien sûr à comprendre comme un souhait de dépassement de la peinture de chevalet, et tout prête, dans la description, à penser à une anticipation du cinéma. Il faut, par exemple, s'acclimater à la pénombre avant de voir, sensation propre à l'avancée tâtonnante dans une salle obscure où un film aurait commencé. On est frappé par la manière dont Friedrich touche aux limites physiques de la peinture (le besoin d'un accompagnement musical, etc.) ; mais

1. *Ibid.*, p. 170.

surtout ce dispositif est la mise en œuvre du passage d'un monde à un autre, ou plutôt du monde tel que Husserl le comprend dans l'attitude naturelle au monde comme apparaître.

Le philosophe, dans *L'Idée de la phénoménologie*, explique cette notion de réduction phénoménologique :

> Ainsi à tout vécu psychique correspond sur la voie de la réduction phénoménologique un phénomène pur qui révèle son essence immanente (prise individuellement) comme une donnée absolue[1].

Selon le mouvement de la réduction, l'artiste doit être soudain aveugle face à l'objet qui se donne communément dans l'attitude naturelle, afin que, par surgissement ou « saisie », son évidence neuve absolument inédite s'impose pour l'artiste devenu alors voyant, puisqu'il voit, selon la formule inaugurale de Jean-Luc Marion, « cet invu qu'il est seul à voir »[2]. La réduction dans la philosophie théorétique de Husserl est l'outil d'une connaissance, levier qui fait basculer de l'attitude naturelle à ce monde sous réduction, dont l'évidence, décrassée de toute psychologie et de toute position d'existence, est la seule condition de possibilité de l'étude des phénomènes. La réduction qualifie la méthode propre de la phénoménologie, le geste qui lui permet d'accéder aux phénomènes proprement dits. Chez Husserl, elle consiste en une « mise entre parenthèses », une neutralisation de l'existence en soi du monde, qui constitue la thèse implicite de l'attitude naturelle, c'est-à-dire de notre vie spontanée dans le monde.

Si la réduction assure ce passage de l'ego empirique au « je » transcendantal, elle est chez Husserl une *méthode* inscrite dans un horizon théorétique. L'invu que la réduction artistique obtient est, au sens propre du terme, imprévisible. La transposition d'un horizon à un autre suppose cette réserve. Le passage de l'attitude naturelle à l'invu est scandé par la modification de l'ego empirique. Le « je » transcendantal contemple enfin le monde des phénomènes purs[3]. La réduction

1. Edmund Husserl, *L'Idée de la phénoménologie*, Paris, P.U.F., 1970, p. 68-70.

2. Jean-Luc Marion, *La croisée du visible*, Paris, P.U.F., 1996.

3. On trouve chez Cézanne, Kandinsky, De Chirico, Artaud commentant Van Gogh, Giacometti, Hélion, j'en passe, les textes qui témoignent après coup d'événements sans événement particulier, d'épisode intérieur, de situation singulière, où l'œuvre bascule.

devient alors la seule explication d'une modification décisive à l'intérieur même d'une œuvre.

Husserl détermine l'intuition des essences comme « l'analogue de la perception sensible ». La saisie des essences dans la perception sensible est la détermination essentielle de la réduction. Le mot allemand *auffassen* est un terme leitmotiv dans l'analyse husserlienne : l'opération de la saisie. L'invu ne se donne donc que dans cette saisie et selon la succession, le croisement d'esquisses, chaque *Abschattung* (que l'on traduit, par analogie avec la peinture, par esquisse, par « ombre portée » ou « profil ») portant en elle l'essence de cet invu sans jamais pouvoir totalement l'atteindre. La perception sensible est plurielle et nul sens ne peut a priori prétendre au domaine d'un autre sens. Pourtant, le « saisir » est leur mode commun, il est l'essence de toute sensation, l'opération (*fassen*) propre à toute intuition des essences. Elle est donc l'opération de l'invu.

Nous touchons là à une possibilité de mieux comprendre la notion de série chez Mondrian, qui appréhende le motif par une opération de saisies successives, chaque étape pour l'atteindre (chaque esquisse) correspondant à un supplément de réduction où progressivement s'efface l'attitude naturelle. L'arbre par exemple, l'un des motifs les plus connotés et les plus marqués de psychologie dans l'histoire de l'art, se trouve ainsi réduit et neutralisé. Chaque dessin de la série soumet le motif à une *épochè*, ce suspens par lequel le motif devient autre. Il y a d'ailleurs une dimension husserlienne dans l'avancée de Mondrian : l'ambition d'une connaissance, le souhait d'accéder à l'essence du motif qui fait l'objet de la série. La série chez Mondrian est d'abord une variation éidétique.

Cézanne, le premier peut-être, avait formulé avec les mots du peintre cette expérience de l'*épochè* :

> Un beau matin, le lendemain, lentement, les bases géologiques m'apparaissent, des couches s'établissent, le grand plan de ma toile, j'en dessine mentalement le squelette pierreux [...]. Je commence à *me séparer* du paysage, à le *voir*. Je m'en dégage avec cette première esquisse, ces lignes géologiques [...]. Une logique aérienne, colorée, remplace brusquement la sombre, la têtue géométrie. *Tout s'organise... Je vois.* [...] *Une nouvelle période, la vraie!* Celle où rien *ne m'échappe*,

> où tout est dense et fluide à la fois, naturel. Il n'y a plus que les couleurs et en elles la clarté.

Et dans la même conversation :

> Il y a une minute du monde qui passe, la peindre dans sa réalité ! Et tout oublier pour cela. Devenir elle-même. Être alors la plaque sensible. Donner l'image de ce que nous voyons en oubliant tout ce qui a paru avant nous [1].

« Rien ne m'échappe » signifie bien ce surgissement de l'invu, son caractère soudain d'évidence et de complétude.

Mondrian ajoute à la conquête de cet invu une méthode. La réduction est probablement le levier qui permet de remuer enfin les questions archivées, et qui, comme telles, restent impensées. Elle est le moteur par lequel se met véritablement en mouvement l'œuvre, ce qui permet de penser autrement les déterminations par périodes ou encore éclaire les intuitions implicites des historiens d'art et des esthéticiens. Mais elle est aussi l'instrument qui permet de comprendre une rupture, une différence de niveaux à l'intérieur même d'une œuvre, quand ce qui pourrait apparaître comme un procédé, ces plans propres au cinéma d'Ozu, s'impose comme appartenant à un autre ordre. Je me refuse à restreindre ces plans à une dimension de « plans rideaux », comme Keinosuke Nanbu a pu le suggérer, en comprenant la durée des différentes natures mortes ou plans sur les panneaux publicitaires, enseignes, lampes, *etc.*, comme un simple emploi de ponctuation analogue à celui qu'un metteur en scène de théâtre ferait des rideaux, et à déterminer la nécessité de ces ponctuations selon leur durée, quatre secondes pour une empreinte lumineuse, ponctuation ordinaire, dix secondes pour le premier plan du vase de *Printemps tardif* (*Banshun*, 1949), sorte d'incipit de majesté [2].

Il y a assurément une correspondance de dispositif, un mécanisme analogue : la coulisse F et les rideaux de théâtre traduisent évidemment une phénoménalité en adéquation avec de tels plans, mais il ne faut

1. *Conversations avec Cézanne*, édition critique présentée par P. M. Doran, Paris, Macula, 1978, p. 113.

2. Donald Richie, *Ozu*, Genève, Éditions Lettre du blanc, 1980, p. 171.

pas confondre le mécanisme et son pourquoi. Pour Ozu, le pourquoi tient dans la question de la réduction et, en dernière instance, de l'apparaître de cet invu soumis à la réduction. Dans le prosaïsme de ce que le film montre, ces plans sont des injonctions de l'invu, mais des injonctions qui n'en appellent à rien d'extraordinaire, au contraire : c'est bien le même monde que celui du film, rien de bouleversant, rien d'autre ; simplement, le plan dit que soudain cela est vu autrement, cela est vu pour ce qu'il est, c'est-à-dire de l'invu. Ils relatent des événements sans événement particulier, l'effectivité de l'invu comme événement du visible. Il est proprement impossible de ne pas assigner à ces ruptures, en tout cas à cet invu, une dimension métaphysique ou spirituelle, et le débat ouvert par Hasumi me semble légitime :

> On s'étonne donc de la comparaison saugrenue faite par Tom Nilne, qui a introduit le cinéaste en Angleterre, entre l'"œuvre" ozuienne et le haïku. Nous éprouvons également un malaise quand Paul Schrader invoque *sabi*, *wabi* ou *yûgen*, et Donald Richie le *mono no awaré*, car la lumière qui compose les images ne nous invite jamais à ce type de conscience esthétique japonaise. Il ne s'agit certainement pas de l'expression d'un monde insondable, insaisissable, subtil, mais, bien au contraire, tout est révélé dans la lumière d'un jour ensoleillé [1].

Le dispositif inventé par Friedrich est la machine, le schème de ce qui a lieu, de ce qui doit ou devrait avoir lieu, lorsqu'une réduction s'opère ; il illustre et explique ce qui se passe quand l'apparaître apparaît. L'apparaître apparaît et tient à bout de regard, à bout de conscience, à bout d'apparition, une chose impondérable, c'est-à-dire d'une légèreté absolue et d'un poids insoutenable. Le dispositif « mis en œuvre » est la métaphore de la réduction, comme s'il avait pu exister une machine esthétique et artistique pour une chose imprévisible et miséricordieuse. Il est l'amplification phénoménologique de ce que le tableau doit être, un apparaître, l'apparaître même, au détriment de sa dimension ontique. Ozu, dans ses plans, opère selon ce procédé et, systématiquement, à dessein, une rupture diégétique ; ces plans, qui sont exemplairement des réductions, constituent la

1. Shiguéhiko Hasumi, *Yasujirô Ozu*, *op. cit.*, p. 188.

saisie même de l'invu. De tels plans temporalisent la réduction, ils en sont l'événement : elle a non seulement lieu sous nos yeux, mais nous dicte sa durée, non pas une durée pour passer d'un monde à un autre, mais le temps que dure l'invu. Cela est le propre du cinéma et de l'image en mouvement, un surgir-disparaître qu'Ozu tient en respect, faisant durer le surgir, gommant en son apparaître justement l'idée de surgissement, l'imposant avec une gravité simple et indiscutable. Quand Mondrian, en 1911-12, peignait sa série des arbres, c'est ce même mouvement pétrifié, décomposé en autant d'esquisses fossiles qu'il cherchait à suspendre. Le plan, la durée du plan, est la durée de la réduction pour Ozu, cette durée a son équivalent dans le principe de série institué par Mondrian.

La première image d'Ozu à laquelle j'ai fait référence était celle du kimono cherchant son point fixe dans le plan de déambulation sur la voie ferrée d'*Histoire d'herbes flottantes*. Dans *Fin d'automne*, à la toute fin du film, un plan long s'arrête sur un kimono accroché à une patère. Pourtant, le plan n'est pas assez long pour que j'aie le temps de voir et de reconnaître ce qui vient de m'apparaître. Dans un premier temps, ce que j'ai vu est abstrait, ce qui m'est apparu est une image sans objet, je n'ai pas reconnu le kimono, j'ai cru voir une forme d'origami, solide dans l'espace du cadre. Nous sommes à un point de maîtrise du cinéaste qui est très au-delà de l'expérimentation qui consistait à désimprégner de sens un motif pour le faire entrer dans le cadre. Le cadre est devenu comme celui de Mondrian, compositionnellement celui d'une abstraction. Mais en revoyant le plan, je reconnais le kimono, je vois que l'origami est un motif, une sorte d'oiseau, appartenant à ce kimono. Je fais alors à l'envers le chemin de l'abstraction au réel, de l'invu au visible tel qu'il est, j'opère une sorte de réduction à rebours, une réduction contraire, un retour à l'attitude naturelle par ce retour sur l'image.

Shimokawara, le décorateur d'Ozu, notait :

> Rien que pour trouver le kimono d'intérieur d'une actrice, non seulement il regardait tout ce qu'il y avait dans un grand magasin, mais encore il fallait fouiller chez un petit commerçant de quartier. Le régisseur l'accompagnait mais Ozu achetait plus qu'il n'était prévu

> dans le budget : il préférait acheter en payant de sa poche, pour pouvoir faire son choix définitif parmi un grand nombre d'achats[1].

Dans l'hommage[2] qu'il a rendu à Ozu, Wim Wenders se rend sur sa tombe où est gravé seulement le caractère « *mû* », à la fois notion d'esthétique et mot de philosophie que l'on traduit généralement par vacuité, ou vide. Ozu est mort le 12 décembre 1963, le jour même de son *kanreki* (la célébration de son soixantième anniversaire). Sa mère était morte en février 1962, lorsqu'il travaillait au scénario du *Goût du saké* (*Samma no aji*, 1962). Kogo Noda rapporte :

> Il semblait croire dur comme fer qu'elle n'allait pas mourir avant d'avoir atteint l'âge de quatre-vingt huit ans, au mois de mai. Mais elle mourut avant. Après son retour à Tateshina, les funérailles passées, j'ai trouvé ces quelques lignes dans son journal :
> Sous le ciel le printemps est tout en fleurs
> Les cerisiers sont merveilleux
> Ici je me sens distrait et songe au goût du *samma*
> Les fleurs de cerisier sont fripées comme des chiffons
> Le saké est amer comme un insecte[3].

1. Donald Richie, *Ozu*, *op. cit.*, p. 197.
2. Wim Wenders, *Tokyo-Ga*, 1985, 35 mm, couleur, 80 mn.
3. Donald Richie, *Ozu*, *op. cit.*, p. 268.

chapitre 4
le conflit du cadre et de l'écran
une étrange similitude d'espace : John Ford et Clyfford Still

Si l'on cherchait une influence picturale dans l'œuvre de Ford, on la trouverait aux antipodes de ce que je vais proposer, chez Frederic Remington (1861-1909), ou chez ces peintres des grands espaces américains, pour les extérieurs, et à un moindre niveau chez John Singer Sargent (1856-1925), pour certains plans plus intimes. Une telle analogie ne tirerait pas forcément Ford vers le pittoresque[1]. On peut effectivement décalquer certaines scènes de quelques tableaux : le parallèle entre Henry Fonda en selle, dans *My Darling Clementine* (*La*

1. Comme en témoigne l'ouvrage de Peter Cowie, *John Ford and the American West*, New York, Harry N. Abrams, 2004. Le souffle de l'aventure que promettait le Far West, qui devait tant frapper l'imagination populaire, eut ses peintres et ses écrivains. Les œuvres d'Emmanuel Leutze, W. R. Leigh, Remington, Charles Marion Russell, sont inséparables des best-sellers d'Owen Wister ou Zane Grey. Sans doute le plus célèbre, Frederic Remington a consacré toute sa carrière à courir à travers l'Ouest pour en fixer l'image au moment de son apogée. En 1886, il publie sa première gravure, *Éclaireurs indiens*, dans le *Harper's Weekly* et dès lors, il ne cessera de brosser d'immenses tableaux qui deviendront dans l'imaginaire américain la mémoire d'une épopée. Mais je ne cherche pas ici une coïncidence thématique.

Poursuite infernale, 1946) et la « tunique bleue » dans *The Alert* (1888) de Remington, est saisissant. De la même façon, certains mouvements particuliers de la caméra, utilisés par Ford, ont certainement leur racine dans la rapidité des actions que Remington fixe sur la toile. Ford évoque souvent la peinture de cet artiste, ainsi que celle de Dallin et Schreyvogel (dont il gardait à son chevet un album de reproductions) :

> J'ai essayé de copier le style de Remington, mais on ne peut y arriver à cent pour cent ; j'ai au moins essayé de recréer ses couleurs, ses mouvements, et je crois y être arrivé en partie [1].

Mais ce n'est pas dans cette direction que je veux aller.

John Ford donne à un événement de sa vie un relief singulier. Je le cite :

> Pourtant, je n'aime pas Paris, vous savez. J'aime Carcassonne, Avignon, Fonterolle. J'ai été dans cette ville lorsque nous l'avons libérée avec l'armée de Patton. On était devant l'église, il y avait un monastère avec des nonnes. L'une d'elles me demanda si j'étais un officier anglais, je lui répondis que j'étais officier américain. L'abbesse vint alors et me demanda si j'étais catholique. Comme je lui répondis affirmativement, elle fit allumer le premier cierge de la Libération dans l'abbaye. C'est un des grands moments de ma vie. J'aime la Provence, Arles… Mais Carcassonne est ma ville préférée. La première fois que je suis allé en France, j'étais dans la Marine, pendant la Première Guerre mondiale, et je n'en ai pas vu grand-chose : le port de Saint-Nazaire, du pont de mon bateau. On ne nous a pas laissé descendre à terre. On est arrivés et repartis aussi vite. La dernière fois que j'y suis allé, je ne m'en souviens pas bien. Ça devait être pendant le tournage de *The Quiet Man* en Irlande, et j'y ai fait un saut. J'avais arboré ma Légion d'honneur, ma Croix de guerre et un Français, un ami, m'a dit : "Ne fais pas ça !" Je lui ai demandé pourquoi et il m'a répondu : "Ils vont te demander quatre fois plus d'argent partout". Il a ajouté que les Français n'aiment pas les étrangers qui ont la Légion d'honneur. Alors, j'ai enlevé mes décorations. C'est drôle pourtant, j'avais pensé rendre hommage, faire preuve de respect. C'est là que j'ai fait un saut jusqu'à Bayeux pour déposer des fleurs sur les tombes de mes gars. Vous connaissez Bayeux ? Non, sinon par la réputation de sa tapisserie. Je suis un des rares types à l'avoir eue en main… Je suis allé

1. Cité par Peter Cowie, *John Ford and the American West*, *op. cit.*

> à Bayeux pour la première fois quinze jours après le Débarquement. Je pouvais faire des excursions, des escapades comme ça, en voiture amphibie. Je voulais voir la tapisserie de Bayeux, et quelques FFI ont réussi à trouver la maison où elle était cachée. On venait de prendre un lunch énorme, on avait beaucoup bu et on arrive chez ce type, les FFI et moi. Les FFI l'auraient descendu s'il n'avait pas consenti à aller dans sa cave. Et là, dans un coffre-fort, il avait la tapisserie. Il l'a sortie et je l'ai tenue dans ma main. Après il nous a montré ce qu'il jurait avoir été l'épée de Guillaume le Conquérant, mais là, il se foutait de nous, je crois. Jolie ville, Bayeux, la Résistance y a fait des trucs du tonnerre... Je n'ai pas connu De Gaulle, mais j'avais affaire à Leclerc. Je l'ai aidé, je lui ai prêté quelques caméras et des opérateurs pour la Campagne de Provence. Il n'avait pas de caméras [1].

À première vue, cela peut paraître anecdotique, mais je retiens des propos de Ford deux choses, sa prédilection pour les villes ceinturées de remparts et ce désir de voir la tapisserie de Bayeux : des images qui se déroulent comme un *moving panorama* ou comme un film. Le cinéma de Ford se cogne contre des impossibles, contre de l'infilmable, il cherche à cadrer ce qui se refuse au cadre, l'immensité en premier lieu. Il veut faire entrer l'immensité dans le cadre. Si un rapprochement avec la peinture a un sens, c'est alors par le biais de cette question : comparer deux stratégies de figuration de l'immensité et les phénoménalités qui en découlent, aux mêmes dates et quasiment sur les mêmes lieux, dans le cinéma et dans la peinture, chez deux artistes qui s'ignorent résolument – mettre les œuvres de Clyfford Still en regard du film *The Searchers* (*La Prisonnière du désert*, 1956) de John Ford par exemple, deux œuvres a priori aveugles l'une à l'autre.

Still a commencé à peindre vers 1947 un type d'abstraction *color-field* qui très vite donnera une sensation d'illimité plus grande que celle des peintures de Newman ou Rothko. Ces abstractions s'organisent en zones aux contours déchiquetés qui, au lieu de constituer des formes distinctes, donnent l'impression de se prolonger au-delà des limites du tableau. Pour les peintres *color-field*, la question du cadre, du format, du hors tableau, recouvre une dimension spirituelle :

1. « Entretien avec John Ford », propos recueillis au magnétophone le 14 mars 1966 par Axel Madsen et parus dans les *Cahiers du cinéma*, n° 183, octobre 1966.

présence pour Rothko, question du sublime pour Newman ; pour Still, l'interrogation sur l'immensité trouve une implication métaphysique, mais qui dénie aux concepts le pouvoir de la dire. Que l'espace américain soit un dénominateur commun des œuvres de Still contemporaines des films de Ford ne fait pas de doute, n'explique rien, mais justifie l'analogie. À ces dates, c'est bien la question de l'immensité qui préoccupe Ford comme Still, et la réponse qu'ils apportent engage une philosophie du cadre singulière. Le conflit entre le cadre et l'écran se pose chez le peintre et chez le cinéaste. Chez Still, ce conflit implique la remise en cause de son médium, la « peinture de chevalet », ainsi que la nommait encore Greenberg.

Certes, l'immensité est un *topos* américain, et le décor de *The Searchers* en est devenu l'emblème. Il suffit d'écouter Paul Auster :

> C'était ça le problème, le pays est trop vaste, là-bas, et après quelque temps il commence à vous dévorer. Je suis arrivé à un point où je ne pouvais plus l'encaisser. Tout ce foutu silence, tout ce vide. On s'efforce d'y trouver des repères mais c'est trop grand, les dimensions sont trop monstrueuses et finalement, je ne sais pas comment on pourrait dire, finalement cela cesse d'être là. Ça fait cet effet-là, Fogg, à la fin tout est imaginaire. Le lieu seul où vous existiez est votre propre tête. [...] Nous avons poursuivi notre chemin à travers le centre de l'état, puis nous avons obliqué vers la région des canyons, au Sud-Est, ce qu'on appelle les Quatre Coins, où l'Utah, l'Arizona, le Colorado et le Nouveau-Mexique se rencontrent. C'était l'endroit le plus étrange de tous, un monde de rêve, rien que de la terre rouge et des rochers aux formes bizarres, des structures formidables qui surgissaient du sol telles les ruines de quelque cité perdue construite par des géants. Obélisques, minarets, palais : toutes étaient à la fois reconnaissables et étrangères, on ne pouvait s'empêcher en les regardant d'y voir des formes familières, même en sachant que ce n'était que l'effet du hasard, crachats pétrifiés des glaciers et de l'érosion, d'un million d'années de vent et d'intempéries. Pouces, orbites, pénis, champignons, personnages, chapeaux. Comme lorsque l'on s'invente des images dans les nuages. Tout le monde sait maintenant à quoi ressemblent ces régions, vous-même les avez vues des centaines de fois. Glen Canyon, la Monument Valley, la vallée des dieux... C'est là que sont tournés tous ces films de cow-boys et d'indiens, cet imbécile de bonhomme Marlboro y galope tous les soirs à la télévision. Mais ces images ne vous disent rien, Fogg. Tout cela est bien trop énorme pour

> être peint ou dessiné ; même la photographie n'arrive pas à le rendre. Tout est déformé, c'est comme si on essayait de reproduire les distances des espaces interstellaires : plus on voit, moins le crayon y arrive. Le voir c'est le faire disparaître[1].

Ce qui est énorme (comment ne pas penser à l'une des définitions du sublime par Kant?) dénonce le cadre, ne peut pas être cadré, déborde tout projet intentionnel, toute intentionnalité dont le cadre est à la fois la mesure et le paradigme. Jean-Luc Marion note cette démission de l'intentionnalité en regard d'un phénomène qu'il dit saturé et définit ainsi :

> Il reçoit par la vue une pure donation, justement parce qu'il n'y a plus aucun donné objectivable. Nommons cette extrémité phénoménologique un paradoxe. Le paraxode ne suspend pas seulement la relation de sujétion du phénomène au Je, il l'inverse. Loin de pouvoir constituer ce phénomène, le Je s'éprouve comme constitué par lui. Constitué et non plus constituant, parce qu'il ne dispose plus d'aucun point de vue dominant sur l'intuition qui le submerge ; dans l'espace, le phénomène l'engloutit de son déluge intuitif ; dans le temps, il le précède d'une interpellation toujours déjà là[2].

Il est inutile de revenir au paragraphe 199 des *Pensées* de Pascal pour vérifier à quel point l'immensité peut être comprise comme inversant « la relation de sujétion du phénomène au Je ». Le Je intentionnel institué comme accusé, littéralement mis à l'accusatif, va trouver dans l'immensité une situation phénoménologique plus encore qu'un site réel.

Dans le film de Ford, Ethan, le personnage qu'incarne John Wayne va porter seul ce que le spectateur ne peut voir : l'immensité, mais aussi d'autres phénomènes saturés, d'autres infilmables qui mettent autant en péril la logique du cadre, déjà compromise par le site. Comment, en d'autres termes, faire entrer une image dans le cadre quand celle-ci excède les normes que lui impartit notre intentionnalité en la constituant ? Cette question orchestre *The Searchers*, mais obsède

1. Paul Auster, *Moon Palace*, Arles, Actes Sud, 1993, p. 245-246.

2. Jean-Luc Marion, « Le phénomène saturé » dans *Phénoménologie et Théologie*, *op. cit.*, p. 121.

tout autant la peinture de Still, contemporaine du film, sans qu'il y ait jamais eu le moindre échange entre Ford et Still. Pour l'un et l'autre, l'enjeu – qui est plus qu'un enjeu esthétique – consiste à faire voir ce que le cadre ne peut pas tenir, contenir, ce qui est énorme et discrédite le cadre, constat paradoxalement inséparable de la certitude que ce « ce que » ne peut faire l'économie du cadre. Still, ainsi, malgré la tentation et le souhait permanent de sortir du cadre, de mettre en péril son médium, va le préserver en le surdimensionnant[1]. La sensation de continuum et de panoramique, ouverte par l'hypothèse d'œuvres de Still, les unes à côté des autres et comme n'en faisant plus qu'une, procède d'un rapport complexe au paysage. Le mot « paysage » n'est d'ailleurs peut-être pas le bon, Still refuse l'appropriation d'une terre et d'une nature selon un point de vue, celui de la possession que concrétiseraient la perspective et le cadre. Mais il ne cède pas non plus à une totale absorption par cette nature, s'il s'immerge en elle, il ne s'y laisse pas engloutir, comme Turner et les seuls peintres qui trouvaient grâce à ses yeux : il la longe, reste au bord, comme au bord d'un précipice. Précipice vertigineusement horizontal, au sens où il faut entendre dans horizontal le mot horizon. Ford, pour filmer l'immensité, fera entrer dans le cadre la découpe obscure de la subjectivité à partir d'un abri, une grotte par exemple ; cette obscurité – cadre noir aléatoire soulignant et débordant de l'intérieur le vrai cadre pour l'éteindre – devient l'équivalent d'un hors-champ entrant dans le cadre, condition de possibilité pour que ce cadre tienne et retienne ce qui l'excède, un « phénomène hors cadre ». Un phénomène qui, sans ce procédé paradoxal, serait aplati, à égalité de tout autre phénomène, événement parmi les autres. Cette entrée du hors-champ dans le cadre tient en tenaille ce qui, autrement, subirait la banalisation du cadre, s'appauvrirait ou s'éteindrait en lui[2].

Dans *The Searchers*, à plusieurs reprises, Ford fait coïncider deux types de phénomènes saturés : l'immensité et l'infilmable. L'infini

1. Nous pensons ici précisément à une œuvre contemporaine de *The Searchers* : Clyfford Still, *D. n° 1*, 1957, huile sur toile, 287 × 404 cm, Albright Art Gallery, Buffalo.

2. Une telle solution, si elle renvoie à l'œuvre de Still, s'accorde tout autant à celui de Newman, au long chemin spirituel et formel qui fut le sien pour que le sublime entrât dans le cadre.

de l'immensité prend une dimension d'infilmable, correspondant à l'infilmable du viol ou du supplice. L'immensité, seul lieu possible pour accueillir la quête d'Ethan et de Martin Pawley, est donc balisée par des stations qui trouent cet infini, situations où Ford se met au défi de devoir filmer cet infilmable : le meurtre, le viol, le supplice. Deux types de phénomènes saturés obligent le film à poser autrement la question du cadre. La notion de phénomène saturé telle que l'a forgée Jean-Luc Marion rend justement compte de cela.

Je résume, en plaçant la proposition phénoménologique sur le terrain de l'esthétique, et, par commodité, en reprenant les catégories de Kant. Selon Kant, la qualité (grandeur intensive) permet à l'intuition de donner à l'objet un degré de réalité en le limitant jusqu'à la négation : chaque phénomène devra admettre un degré d'intuition et c'est ce que la perception peut anticiper. En d'autres termes, la prévision à l'œuvre dans la grandeur extensive se retrouve dans la grandeur intensive. Mais Kant privilégie le cas de phénomènes pauvres (sauf dans l'analyse du sublime), alors que dans le cas d'un phénomène saturé, l'intuition donne réalité sans aucune limitation; elle atteint une grandeur intensive sans mesure (sans mesure commune et sans commune mesure), de telle sorte qu'à partir d'un certain degré, l'intensité de l'intuition réelle dépasse toute anticipation de la perception. La perception ne peut dès lors plus anticiper ce qui va lui être donné dans l'intuition, mais surtout, elle ne saura plus en supporter les degrés. Il y a donc nécessairement, dans cette compréhension, dans cette traduction, une perte. Cette perte est celle du degré d'intensité, ou plutôt du degré d'aveuglement. Car l'intuition, supposée aveugle en régime de phénomènes pauvres, s'avère, dans cette phénoménologie radicale, aveuglante, et la grandeur intensive de l'intuition qui donne le phénomène saturé ne peut se supporter du regard, de même que ce regard ne pouvait en prévoir la grandeur extensive. Jean-Luc Marion limite (même si son analyse est magistrale) sa notion à un éblouissement, une gloire toute claudélienne[1]. Mais il me semble que c'est en élargissant cette notion de phénomène saturé à d'autres

1. On se reportera à Jean-Luc Marion, *De surcroît, études sur les phénomènes saturés*, Paris, P.U.F, 2001.

déterminations que l'esthétique peut véritablement la faire sienne. Il n'est pas d'esthétique vraie qui ne soit traversée à un moment ou à un autre par le surcroît qu'impliquent de tels phénomènes.

L'intuition donne trop intensément pour que le regard puisse vraiment voir ce qu'il ne peut déjà plus recevoir. Cet aveuglement concerne l'intensité de l'intuition, et elle seule, ainsi qu'en témoigne précisément l'aveuglement devant une scène où l'intuition reste, pour le dire en termes kantiens, quantitativement commune, mais d'une intensité hors du commun.

Dans *The Searchers*, trois situations au moins rendent visible cette obligation éthique (ne pas filmer l'infilmable) qui trouve, et seulement parce qu'elle est éthique, une dimension esthétique d'une puissance rare. Éloigné par les Indiens qui projettent un raid meurtrier contre la ferme de sa famille, Ethan retrouve la ferme incendiée et découvre Martha suppliciée. La robe arrachée indique le lieu du supplice : l'embrasure noire de la porte ; du supplice nous ne saurons rien. Ethan reste agenouillé, cadré à contre-jour dans l'embrasure de la porte. Cette scène a son écho dans le film quand Ethan découvre, dans une gorge, le corps de Lucy. Brad, son fiancé, qui accompagnait Ethan et Martin, trompé par une robe de Lucy portée par une Indienne, apprenant cette mort, se précipite vers le camp indien ; le plan ne nous montre qu'un horizon crépusculaire troué de bruit ; le jeune homme se précipite littéralement vers cette immensité synonyme d'une mort certaine. La thématique du film lie ici un invisible et un indicible ; Ethan a garde de cet invisible et de cet indicible, de ces corps sacrifiés, suppliciés, en regard de Debbie qu'il espère vivante et qu'un instant il envisagera de sacrifier à son tour. Ethan, seul témoin de ces situations (la notion de phénomène saturé trouve son lest dans le récit), est aussi le seul témoin de l'immensité et il semble que celui qui cherche n'a, en fait, de repère que lorsqu'il n'en a pas, lorsque l'immensité est le seul lieu qu'il habite vraiment. Dans l'ultime scène du film, Ethan ne refuse-t-il pas de franchir le seuil de la maison des Jorgensen, terme de la recherche, pour partir seul, vers un point qu'il est seul à voir ? Il devient, pour le spectateur, l'impact de ce point dans un horizon sans fin.

Si la question de l'invisible (l'infilmable) trouve une solution éthique et formelle, elle laisse béante celle de la place du sujet dans l'espace. Ethan, premier et en fait seul véritable témoin, cherche Debbie dans un espace infini. Le temps réel de cette quête est donné seulement lorsqu'il la retrouve, et qu'après l'avoir poursuivie (là encore, Ford fait entrer du hors-champ dans le cadre, il filme à partir de la nuit d'une grotte la scène qui va avoir lieu), sans que nous devinions jusqu'à la dernière seconde son intention, il la soulève comme une enfant, la soumet à la lumière, la prend comme une adolescente dans ses bras et la laisse comme une femme se reposer contre lui.

Qu'entendre, en fait, par place du sujet dans l'espace ? Le sujet est moins ici celui qu'incarne Ethan que le sujet tel que le constitue, dans une passivité ébranlée, le cadre dans l'écran : ce sujet a partie liée avec la nuit, l'obscurité – élément numineux par excellence – entrant dans le cadre vient rendre visible et fait apparaître ce qui sans cela serait à égalité de plans dans le film. Le sujet est donc non seulement la quête, mais les épreuves que cette quête impose. C'est elle, et elle seule, qui fait éprouver l'immensité dans laquelle elle se déroule. La partition fordienne accorde donc un espace à des événements, et cet espace n'est infini que parce que ces événements sont infinis, au sens où aucun mot, aucune noèse ne peut les dire ni en rendre compte. Ces événements sont indissociables de cet espace. Ils sont des creux de nuit placés savamment dans un jour trop grand, ils bornent un récit qui prend une dimension de mythe grâce à eux, et ce mythe ne peut avoir d'autre espace que l'immensité[1].

L'immensité est l'obsession de l'œuvre de Clyfford Still. Une immensité au sens topographique, mais plus encore métaphysique ;

1. Il est surprenant que, dans *De surcroît*, Jean-Luc Marion laisse incommenté ce qui me semble être un phénomène saturé par excellence et qui est un leitmotiv fordien : la naissance. Au cœur de *Seven Women*, 1966, et *Three Godfathers*, 1948, elle a également une importance révélatrice et cathartique dans *Stagecoach*, 1939, et on trouverait de très nombreuses autres occurrences dans les films de Ford. Filmer une naissance, filmer un nouveau-né, semble avoir été pour Ford un défi magnifique et impossible. Dans *Stagecoach*, le conducteur de la diligence a cette incroyable réplique en entendant un gémissement qui est comme le bruit de l'immensité et de l'alentour, de l'immensité qui le cerne : « Les coyotes me font frissonner, on dirait le cri d'un nouveau-né. » Et puis, dans *The Horse Soldiers*, 1959, cette réplique du médecin major Kendall, joué par William Holden : « Chaque fois que j'ai accouché une femme, j'ai éprouvé une sorte d'effroi. »

l'œuvre de Still n'est-il pas, en dernière instance, l'élaboration d'un espace que sillonnent des légendes invisibles, enfouies, innommées, auxquelles cet espace donne une dimension de mythe ? Certes, dans cette abstraction, il n'en reste souvent que le titre, mais on sent, dissimulée entre les formes de ces tableaux immenses, la présence du numineux et du sacré qui veille. Dans son abstraction *color-field*, il semble nettement justifié de parler de « hors tableau », de constater que Still fait entrer du hors-champ, souvent du noir précisément, de la nuit, de l'obscurité dans le cadre, mais, paradoxalement, pour conserver et supporter ce cadre. Ces lambeaux de nuit permettent de voir à partir de la nuit, et Still fait, comme des flammes, sortir les couleurs de cette obscurité – une nuit dont le cadre est la frontière, la ligne de partage entre elle et le jour ordinaire qui encadre l'œuvre. On peut lire dans le *Magazine of Art* [1], ces propos rapportés de l'artiste : « Still pense que ses formes fluides verticales qui ressemblent souvent à des flammes ont été influencées par la monotonie des plaines du Dakota : ce sont des formes vivantes qui surgissent du sol. »

Il faudrait bien sûr, pour que l'analogie soit vraiment probante, resituer cette comparaison Still-Ford dans l'histoire complexe qu'entretiennent la question du cadre et celle de l'immensité. Contentons-nous de conserver l'hypothèse d'une possible rencontre entre *The Searchers*, qui est un western et une quête, et des œuvres que l'on ne peut réduire à la seule définition de peintures abstraites. Rencontre qui laisse l'historien sans preuve, mais que semble étrangement appeler Still dans cette lettre adressée à Gordon Smith en 1959 :

> C'était un voyage qu'il fallait faire, en marchant tout droit et tout seul… Jusqu'à arriver après le passage des vallées obscures et dévastées, à l'air libre, sur une plaine sans limites. L'imagination désormais affranchie des lois de la peur se confrontant avec la Vision. Et l'Acte intrinsèque et absolu devenait son sens, et le support de sa passion.

1. *Magazine of Art*, XLI, n° 3, mars 1948, p. 96.

Oui, l'œuvre de Still répond à l'aveugle au film de John Ford[1]. Il y a même un supplément de correspondance dans cette façon de faire résonner de l'intérieur quelque chose qui en appelle aux mythes et à leur puissance. Un titre au hasard, parmi tant d'autres, *Burried Sun* (*Soleil enterré*), répond poétiquement à l'inspiration fordienne. En s'approchant ainsi par jeu de correspondances intuitives, nous n'élucidons pas cette congruence des œuvres qui se trame malgré les personnalités antagoniques du cinéaste et du peintre (difficile de trouver un quelconque accord entre la générosité de Ford et la misanthropie de Still).

La peinture de Still est un anathème jeté contre le Vieux Continent, il écrira que l'Armory Show, où avait été présentée l'avant-garde d'outre-Atlantique, « avait déversé les conclusions truquées et stériles de la décadence européenne ». Il ne s'en tiendra pas à cette condamnation sans appel, s'en prenant tout aussi bien au surréalisme qu'au cubisme et gardant une haine particulière pour la descendance de Mondrian. Il y a derrière l'épaisseur idéologique et psychologique de cet anathème une véritable obsession esthétique. L'œuvre, son geste, sa liberté revendiquée surtout, ne peuvent plus être limités d'aucune façon, et certainement pas par le cadre. Still cherche un écran où pourrait se dérouler sa vision; ses toiles, il les pense comme un continuum, le montage de plans successifs qui finiraient par récréer la sensation d'un espace infini et sans limites.

Il y a donc une phénoménalité propre à l'œuvre de Still, j'entends non seulement une phénoménalité qui serait l'espace et le temps selon lesquels telle ou telle œuvre se laisserait voir, mais une phénoménalité propre à l'ensemble de l'œuvre. Still produit d'œuvre en œuvre, de tableau en tableau, et comme si le cadre n'existait pas, n'existait plus,

1. Jean-Louis Leutrat, faisant à propos de *The Searchers* un constat formel analogue à celui que nous avons ébauché, note : « La porte ouverte de la ferme, l'entrée de la grotte et celle du réduit où gît le corps mutilé de Martha constituent un thème plastique fort. Chaque fois la lumière aveuglante du dehors est opposée à l'ombre protectrice. » (Jean-Louis Leutrat, *John Ford, La prisonnière du désert*, Adam Biro, 1990, p. 33) et cite à ce propos Deleuze, pour qui plus l'image est spécialement fermée, « plus elle est apte à s'ouvrir sur une quatrième dimension qui est le temps, et sur une cinquième qui est l'Esprit » (Gilles Deleuze, *L'image-mouvement*, Paris, Éditions de Minuit, 1983, p. 31). Et ce sont, semble-t-il, ces deux dimensions qui dominent autant les œuvres de Clyfford Still que le film de John Ford.

la sensation d'une avancée dans l'espace, d'un déplacement du sujet qui ne serait plus soumis à rien :

> Une seule touche de peinture, pourvu qu'elle soit fondée sur le travail et sur un homme qui a compris son pouvoir et ses implications, pourrait restaurer la liberté que l'homme a perdue en vingt siècles de contrition et d'instrument de soumission [1].

L'œuvre de Still reste quasiment incommenté, et ce assurément de son fait. L'évolution entre le premier moment de son œuvre (qu'on dit expressionniste) et la suite se fait de manière quasiment organique, le noir est progressivement absorbé par d'autres couleurs, et les figures dans lesquelles elles résonnaient deviennent l'événement d'une sorte de coalescence ou, au contraire, d'une extension irrépressible, jusqu'à constituer d'immenses zones déchiquetées, comme si Still se rapprochait d'une paroi qu'il allait devoir longer sans fin [2]. La coïncidence entre la proximité et l'immensité devient l'espace de son geste. Il dira combien pour lui la prairie, ou les terres, était aussi infinie que la mer que peignait Turner, et d'une certaine manière il me semble que l'obsession de Clyfford Still est cinématographique. Il retrouve intuitivement les grandes formes mineures de la peinture anticipatrices du cinéma, tel le panorama. Il les retrouve bien sûr sans le formuler, mais on peut, par un jeu de convexité, vérifier, sans surinterprétation, dans son œuvre, une ambition qui, quittant la peinture de chevalet pour mieux exalter le geste du peintre, appartient à un au-delà de la peinture qui rejoint le cinéma. D'une certaine manière, l'analogie peut être dite plus directement : il y a entre les panoramas du XIXe siècle et l'œuvre de Clyfford Still une double dimension commune : ne plus être limité par le cadre de la peinture et chercher un ailleurs que le cinéma trouve. « Être arrêté par le bord du cadre était une chose

1. Cité par Éric de Chassey dans *La peinture efficace*, Paris, Gallimard, 2001, p. 250.

2. Je n'aborderai pas ici la question du sublime qu'implique la peinture de Clyfford Still. On se reportera à la comparaison que fait Robert Rosenblum d'une vue de canyon, *Gordale Scar*, littéralement la « cicatrice », un tableau peint entre 1811 et 1815 par James Ward, avec une œuvre de Clyfford Still de 1956 (ces deux œuvres sont de grands formats, de dimensions identiques), Robert Rosenblum, « The Abstract Sublime », publié dans *ARTnews* 59, n°10, février 1961, p. 38-41.

intolérable. Cette prison euclidienne devait être détruite, et ses implications autoritaires congédiées », répètera Still.

Le peintre procède plan par plan, œuvrant par cadrage (au sens cinématographique du mot), et des pans de peinture sont interrompus arbitrairement en en appellant systématiquement à un hors-champ qui disqualifie l'autorité des bords. La présence du hors-champ est, malgré le cadre, plus forte que le cadre. L'œuvre de Clyfford Still s'impose autant dans ce que le cadre semble avoir interrompu que dans le tableau lui-même. L'artiste considérait, avec une intransigeance exceptionnelle, que la façon de montrer ses tableaux faisait partie de son œuvre, jusque dans ses dispositions testamentaires où il exige que l'ensemble de ses œuvres fasse l'objet d'une donation à l'institution qui acceptera de leur dédier en permanence les espaces publics sans que ce legs soit divisé[1]. Il faut donc comprendre l'œuvre, sa totalité, se déroulant sur un écran, et non pas seulement le tableau tel un écran. Il est saisissant de constater que Still, qui a le plus souvent recours à des formats verticaux, cède à certains moments à la tentation d'un format écran, celui d'une petite salle de cinéma, comme s'il escomptait, dans un effet de concession ou de résumé, expliquer et commenter ce qu'il est en train de faire, comme si telle œuvre se voulait l'épitomé de

1. Toute sa vie durant, Clyfford Still a été d'une redoutable intransigeance vis-à-vis de ses pairs comme du marché et ses institutions. Il imposait à l'achat et à la présentation de ses œuvres des conditions drastiques et souhaita même interdire que l'on écrive une ligne sur son travail. On a quelque peine aujourd'hui à déterminer ce qui, dans cette attitude, revient à l'exigence d'une pratique et ce qui relève de la psychologie. Still ne s'est en effet pas contenté de maintenir une distance plus que symbolique par rapport à New York, lui préférant dès 1961 une retraite dans le Maryland, il a aussi refusé toutes les invitations à exposer en Europe (notamment à Bâle, Venise et Paris), sans omettre de faire valoir des arguments de nature idéologique contre la « culture institutionnelle » qu'il méprisait. Outre l'exposition de San Francisco en 1943, seules deux rétrospectives ont pu avoir lieu de son vivant : la première à l'Albright-Knox Gallery of Art de Buffalo en 1959 (qui recevra quelques années plus tard un don de 34 tableaux), la seconde au Metropolitan de New York en 1979. Au total, il aura vendu environ 81 tableaux et offert 59 autres d'après les estimations de Ben Heller, organisateur d'une exposition à la galerie Mary Boone (« Art in America », décembre 1990). En même temps que 750 tableaux et 1459 travaux sur papier, sa veuve a hérité les revendications de son mari. Ce qui signifie accessoirement, commente Ben Heller, que ces tableaux ne doivent en aucun cas avoisiner ceux d'autres artistes. Si la valeur de l'héritage dépasse largement 250 millions de dollars, l'investissement pour la conservation des œuvres dépasserait 12 millions de dollars. Depuis la mort de Still en 1980, aucune institution n'a trouvé les moyens d'assumer de telles revendications.

tout son œuvre peint. Il faudrait pouvoir longer l'œuvre de Still, la « monter » comme le film de l'immensité.

Mais si la phénoménalité de l'œuvre de Still colle à celle des panoramas, aucune structure physique comme celle des panoramas ne saurait la contenir ni la contenter. Son œuvre en appelle à un déroulement infini, à une diégèse de l'immensité, alors que le panorama, au contraire, développe un pouvoir d'enfermement, encerclant et étouffant le spectateur, telle la chimère trompeuse qu'avait dénoncée Eberhardt dès 1807 :

> Ni l'assurance d'une distance par rapport au point de vue, ni la pleine lumière du jour, ni la comparaison avec des éléments environnants ne peuvent me réveiller de ce rêve angoissant, dont je dois m'extraire. À travers de tels moyens, on peut mettre fin à l'illusion dès que celle-ci devient désagréable ; mais ces moyens sont refusés au spectateur du Panorama [1].

Le panorama, dans la critique d'Eberhardt, comme modèle pour faire voir l'œuvre de Still, serait donc aux antipodes du geste de liberté voulu par le peintre. Mais je n'escompte pas enfermer les œuvres de Still sous une rotonde, je cherche à tâtons, et presque trop près de l'image, la phénoménalité commune qui est le levier de mon intuition : cette concordance entre l'œuvre de Still et les westerns de Ford.

Qu'est-ce qui fait qu'un film tel *The Lost Patrol* (*La Patrouille perdue*, 1934) – film dont l'acteur principal est le désert – ne donne à aucun moment la sensation d'immensité qui règne dans *The Searchers* ? Ce n'est pas seulement parce que le film est théâtral malgré le désert, pourtant filmé en décor naturel (le désert de Yuma en Arizona), mais parce que la forme n'arrive pas à épouser l'immensité des dunes. Il y a bien quelque chose dans le film qui en est la sensation, mais cela ne suffit pas.

Deleuze note la chose suivante :

> Certains ont conclu à un espace fermé chez Ford sans mouvement ni temps réel. Il me semble plutôt que le mouvement est réel mais, au lieu de se faire de partie à partie, ou bien par rapport à un tout dont il

1. Johann August Eberhardt, *Handbuch der Aesthetik*, Halle, 1807, p. 171-79.

> traduirait le changement, il se fait dans un englobant dont il exprime la respiration[1].

Cet englobant est bien là, actif et même protagoniste de l'action, mais il est contraint et intentionnellement surdéterminé. En d'autres termes, le cadre cadre conventionnellement le désert, il ne l'habite pas. On peut lire ce reproche à l'envers, telle une qualité essentielle du film, et dire que le désert est vu comme la patrouille perdue le voit ; ne sachant ni l'habiter ni le comprendre, elle se laisse décimer par lui. Le désert est l'allié de l'ennemi, son outil et son arme. Le désert, du point de vue de la patrouille, est perçu d'un point de vue inadéquat, et le cadre ici conventionnel est l'instance d'un antagonisme. La patrouille est condamnée parce qu'elle cadre ainsi le désert, le voit ainsi, un cadre d'où un ennemi doit surgir, mais l'ennemi est nécessairement hors-champ, là où on ne l'attend pas.

De *The Lost Patrol* se dégage ainsi la sensation d'un film à l'étroit dans le cadre, comme s'il manquait un dispositif entre l'immensité et les scènes qui s'y jouent. Le désert est un acteur que Ford n'arrive pas encore à diriger, et le jeu du désert reste théâtral, comme celui d'un acteur de théâtre faisant ses premiers pas au cinéma. La comparaison n'est pas absurde, puisque le désert et l'immensité prendront précisément chez Ford une dimension épique, devenant au sens propre du terme un théâtre de la mémoire fondateur des mythes et des légendes. Il fallait pour cela que Ford épouse le désert, ce qui adviendra avec *Stagecoach* (*La Chevauchée fantastique*), en 1939, quand pour la première fois, il tournera à Monument Valley. Ce qui fait aussi peut-être que le désert reste par rapport au cadre, dans *The Lost Patrol*, un prédicat surintentionnel, tient au fait que ce film est un film de trajet, itinéraire d'un point à un autre, le début et la fin du récit. Le scénario de Dudley Nichols ancillarise la géographie et réduit le désert à une abstraction. *Stagecoach*, au contraire, qui aurait dû être le film du trajet, itinéraire convenu par les arrêts de la diligence, laisse finalement la sensation d'une circularité, sensation que la quête de *The Searchers* amplifie et assume. Dans les deux cas, l'extérieur et les protagonistes ne font qu'un, l'alentour se met à exister, balayé par le

1. Gilles Deleuze, *L'image-mouvement*, *op. cit.*, p. 202.

mouvement du regard, à la fois perte et maîtrise absolue de l'espace. Cette perte et cette maîtrise sont sans doute ce qui confère une dimension mythique à ces périples. Le mythe « fait terre » avec Monument Valley, qui n'est plus un paysage, mais le lieu d'une initiation, là où se constituent les légendes. Même si Monument Valley a une géographie tout à fait repérable et qu'il n'est en réalité pas très difficile d'y trouver des points d'ancrage visuels, dans les anamorphoses qui surgissent des *mesas* par exemple, ces configurations rocheuses tendent et tanguent inexorablement vers une abstraction qui absorbe l'alentour comme un fond ou une toile de fond [1].

On sait que Ford tourna en partie sept films à Monument Valley – *Stagecoach* en 1939, *My Darling Clementine* en 1946, *Fort Apache* en 1948, *She wore a yellow ribbon* en 1949, *The Searchers* en 1956, *Sergeant Rutledge* en 1960, *Cheyenne Autumn* en 1964 – et qu'on appelle désormais « John Ford's Point » l'endroit où se déploie une vue panoramique balayant Est Mitten Butte, Merrick Butte, West Mitten Butte et Sentinel Mesa, avec au premier plan les contreforts d'Elephant Butte. Ce point est le promontoire d'un panorama, un panoramique qui trouve ses ancrages et sa géographie, mais qui peut en même temps basculer dans une sorte d'abstraction. Pourtant, ni perte des repères ni vertige de l'anamorphose, c'est cette abstraction que j'essaie d'analyser chez Clyfford Still. L'analogie qui fait entendre dans le mot panoramique son origine architecturale va trouver dans le cinéma de Ford une métaphore sous-jacente, mais insistante. Le fort, ses palissades, le monde clos qu'il enferme au centre de l'immensité adverse est, dans son cinéma, la tribune ou galerie circulaire simulant une sorte de tour disposée au centre de la rotonde d'un panorama. On se souvient aussi du goût du cinéaste pour les villes fortifiées, Carcassonne par exemple. Le fort est également une métaphore du film, de sa réalisation, qui trouvera sa splendide et étouffante amplification dans son dernier film, *Seven Women* (*Frontière chinoise*) en 1966.

1. Je reviens un instant sur la citation de *Moon Palace* avec laquelle j'ouvrais ce commentaire. Auster anthropomorphise ou zoomorphise chaque forme ; ce qui se passe au contraire avec Ford ou Still est un principe abstracteur où la phénoménalité propre à un déroulement ou à un panoramique oublie les métaphores. Encore que ces métaphores sont, pour celui perdu au cœur de Monument Valley, les indices pour précisément ne pas tout confondre, ne pas être absorbé par l'immensité.

Film où il semble que l'intérieur a absorbé par porosité l'immensité et le danger, et que l'infini désormais est encerclé par les remparts.

L'immensité serait donc d'abord chez Ford quelque chose de perçu, une perception de l'espace à laquelle se conforme l'écran. Dans *The Searchers*, l'espace n'est ce qu'il est que parce qu'il se conforme à l'errance et à la quête d'Ethan. Cette quête suppose un savoir, pour le dire de façon phénoménologique, un nombre incalculable et empirique de présuppositions intentionnelles, mais sa réussite, ou son aboutissement, tient tout entier en une foi, une intuition parfois contredite, souvent hésitante et d'abord une intuition de l'espace. Le cadre est l'outil intentionnel ; cette intuition, elle, travaille au-delà du cadre. Le cadre va aussi devenir chez Ford l'amplification d'un caractère, l'application de la loi et du règlement contre l'intuition – le lieutenant-colonel Thursday, que joue Henry Fonda dans *Fort Apache* (*Le Massacre de Fort Apache*, 1948) incarnant cette rigidité jusqu'à l'échec.

Nonobstant, le terme de panorama n'est pas uniquement pictural. Le brevet déposé par Robert Barker à Londres, en 1787, énumère les principes et constituants d'un dispositif qui ne connaîtra quasiment pas de modifications par la suite, l'invention est baptisée « La nature à coup d'œil ». C'est en janvier 1792, dans une annonce parue dans le *Times*, qu'apparaît le néologisme *panorama*, qui signifie littéralement « tout voir ». Il s'agit donc de cette représentation circulaire installée sur les parois d'une rotonde construite pour l'accueillir et qui va simuler une réalité en cherchant à se confondre avec elle. Après avoir parcouru un long couloir et des escaliers assombris qui font oublier les repères extérieurs de la ville, le visiteur pénètre par le bas sur une plateforme délimitée par une balustrade qui empêche de s'approcher de la toile et permet à celle-ci de développer son effet de tous les points d'où elle peut être vue (l'éclairage y est naturel et zénithal, mais la source en est dérobée par un toit ou un voile qui interdit de regarder au-delà du bord supérieur de la toile, une palissade en masque le bord inférieur). Comment ne pas songer, en serrant au plus près cette description, à l'obscurité de la salle de cinéma, mais aussi comment ne pas souligner ce principe initiatique, cette clause d'obscurité pour accéder à l'écran du visible (principe commun au dispositif de Friedrich et à l'atelier de Mondrian) ?

J'ajoute que, dans les champs thématiques qui se dégageront de la production des panoramas, s'opère une sorte de chiasme visible entre l'immensité et, pour le dire très vite, la description d'une bataille. Dans la description du panorama se dessine, mais à ciel ouvert, la structure même du fort, structure centrale et emblématique des grands westerns fordiens. Dans *She wore a yellow ribbon* (*La Charge héroïque*, 1949), on peut observer ce passage sans transition d'un espace protégé à celui de l'immensité; au-delà du jeu d'opposition symétrique casanier / infini, récit du foyer/héroïsme, etc., l'opposition entre le fort, lieu de l'attente et du repli, et l'extérieur est matérialisée par un dispositif de mise en scène visible selon un protocole, donc excessivement visible: la porte du fort qui s'ouvre ou se ferme. Ce dispositif n'en appelle pas à la poliorcétique, mais métaphorise le cadre dans l'écran. Le fort est à la fois le point à partir duquel l'immensité et le lointain se « panoramisent », la plate-forme où l'on sent, pressent, suppose, éprouve l'immensité et le lointain, bien plutôt qu'on ne les voit véritablement, et la base du film, une sorte de réalisation du fameux « John Ford's Point », ce point de l'espace où l'espace s'éprouve à partir du cadre. La porte du fort est un sas, le cadre dans l'écran qui ouvre à l'immensité.

Redisons l'analogie avec l'œuvre de Clyfford Still où l'immensité supposée par le cadre ne peut être que l'événement du dépassement de ce cadre. L'opposition des scènes d'intérieur et des scènes d'extérieur est donc régie par une loi qui excède, dépasse et déforme la convention. (Dans *The Lost Patrol*, les scènes étaient filmées selon les règles du cadre, et le désert finissait par devenir un décor, alors qu'il était là, bien réel.) On s'explique mieux, au regard de cet antagonisme, l'incompréhension de Jean Mitry devant *The Searchers*. De fait, dans ce film, cette opposition complémentaire est déséquilibrée.

> On peut, de toute évidence, préférer le *principe* de la narration temporelle au *principe* de la structure dramatique (dont l'apriorisme nécessaire est toujours entaché d'artifices), mais ce qui importe, c'est d'atteindre au chef-d'œuvre dans l'une ou l'autre de ces voies. Or, la *Chevauchée fantastique* [*Stagecoach*] (pour ne citer qu'elle) est un chef-d'œuvre, fût-elle celui d'un genre inactuel, quand *La Prisonnière du désert* [*The Searchers*] n'est que le produit médiocre d'une tentative engagée dans des voies nouvelles, mais dans lesquelles Ford ne peut

> que s'enliser. Tous les films qu'il a dirigés depuis lors en sont une preuve suffisante. Non qu'ils soient mauvais au sens exact du mot, mais lâches et décousus plutôt que détendus, invertébrés plutôt que fluides et continus [1].

Mitry diagnostique sans la comprendre l'adéquation parfaite de ce principe de narration temporelle à une forme. *The Searchers* semble décousu parce que la recherche est improbable, improbable géographiquement et métaphysiquement. Le film s'accorde au doute d'Ethan et produit une temporalité singulière, un type de temps propre à l'errance, infiniment distendu, que Ford adapte à des formes qui instrumentalisent le cadre et l'écran.

Attardons-nous sur une ultime scène de *The Searchers*, celle où dans un fort précisément, sa seule occurrence dans le film, Ethan retrouve des prisonnières blanches devenues folles. L'espace intérieur est alors une boîte qu'il ouvre pour la refermer aussitôt et reprendre sa poursuite. Le lien entre un intérieur contracté à l'extrême et l'immensité est alors assuré non pas par la porte du fort qui s'ouvre, cadre dans l'écran, mais par un gros plan désarmant sur le visage de John Wayne, où on lit dans le silence d'une seconde effrayante : « Si je retrouve Debbie, je la tue. » Le raccord entre l'immensité et le ventre de folie et de désespoir qu'est l'intérieur de la cabane a lieu sur ce visage qui n'est pas un portrait, pas simplement le visage d'Ethan en gros plan, mais un pays, une terre, où passe l'ombre terrible d'un nuage [2].

Le récit de *The Searchers* semble décousu à Mitry parce qu'il est tributaire d'une subjectivité et d'une solitude sans mesure. Tout cela en fait un film unique, tendu par la puissance du mythe et de l'épopée, et plus moderne encore qu'*Il Grido* d'Antonioni, en 1957, qu'il anticipe

1. Jean Mitry, *John Ford*, Paris, Éditions Universitaires, 1954, p. 152.

2. Ozu admirait particulièrement cet art de Ford, qui n'appartient peut-être pas seulement à la direction d'acteur : « Il ne suffit pas d'être habile dans l'expression de son visage. Un acteur qui sait se composer un visage heureux ou triste – en clair, un acteur qui possède un contrôle parfait des muscles de son visage –, je ne peux pas m'en contenter. En fait, ces choses sont assez faciles à faire… Mais je ne me soucie pas de savoir si un acteur parvient à bien exprimer l'émotion. La personnalité : voilà ce qui m'importe, saisir l'humanité. […] Regardez Henry Fonda dans *My Darling Clementine*, il ne bouge pas, il n'exprime rien – c'est la grande force de John Ford. Fonda est assis sur une chaise, ses pieds posés sur un poteau, un sourire de satisfaction aux lèvres – je suis véritablement jaloux du rapport qui peut exister entre Ford et Fonda. » Yasujirô Ozu, « Humanité et Technique », cité par Donald Richie, *Ozu*, *op. cit.*, p. 150.

de deux ans. John Wayne incarne cette solitude qui se retrouve dans le personnage de Tom Doniphon dans *The Man Who Shot Liberty Valance* (*L'Homme qui tua Liberty Valance*, 1962). On a dit et redit la dimension crépusculaire de ce film. Le film tout entier est peut-être un épilogue et précisément dans sa dernière scène un adieu, adieu à une idée de l'Amérique, adieu à un monde qui s'éteint, mais aussi à une certaine idée du cinéma. L'extérieur ne défile et n'apparaît dans le film – hormis la scène où Ransom Stoddard s'entraîne à tirer puis celle de l'incendie par Tom Doniphon de sa propre maison – que lors du retour en train, où Ford fait apparaître l'extérieur à travers les vitres du train, cette fois comme si, enfermés dans leur wagon, James Steward et Vera Miles étaient devenus les spectateurs infirmes d'un panorama en mouvement, un *moving panorama*, cette forme tardive, américaine et précinématographique du panorama. Le train défile de plus en plus vite, il dépassera, nous dit-on, les quarante kilomètres à l'heure et, à travers les vitres du compartiment, nous percevons cette accélération ; le paysage ou les bribes de paysages que l'on aperçoit semblent finalement être là autant pour donner cette sensation de vitesse que pour livrer une image banale du pays que l'on traverse. L'extérieur est bien une fois encore une sensation, sensation de vitesse et de mouvement, sensation de l'espace du dehors plutôt que description de cet espace. Dans cette scène préconclusive de son œuvre, Ford se souvient probablement de la scène de *Stagecoach* où, dans la diligence, on voit sur le visage de chacun les sensations du voyage, et finalement rien du dehors. La chaleur, la poussière, le malaise, le chaos sont rendus visibles dans la diligence au détriment de l'extérieur. Lors de l'attaque des Indiens, deux mondes s'affrontent : l'intérieur et l'extérieur justement ; la diligence est alors, comme le fort devenait le centre d'un panorama, la nacelle d'un *moving panorama* dont nous ne verrons que des éclats.

À la fin de *The Man Who Shot Liberty Valance*, l'extérieur est une allusion, perceptible dans ce que dit Hallie, interprétée par Vera Miles, à son époux : « C'était une contrée aride, c'est un jardin maintenant, tu n'es pas fier ? » et quand, au dernier plan du film, ce paysage apparaît enfin et qu'on voit le train s'éloigner, on se dit que le paysage traversé est somme toute bien ordinaire. Cette nostalgie endeuillée est aussi celle d'un cinéma dont Ford sent que bientôt il n'existera plus. On sait que, malgré l'accord de John Wayne et James Stewart, Ford dut attendre plusieurs mois pour obtenir une réponse favorable des dirigeants de la Paramount afin de pouvoir tourner, ce qui en dit long sur la difficulté qu'eut le cinéaste à réaliser ses derniers films. On sait aussi que *Seven Women* fut tourné dans un coin de studio de la Metro Goldwyn Mayer, en utilisant sans doute les accessoires provenant de *The Good Earth* (*Visages d'Orient*)[1]. Au risque de forcer le trait, il me semble que la sensation d'enfermement qui règne dans ces deux films est une manière souterraine d'affirmer la perte de ce qui est en train de disparaître. Ford, plutôt que d'aller contre ces conditions difficiles, les exacerbe, contracte encore son scénario, rétracte son film pour mieux faire sentir une perte, un deuil, une absence. Films faits avec des décors de rebut, ils sont à l'image du cercueil de Tom Doniphon où Hallie a déposé, avant de partir, un cactus en fleur. Ce plan est là à la place de l'immensité et du désert, il concentre à lui seul l'évocation d'un monde. Ford fait alors entrer l'extérieur (et beaucoup plus que l'extérieur : un passé perdu) dans le cadre. Pendant une seconde, le cadre, redoublé dans ce plan par un surcadrage, permet d'évoquer, en une image qui est le contraire d'une nature morte, l'immensité et la fuite du temps, et il est saisissant qu'à cette seconde nous ayons l'impression que le cercueil de Tom Doniphon disparaît sous terre. Nous n'assisterons pas à ses obsèques, ni à la mise en terre, ni à la prière, rituel fordien pourtant. Néanmoins, en une image, une seule, nous avons la sensation que tout cela est en train d'avoir lieu. C'est plus qu'une ellipse, cette image devient, au sens chimique du terme, le plus extraordinaire précipité de cinéma que l'on puisse concevoir. Ford y ajoutera une clausule qui est aussi un codicille. Parce que le cinéma est une mémoire, il fait revenir mentalement cette image, juste à l'instant où le paysage défile, quand le sénateur demande à son épouse qui a disposé ce cactus sur le cercueil de Tom.

1. Patrick Brion, *John Ford*, Paris, La Martinière, 2002, p. 620.

chapitre 5
ce qui aveugle
quand l'image en mouvement s'interrompt : les films d'Akira Kurosawa

Des épisodes retracés dans l'autobiographie d'Akira Kurosawa, il en est un essentiel : l'échec au concours d'entrée de l'école des Beaux-Arts à Tokyo, en 1928. On sait le goût de Kurosawa pour la peinture de Van Gogh et celle de Cézanne, qui le décida très tôt au choix d'une carrière de peintre. Cet échec ne le découragea pas et il persévéra dans la pratique de la peinture, s'engagea dans la « Ligue des artistes prolétariens », désapprouvant très vite leurs idéaux. Il continuera de peindre, la main guidée par chaque nouvelle découverte d'un peintre :

> Si je venais de regarder une monographie sur Cézanne, en sortant de chez moi les maisons, les rues, les arbres – tout ressemblait pour moi à un Cézanne. Même chose si j'avais regardé un livre sur Van Gogh ou sur Utrillo, ils modifiaient la façon dont le monde m'apparaissait et le faisaient devenir complètement différent de celui que je voyais habituellement de mes propres yeux. En d'autres termes, je n'avais pas alors – et je n'ai toujours pas – une façon de regarder les choses complètement personnelle et distinctive. Cette découverte ne me

> surprit pas outre mesure. Il n'est pas facile de développer une vision personnelle. Mais quand j'étais un jeune homme, cette lacune me causait non seulement de l'insatisfaction, mais aussi un certain malaise[1].

Il y a dans cette volonté d'être peintre et la fatalité d'être condamné soit au mimétisme, soit à la rhétorique, quelque chose d'essentiellement sincère, et dont le cinéma de Kurosawa va se nourrir, acceptant de passer l'image d'abord au tamis de la mémoire afin que l'image cinématographique en surgisse renforcée et neuve. Dans son cinéma se trouvent peu de citations de la peinture ; en revanche, l'idée qu'il y a un apprentissage de la vision, une sollicitation de l'apparaître, va s'y imposer. Cette notion de style propre et autonome – « chaque exposition que j'allais voir semblait me prouver que tous les peintres japonais avaient leur propre style, leur vision à eux. Je devenais de plus en plus mécontent de moi-même[2] » – explique paradoxalement le caractère hétérogène de l'œuvre de Kurosawa. C'est très tôt et grâce à la peinture que le cinéaste va comprendre qu'il faut accorder une forme à son objet, qu'il n'est pas question de contraindre et de réduire tel ou tel objet par un style, mais au contraire, d'accorder à tel objet cette attention spécifique que Tarkovski préconisait, je le cite :

> La pureté du cinéma, sa force très particulière, ne tient pas en effet au potentiel symbolique de ses images, même le plus audacieux, mais à ce qu'il parvient plutôt à exprimer dans ses images tout ce qu'un fait peut avoir de concret et d'unique[3].

Quand Tarkovski dénonce :

> les compositions plastiques d'un auteur qui l'investirait de quelque mystérieuse tournure de sa pensée, d'où naissent d'ailleurs les symboles faciles, qui tournent vite aux clichés[4],

1. Akira Kurosawa, *Comme une autobiographie*, Paris, Petite bibliothèque des *Cahiers du cinéma*, 1995, p. 150. Le cinéaste écrivit ce livre tardivement et sous forme rétrospective. L'édition japonaise date de 1982, et la première édition française de 1985. Il est, comme son film *Rêves* (*Dreams*), qui date de 1990, un outil essentiel à la compréhension de son œuvre.

2. *Ibid.*

3. Andreï Tarkovski, *Le temps scellé*, Paris, Cahiers du cinéma, 2004, p. 84.

4. *Ibid.*

il stigmatise la notion de style dès lors que celle-ci est devenue une sorte de principe de reconnaissance de l'auteur par un tiers, style qui, neuf fois sur dix, procède de la rhétorique et du savoir-faire, de l'installation de l'image dans un cadre acquis. Je pense que ce n'est pas véritablement Kurosawa qui a choisi le cinéma, mais le cinéma qui l'a choisi, qui s'est imposé à lui, dans cette sorte de défaillance de la peinture. Être emprisonné dans le style d'un autre, Utrillo ou Van Gogh, c'est pressentir qu'on risque d'être enfermé dans le sien propre :

> Lorsque je peignais, je m'épuisais à réaliser des tours de force techniques, et les peintures qui étaient le résultat de ces efforts révélaient surtout le dégoût que j'avais de moi-même. Je perdis graduellement toute confiance en mes capacités, et l'acte de peindre lui-même me devint une corvée [1].

À la même page de son autobiographie, Kurosawa indique comment son entrée dans le cinéma fut presque le fait du hasard :

> Un jour, c'était en 1935, je lisais le journal quand une petite annonce attira mon attention. Les studios de la P.C.L. recrutaient des assistants metteurs en scène. Jusqu'à ce moment-là, jamais l'idée ne me serait venue d'entrer dans l'industrie du film, mais quand je vis l'annonce, mon intérêt fut soudain éveillé [2].

L'intérêt de Kurosawa n'est pas suscité par le concours lui-même, mais par le principe de la première épreuve : « une dissertation, où il fallait exposer les déficiences fondamentales du cinéma japonais » et « suggérer les moyens de les surmonter ». Sur les cinq cents postulants, cent trente passèrent le cap de la première épreuve, il devait rester en tout et pour tout cinq candidats. L'épreuve essentielle de la seconde partie du concours consistait en l'écriture d'un scénario. Kurosawa se souvient :

> On donna à mon groupe un article de journal, sur le crime d'un ouvrier du quartier de Kôt tombé amoureux d'une danseuse d'Asakusa. Je n'avais aucune idée de la façon dont on écrit un scénario [...]. En bon aspirant peintre, je décidai de représenter par le dessin le contraste

1. Akira Kurosawa, *Comme une autobiographie*, *op. cit.*, p. 151.
2. *Ibid.*

> entre la froide zone industrielle d'un côté, et de l'autre, les couleurs criardes des coulisses d'une revue de music-hall, montrant en noir la vie des ouvriers et en rose celle de la danseuse. C'est ainsi que je commençai mon scénario, mais j'ai tout oublié de la suite [1].

Ce recours à la peinture pour devenir cinéaste n'est pas anecdotique, mais fondateur. Il suscite trois remarques d'importance inégale. La première, elle anecdotique et subjective, est que j'imagine Kurosawa se souvenant des films de Fritz Lang vus pendant son adolescence, et particulièrement de *Metropolis* qu'il découvre à l'âge de seize ans ; je l'imagine se souvenir que la maison des plaisirs se nomme « Yoshiwara » [2]. Peut-être pense-t-il aussi aux espions japonais de *Spione*, tourné l'année suivante, en 1928, par le même Fritz Lang. L'autre remarque en revanche est essentielle : cette sollicitation du dessin et de la couleur pour clarifier l'espace sera un événement récurrent à l'intérieur de son cinéma. Je pense au dessin du petit garçon kidnappé dans *Entre le ciel et l'enfer (Tengoku to jigoku*, 1963) – ce dessin d'enfant représentant le mont Fuji et un soleil couchant – qui est une cale essentielle pour le scénario comme il est un indice déterminant pour l'enquête. Il vient amplifier les relevés topographiques et autres cartes qui sont à leur manière autant de dessins aidant à la compréhension du scénario. Dernière observation enfin : alors qu'il attend de pouvoir réaliser *Kagemusha*, le film sortira en 1980, pour ne pas perdre son scénario, pour que ce scénario reste vivant en lui, Kurosawa le dessine plan par plan. Alors le dessin colorié est non seulement l'allié du scénario mais de la mémoire, et la peinture au service du cinéma.

Cependant la complexité du rapport de la peinture à l'image en mouvement est autrement plus grande qu'on ne pourrait l'imaginer à une première vision de l'œuvre. Elle trouve une exemplarité qui me permet de la formuler dans *Rêves* (1990) et la structure en huit courts métrages qui compose ce film déroutant et parfois mal-aimé. *Rêves* est contemporain de l'écriture de *Comme une autobiographie*. De courts métrages en courts métrages, Kurosawa reste peintre dans l'âme, tout

1. Akira Kurosawa, *Comme une autobiographie*, *op. cit.*, p. 155.

2. Le Yoshiwara était un quartier d'Edo (aujourd'hui Tokyo), célèbre pour ses artistes, ses courtisanes et ses prostituées.

en étant profondément cinéaste. *Un Soleil sous la pluie*, le premier court métrage, semble filmé pour se conclure par un tableau, un seul tableau : l'arc-en-ciel que contemple le petit garçon. L'enfant s'arrête à une frontière entre l'écran et le tableau. À la fois il fait partie du tableau qu'il découvre et il est sur le point d'y entrer ; cette frontière sera franchie dans le court métrage intitulé *Les Corbeaux*. En fait, progressivement, tout se déroule selon une complexité où la peinture vient se faire et se défaire dans le cinéma. Ce dépassement, cette *Aufhebung* de la peinture par le cinéma, puis son retournement, trouve ici une formulation singulière. Ce dépassement tel que l'accomplit *Rêves* peut se formuler ainsi : l'image en mouvement est en quelque sorte comparable à un tableau, mais un tableau en suspens, en train de se faire ; son motif est, littéralement, sa mise en mouvement. Ce mouvement est une temporalité de l'accomplissement de l'image. Alors quelque chose advient, et l'image se sédimente, le cadre a raison d'elle. Ainsi, l'image en mouvement devient tableau. Je développerai ce processus en l'observant dans les courts métrages intitulés *Le Verger aux pêchers* et *La Tempête de neige*. À l'inverse, le cadre dans lequel l'image semble pérenne peut subir une secousse, et même un séisme – c'est le cas dans *La Montagne rouge* – et l'image alors se délite, se décompose, le mouvement l'emporte. L'image peut être également en suspens dans le cadre, prête à exploser, comme c'est le cas dans *Les Démons gémissants*. Dans *Le Verger aux pêchers*, le deuxième court métrage, le souvenir de sa jeune sœur morte à seize ans s'incarne pour Kurosawa en une suite de tableaux : les plans fixes des pêchers en fleurs. La sensation d'implosion et la densité des fleurs dans le cadre est, sinon un hommage, du moins un souvenir, des plans d'arbres et de fleurs du *Fleuve* (1950) de Jean Renoir. Les pétales des pêchers décapités viennent d'un coup, dans le ressouvenir, par touches, exister d'une seconde vie, celle de l'image, comme si justement il s'agissait bien là d'un tableau. Ce principe d'une touche picturale dont le pétale ou le pigment serait l'indice est un fil qui traverse et relie chacun des courts métrages. Les flocons de neige de *La Tempête de neige* ou les pigments mortifères de *La Montagne rouge* sont la mise en mouvement par le cinéma d'une image qui ne peut ni ne veut être fixe. Le tableau se fait pour se défaire et trouvera dans *Les Corbeaux* – court métrage qui est l'aveu explicite de l'importance de la peinture pour Kurosawa – toutes les variations possibles en un hommage à Van Gogh.

Dans *Les Démons gémissants*, l'avant-dernier rêve, cette mise en mouvement est paralysée, l'explosion est retenue. La conversation avec le démon ne se passe dans un champ de pissenlits que parce que leurs fleurs fanées sont une menace si elles explosent. Le tableau est donc là, surréaliste et en suspens, tableau-décor, tableau-présage, tableau-menace et menacé par la moindre secousse qui le mettrait en mouvement.

Dans les premiers rêves, l'image se constituait dans la retombée de pigments, pétales, flocons, poussières en apesanteur; dans *La Montagne rouge*, au contraire, nous assistons au délitement de l'image, de l'image éternelle du mont Fuji. Ce ne sont pas des flocons en apesanteur qui vont constituer une image en se déposant, mais à l'inverse une image souveraine qui soudain explose. Et les pigments de couleur s'éparpillent, s'envolent, s'engouffrent selon l'abominable prédiction qui hante *Vivre dans la peur*[1], s'enfonçant dans un couloir qui transforme le Japon en une vallée de mort. Le pays s'effrite, s'écaille comme un tableau, les pigments par bourrasques sèment la mort pour se déposer enfin, en rendant à jamais la terre malade. Les poussières de couleur sont dans *La Montagne rouge* aussi précisément nommées que les pigments le seraient par un peintre. L'ingénieur coupable explique qu'on a affecté une couleur à chaque effluve toxique selon son caractère pathogène. Le rouge pour le Plutonium 239, cancérigène; le jaune pour le Strontium 90, qui provoque la leucémie; le violet pour le Césium 137, qui « cumulé dans les gonades provoque des mutations génétiques ».

Dans *La Tempête de neige*, le troisième court métrage, l'apparition de la Femme des neiges semble naturelle, évidente, attendue. Authentique fantôme, elle a les attributs d'une sirène, et épargne l'alpiniste perdu. Sa disparition est troublante : son manteau blanc, d'un coup, à la façon d'un tourbillon, s'envole et vrille l'air. Elle fait grâce à l'alpiniste et assume en même temps l'orchestration de la

1. *Vivre dans la peur (Ikimono no kiroku)* date de 1955, soit trente-cinq ans avant la réalisation de *Rêves*. Ce film fut également diffusé en France sous le titre *Si les oiseaux savaient*.

tempête. La neige vole dans l'air jusqu'à l'opacifier. La Femme des neiges donne une mesure et une économie à ce mouvement, et le charge d'un autre pigment : à la neige se mêlent des flocons d'argent et des paillettes de quartz. La Femme des neiges, sa longue chevelure noire, sont le pinceau du tableau qui est en train de se peindre.

Les pétales, la pluie de pétales dans le *Verger aux pêchers*, venaient se figer brusquement en images stables. Il y aurait donc, je l'ai suggéré, une image en mouvement dont l'issue serait, par césure, de se solidifier en s'interrompant en une image semblable à un tableau, solide, immobile et définitive dans le cadre. Cette logique qui préside explicitement au *Verger aux pêchers* se trouve amplifiée jusqu'à l'allégorie dans *La Tempête de neige*. Amplifiée parce que les taches de peinture, ces pigments en suspens, accompagnent la progression des alpinistes dans une sorte de touffeur glacée et de ralenti, qui à la fois obscurcissent, empêchent de voir, attendent et anticipent une solidité picturale à venir. La Femme des neiges apparaît, femme-pinceau éclaircissant la composition, y ajoutant le pigment des touches de quartz, prenant non seulement l'homme, mais la composition dans ses filets, puis disparaissant, s'envolant en une bourrasque, geste, et touche finale, afin que l'image « prenne » et se révèle enfin. La montagne s'impose en contre-plongée avec une netteté et une stridence égale ; sa crête, la neige et le quartz, sont soutenus par quelques lignes tracées avec de l'argent, la roche contre laquelle frappe la lumière. L'image est faite ; le tableau saisi en une seconde tient dans le cadre, confirmé par le bleu du ciel qui scelle l'image en mouvement interrompue. Kurosawa inversera cette logique dans *La Montagne rouge*. Il fera éclater et se dissoudre l'image de la montagne, qui se disséminera en pigments pathogènes. La singularité d'une présence de la peinture dans le cinéma de Kurosawa tient d'abord à ce moment où l'image en mouvement et son indice (ici la neige et les paillettes de quartz) se déposent – instant prégnant – en une image que le cadre cimente à l'égal d'un tableau. Usant de la même légende, Masaki Kobayashi y intègre une dimension picturale accomplie et efficace, mais qui n'a pas cette complexité. La peinture est, dans la *Femme des neiges*, second court métrage de *Kwaïdan* (*Histoire de fantôme*, 1964), un écran dans l'écran, une toile de fond. Les « décors » sont de véritables tableaux de ciel où l'aveu pictural est puissant mais trop explicite. Le rouge éclabousse de façon irréelle l'immense tableau du décor dans la scène du ponton, mais surtout, le ciel défile derrière l'action comme on déroulerait une toile, à la fois hétérogène, séparé de l'action, mais sur-affirmant la tonalité affective voulue. Chez les cinéastes japonais les plus différents, la forme de l'œil s'impose tel un symbole persistant, dans *La Bête aveugle* (*Moju*, 1966) de Yasuzo Matsumura, film contemporain de *Kwaïdan* par exemple[1]. Et cet œil n'est pas forcément « l'œil de l'éclair », celui que Kurosawa « peindra » à même l'écran dans *Rhapsodie en août* (*Hachi gatsu no kyshikyoku*, 1991), en lieu et place de l'explosion atomique, dans l'embrasure des montagnes, là où la grand-mère l'a vu. Dans le court métrage de Kobayashi, la toile-décor qui représente un ciel est marquée d'une influence surréaliste et délibérément dalinienne (on ne peut s'empêcher à ce moment de penser à la scène anthologique du rêve dans *Spellbound*). Le ciel est constellé de formes qui d'évidence sont des yeux, mais des yeux semblables à des maelströms, des crevasses dans l'espace, davantage que des yeux qui nous regardent. Ils sont des regards inversés, des regards pièges, mais restent séparés de l'action qui ainsi se théâtralise. Nous sommes à l'opposé de cette idée de la peinture s'accomplissant dans et selon l'image en mouvement qui règne dans *Rêves*. Cet écart est d'autant plus facile à déceler que les deux courts métrages ont en commun ce fantôme légendaire, la Femme des neiges : la divinité Yuki-Onna, jeune femme à la beauté saisissante, drapée d'un manteau blanc. Celle-ci est le *kami* de la neige et la gouverne (le *kami* est un esprit dans la religion *shintô*, et *kamikaze*, par exemple, veut dire « vent divin »). Elle attire les hommes pour les étreindre mortellement en les vidant de leur sang, n'en épargnant que quelques-uns, lorsque leur jeunesse et leur beauté parviennent à susciter sa pitié[2].

La Tempête de neige permet de mettre en évidence une autre donnée du cinéma de Kurosawa, qui n'est pas un procédé : le ralenti.

1. Film réalisé en 1969 et adapté du roman de Edogawa Rampo *La Bête aveugle* (1931).

2. Cette légende fera l'objet d'une courte nouvelle parmi la cinquantaine d'histoires recueillies par Lafcadio Hearn d'après le folklore japonais. Lafcadio Hearn, *Fantômes du Japon*, traduit de l'anglais par Marc Logé, Paris, Le Rocher, 2007. Le réalisateur Masaki Kobayashi adaptera quatre de ces nouvelles en un film intitulé *Kwaïdan* en 1964, qui obtiendra le Prix spécial du jury au festival de Cannes en 1965.

Dans *Rêves*, le ralenti est l'aveu de cette singulière façon de peindre : la motion qui compromet l'image en mouvement pour en quelques secondes la faire exister comme l'ultime étape d'un tableau. La progression des alpinistes est entravée par la neige, et le cinéaste joue de l'ambiguïté de la mise en scène et du procédé technique ; il y a dans le court métrage deux sortes de ralentis. Dans *La Tempête de neige*, Kurosawa met réellement et concrètement en scène quelque chose qui appartient à l'usage singulier, nécessaire, novateur du ralenti dans ses films. Ainsi, tout le court métrage semble au ralenti, si bien que dans un effet de coalescence, on ne sait plus quand le procédé technique travaille de l'intérieur la mise en scène, comme si celle-ci voulait économiser, accuser, ou renforcer ce procédé qui a, dans les films de ce cinéaste, une fonction particulière. Le ralenti a cette mission qui est, en coupant la diégèse, d'en marquer, au sens pictural du terme, l'instant prégnant. Logique interne au film qui est comparable à la « retombée » en une image des pigments et touches sous la forme de pétales, de flocons ou de poussières en suspens. *La Tempête de neige* est un peu comme ces boules de verre que l'on secoue et dans lesquelles la neige en apesanteur brouille l'image ; lorsque le mouvement brownien cesse, alors l'image avec une soudaine netteté se dessine. Il y aurait probablement à comparer ce qu'on appelle dans le théâtre Kabuki le *mie*, et ce que, restant dans le sillage d'un rapprochement avec la peinture, je nomme l'instant prégnant[1]. Le ralenti amorce l'acmé du récit. Dans *La Légende du grand judo* (*Sugata Sanshiro*, 1943) très tôt donc dans l'œuvre de Kurosawa puisqu'il s'agit de son premier film, lors d'un combat, une pancarte tombe au ralenti sur le combattant assommé projeté à l'autre bout du dojo ; on devine ainsi que l'homme est mort. Le ralenti, instance et autorité de l'instant prégnant, a partie liée avec la mort.

Il y aurait en contrepoint au ralenti, pour Kurosawa, une autre phénoménalisation de la mort à l'écran, plus radicale : la radiographie. Dans *L'Ange ivre* (*Yoidore tenshi*), en 1948, assurément mais surtout dans l'incipit de *Vivre* (*Ikiru*), en 1952, ce n'est plus seulement un arrêt

1. Le *mie* est l'arrêt du mouvement de l'acteur dans une pose appuyée, destiné à souligner un moment particulièrement important de l'intrigue.

sur l'image mais une image qui arrête le temps. Elle s'impose et pèse dans le cadre du poids du sursis et de l'échéance. Une forme d'instant prégnant encore plus irrévocable et dramatique que celui que le ralenti inaugurait. Le premier plan de *Vivre* se confond avec la radiographie, le cadre coïncidant avec l'image médicale. Le cadre en appelle à l'écran non pas pour chercher un hors-champ mais au contraire un champ interne, pour que l'écran se resserre et cerne la tumeur qui sera l'épicentre du récit et de l'angoisse. Il est essentiel de souligner que la lumière de cette angoisse vient de derrière l'écran, qu'elle agit selon une inversion du principe intentionnel : la lumière immanente aveugle en faisant voir ce qui ne peut être soutenu du regard, la mort à venir et son diagnostic. L'aveuglement, ce qui aveugle, est déjà là dans ce premier plan, non pas comme la forme nue de l'angoisse, mais son outil. La phénoménalité de l'angoisse, ce qui aveugle, une lumière que l'on ne peut soutenir du regard, trouve ici une occurrence particulière. Pour voir la radiographie, il faut la confronter à la lumière, que la lumière la traverse. Dans le cinéma de Kurosawa, le spectateur doit regarder l'instant de la mort sans détourner les yeux, c'est ce que dit au mot près Barberousse à son jeune interne quand ils sont au chevet d'un vieillard mourant[1]. L'instant de la mort trouve des formes singulières et cinématographiques parce que cet instant est l'instant impossible, et Kurosawa hésite entre l'euphémisme et l'amplification. Parmi d'autres, le ralenti et la radiographie sont deux formes qui suggèrent et imposent cette nécessité de montrer ce qui ne peut se voir. Le petit garçon, dans le premier court métrage de *Rêves : Un soleil sous la pluie*, doit se faire *seppuku* parce qu'il a vu ce qui est interdit. À rebours, voir la mort, la regarder en face, aveugle. C'est au sens physique, ontologique, cinématographique, impossible, un impossible qui est au cœur de tout le cinéma de Kurosawa.

1. *Barberousse* (*Akahige*), film en noir et blanc tourné en 1965, dernier film avec Toshiro Mifune, est probablement la charnière de l'œuvre de Kurosawa. Il s'agit du récit d'apprentissage d'un jeune interne ambitieux qui, envoyé dans un modeste dispensaire dirigé par Barberousse, abdiquera ses ambitions et trouvera sa vraie vocation. Le tournage s'est avéré difficile et éloigne définitivement Toshiro Mifune. Dans un entretien intitulé « L'Empereur », qui paraît dans *Les Cahiers du cinéma* en septembre 1966, Kurosawa dit les deux ans de travail que lui avait demandé le film et l'épuisement ressenti au sortir du tournage (Koichi Yamada, Hayao Shibata, Yoshio Shirai, « L'Empereur », *Cahiers du cinéma*, n°182, septembre 1966).

La Tempête de neige est au ralenti et le ralenti s'interrompt lorsque les alpinistes sont sauvés : le tableau prend et gèle dans le cadre, libérant, paradoxalement, d'un coup les hommes en sursis. Oui, le ralenti travaille pour la mort : ainsi dans *Les Sept samouraïs* (*Shichinin no samurai*, 1954), le film le plus connu de Kurosawa, lorsque Kanbei (que joue Takashi Shimura), après s'être fait raser le crâne et déguisé en bonze, tue le bandit kidnappeur d'enfant. Il semble que le ralenti soit réservé à l'épopée ou au film de sabre. Le kidnappeur d'*Entre le ciel et l'enfer* (*Tengoku to jigoku*, 1963) (qui est un film moderne, un *gendai-geki*), anticipe ou provoque l'instant prégnant, celui de sa mort, selon le contraire d'un ralenti quand il se jette comme un fauve contre la paroi qui le sépare de Gondo, son ancienne victime, qu'il a voulu revoir avant d'être exécuté. La violence de ce mouvement est, en exagéré, le contraire du ralenti, et la brusquerie du geste finit paradoxalement par avoir la même efficacité que la décomposition du mouvement. Ginjiro, l'interne-kidnappeur, joué magistralement par Tsutomu Yamazaki, se jette contre l'écran comme si l'écran dans le cadre était devenu une cage ; son mouvement est celui d'un fauve.

Marque et signe de la mort également dans *Les Sept samouraïs*, au moment du duel au sabre, lorsque frappé d'un coup, d'un seul, le samouraï fanfaron, vaincu, bascule dans un ralenti sans appel. Ralenti plus ambigu pour un geste absolument identique dans la scène pré-conclusive de *Sanjuro* (*Tsubaki Sanjuro*), en 1962, puisque dans le duel, le sang qui jaillit et éclabousse continue à se répandre, prolongeant le ralenti. Ralenti au service de la mort dans les très longs plans de la dernière bataille de *Kagemusha* (1980), ralenti sur l'agonie des chevaux, sur le *kagemusha* titubant, sa lance à la main ; ralenti orchestré dans *Ran* (1985), pendant toute la durée de l'incendie, quand Hidetora est cerné par le feu et qu'autour de lui, la mort telle que Kurosawa n'avait jamais osé la montrer l'encercle, le jetant plus encore que les flammes dans un délire obsidional. Dans de telles scènes, la peinture d'histoire permet à Kurosawa d'affronter ce que sa pudeur et une injonction éthique l'empêchaient auparavant de montrer. Le ralenti, sur une longue durée, dans les scènes de *Kagemusha* et de *Ran*, devient une façon de peindre ; le ralenti s'arrête sur tel épisode dramatique, et la durée du plan ainsi que le format démesuré du panoramique, s'assurent de la tragédie commune. Notre œil s'arrime au ralenti, comme il reste et se pose sur tel drame individuel dans une peinture d'histoire. Le ralenti est, dans le récit, le sceau de la mort. Nous pensons « au ralenti » à certaines scènes, le sont-elles ? Je me souviens, dans le court métrage intitulé *La Montagne rouge*, de la scène de panique de mort au pied du mont Fuji ; le paysage est devenu fou à cause de la folie des hommes, et la foule, saisie de terreur au pied de la montagne qui explose, est gagnée par une panique de mort. Ma mémoire en reconstitue les mouvements au ralenti. Quand, dans *Ran* le général décapite la renarde, et que le sang éclabousse d'un coup tout le mur, je sais que cette scène n'est pas au ralenti, et pourtant je garde dans ma mémoire la sensation d'un ralenti. Elle renvoie à la violence brusque et définitive d'un effet de mise en scène comparable à celui que j'évoquais pour la fin de *Entre le ciel et l'enfer*. Dans ma mémoire cependant la sensation du ralenti persiste. Mais la mort trouve d'autres phénoménalités pour se manifester ; la forme annonciatrice en est l'aveuglement ou l'éblouissement, mais il y a aussi tout à l'opposé l'obscurité qui accompagne le sommeil, sommeil qui saisit le dernier plan de *L'Idiot* (*Hakuchi*, 1951). Les huit songes de *Rêves* ne sont-ils pas d'abord les images qui contredisent l'obscurité, que Kurosawa craint dans le sommeil ? Rêver, c'est s'opposer dans le sommeil à la mort.

Une ultime mise en garde, injonction et prédiction, traverse *La Tempête de neige* : « Ne dormez pas, le sommeil c'est la mort ! », phrase qui introduit la fin magnifique du dernier film de Kurosawa, *Madadayo*, en 1993 : le professeur s'endort et rêve, son rêve envahit l'écran, c'est un ciel sans fin, un tableau en permanente métamorphose, métamorphose dont le cadre se contente d'être le témoin. C'est un ciel de peinture où l'on éprouve paradoxalement la sensation qu'une sorte de liquide amniotique, l'indice d'une naissance, s'est mêlé au solvant, une image qui résume et unifie ce que j'essayais d'évoquer plus haut, le fait que le tableau procède de l'image en mouvement. Pour conclure son œuvre, Kurosawa peint un tableau qui est une image en mouvement. C'est, de tous les rêves qui hantent son cinéma, le plus simple et le plus accompli, il contredit et prolonge d'une façon apaisée les rêves angoissés du protagoniste de *L'Ange ivre* et du *kagemusha*, chacun au bord de l'eau affrontant son double comme figure de la mort. Le tableau en métamorphose du dernier plan de *Madadayo*, aux couleurs douces et diluées, est un tableau où les formes, si elles évoquent des nuages, ne sont pas des nuages, si elles évoquent des animaux, ne sont pas des animaux. En métamorphose, ce n'est pourtant pas un tableau abstrait, il est aussi réel que peut l'être un rêve [1].

Dans le cinquième court métrage de *Rêves* intitulé *Les Corbeaux*, Martin Scorsese joue le rôle de Van Gogh, et dans le peu de dialogue qu'il a à dire, deux phrases restent. La première, définitive : « Le soleil m'oblige à peindre, je n'ai pas de temps à perdre avec vous. » L'autre, un peu avant, également adressée à l'apprenti peintre, doublure improbable de Kurosawa dans ce court métrage : « Je me suis coupé l'oreille parce que je n'arrivais pas à la peindre. » Le premier tableau que nous découvrons dans ce cinquième rêve est un portrait, le visage de Van Gogh [2]. Le peintre se tranche le lobe de l'oreille gauche le 23 décembre 1888. Le tableau présenté ici est peint fin août 1889. Quand, de mémoire, j'essaie de retrouver de quel autoportrait il s'agit, je me le remémore comme le portrait d'une mutilation. Le tableau que j'ai vu au début du rêve s'est donc trouvé augmenté, modifié, transformé, par ce qui est ensuite dit : « Je me suis coupé l'oreille parce que je n'arrivais pas à la peindre. » C'est le portrait d'une mutilation, qui n'est pas visible comme telle mais implicite, puisqu'elle oblige le peintre à se portraiturer de trois-quarts. C'est donc le portrait d'une mutilation dissimulée. C'est la mutilation qui force la représentation. Non pas un simple autoportrait, mais bien un portrait à l'oreille coupée, qui ouvre à une suite de tableaux de Van Gogh le long d'un mur, déclinant les genres principaux de la peinture.

L'œuvre de Kurosawa désarme souvent, parce que le cinéaste aborde des genres contraires, en principe incompossibles, mais

1. Kurosawa se souvient-il, quand il filme ce plan, de la séquence du rêve des *Niebelungen* (1924), signée par Walther Ruttmann, où une forme abstraite se métamorphose en aigle ? Walther Ruttmann, avant Hans Richter et Viking Eggeling, sera le précurseur de cette abstraction formelle qui succède au caligarisme. Elle laisse cette trace à l'intérieur du film de Fritz Lang.

2. Il s'agit de l'*Autoportrait* de Saint-Rémy, peint à la fin août 1889 (huile sur toile, 57,2×43,8 cm), appartenant à la Collection Whitney, National Gallery of Art, Washington.

à égalité. Son cinéma, sans l'avouer et peut-être sans le savoir, aura épousé la logique académique qui présidait à la peinture, celle de la hiérarchie des genres. Dans les tableaux de Van Gogh, qu'un travelling va découvrir, la peinture d'histoire est absente ; Van Gogh peint quand ce genre s'éteint. Les cadres de ces tableaux sont présents, démesurément présents, il va falloir entrer dans la peinture malgré le cadre et son imposante solennité. L'apprenti peintre s'y engouffrera en s'avançant dans un soleil peint comme à même l'écran, qui est la forme solaire d'un tunnel. La lumière aveuglante répond à l'obscurité. Le tableau par lequel le court métrage se conclut est le *Champ de blé aux corbeaux*, qui transcende l'idée de peinture de paysage[1]. Kurosawa filme une armée de corbeaux qui accompagne l'apprenti peintre quand il s'éloigne. Dans le ciel et sur le champ de blé, les formes noires sont semblables à des idéogrammes affolés. Une seconde plus tard, ils se figent dans la peinture, dans le tableau, devant lequel l'apprenti peintre se retrouve. Les corbeaux sont décidément l'emblème de l'angoisse ; une scène capitale du *Château de l'araignée* (*Kumonosu jo*, 1957), leur confère ce rôle liant présage et angoisse quand ils envahissent la salle du conseil, et, par ailleurs, leur présence hante le début de *Rashômon* (1950). Dans le texte qui inspire ce film, Ryûnosuke Akutagawa les décrivait ainsi :

> Dans la journée, innombrables, ils venaient en cercle autour des hautes tuiles cornières, en croassant. Au coucher du soleil, ils se détachaient, comme des graines de sésame parsemées, sur le ciel empourpré qui s'étendait au-dessus de la Porte. Ils venaient, évidemment, becqueter les cadavres délaissés[2].

Le ciel dans le *Champ de blé aux corbeaux* est beaucoup plus sombre qu'il n'apparaît dans la reproduction filmée de *Rêves*. C'est un tableau que va envahir l'obscurité, et les corbeaux sont les signes qui l'annoncent. Le soleil a explosé, le jaune se répand à l'avant-champ de l'écran et coule, prêt à déborder le cadre. Le cadre seul, proéminent, semble empêcher que le jaune se vide et continue à couler hors-

1. Vincent van Gogh, *Champ de blé aux corbeaux*, Auvers-sur-Oise, juillet 1890, huile sur toile, 50,5×103 cm, Van Gogh Museum, Amsterdam.

2. Ryûnosuke Akutagawa, *Rashômon et autres contes*, traduit du japonais par Arimasa Mori, Paris, Gallimard, 2005, p. 20.

champ, comme d'un tube de peinture. L'envol des corbeaux, touches de peinture noire mises en mouvement par une secousse inattendue dans l'image, angoissant et prémonitoire, procède de cette logique que j'ai évoquée : celle qui préside au mouvement des cristaux de quartz dans *La Tempête de neige* et à la bourrasque de pigments mortifères de *La Montagne rouge*.

Le visage de Van Gogh, qui ouvre *Les Corbeaux*, souffre de ce cadre qui est pareil à un coffre-fort. Sous ce portrait, à la manière d'un palimpseste, nous imaginons les visages qui ont traversé l'œuvre de Kurosawa ; ils se superposent et se fondent, en un fondu enchaîné où la superposition les colle les uns aux autres, fixés, cimentés, absorbés dans l'image par le cadre. Je pense à la photographie de Taeko Nasu (jouée par Setsuko Hara) dans *L'Idiot* en 1951. Le cadre n'est pas proéminent mais, en revanche, l'image est derrière une vitre ; la photographie alors absorbe l'écran et le paysagise. Le paysage de neige vient, dans un fondu enchaîné, à rebours, s'installer dans l'image, puis ce sont les visages des deux hommes qui s'y reflètent. Le portrait absorbe donc le paysage, puis devient un portrait de groupe qui est aussi un « tableau manifeste » et qui annonce ce que va être le film. Le renfort de la photographie est omniprésent dans le cinéma de Kurosawa ; dans *Scandale* (*Shubun*), en 1950, un long plan se préoccupe de l'identification du couple. Le peintre, protagoniste du film, a été pris en photo avec une chanteuse célèbre : ils font la une de la presse à scandale. Mais Aoe (Toshiro Mifune) s'insurge et engagera pour le défendre l'avocat le plus improbable, Hiruda (Takashi Shimura). Le cinéma filme la photographie et son agrandissement. Une photographie à verser au dossier d'une enquête teintée de dérisoire et de sordide (on retrouve dans un film de Henry Hathaway, *Call Northside 777* en 1948, une scène semblable, mais lestée de gravité). La photographie prise par les journalistes importuns doit aussi apparaître pour servir de contrepoint à une autre photographie, scellée dans le film : celle de la petite fille malade, encadrée et accrochée à l'entrée du taudis qui sert de bureau à son avocat de père. Cette photographie-là est essentielle, elle regarde l'avocat compromis, elle est son témoin et sa conscience. Kurosawa joue, par l'entremise du portrait et de la photographie, sur l'idée de témoin pour l'inverser ; le mauvais témoin, le paparazzi, s'oppose et s'affronte à la photographie du témoin véritable, la petite fille qui va mourir. Godard nous rappellera, dans ses *Histoire(s) du cinéma*, que témoin veut dire martyr. Il n'est pas nécessaire d'évoquer cette longue tradition du portrait qui a partie liée avec la mort pour commenter ces images ; dans *Scandale*, parce que la photographie est incarnée, l'avocat, qui ne supporte plus d'être vu comme il est, retourne le cadre. Usage double donc de la photographie dans ce film, et qui, au sens familier du mot, est également là pour doubler la peinture : nous ne verrons aucun tableau de Ichiro Aoe, pas même sa fameuse *Montagne rouge*. Seulement un dessin; et ce dessin est celui d'un visage, plus exactement d'un regard. Un regard qui est celui de Miyako la cantatrice et, même si le plan est fugitif, nous le reconnaissons; le peintre n'avait-il pas dit, pour l'avoir vue en photographie : « ces yeux noirs, je les connais » ? Ce dessin de mémoire, il l'exécute lors d'une séance de pose de son modèle, qui est aussi une amie fidèle. Elle est de profil en kimono, assise sur une sellette pendant qu'il lui parle et qu'il dessine le regard d'une autre. La rémanence d'une force dans la mémoire, principe de création et de réalisation : « N'est-ce pas le pouvoir de la mémoire qui donne son envol à l'imagination ? », se glisse allusivement dans le film[1].

Ce dessin d'un œil, ou plutôt d'un regard, nous le retrouvons dans *Rhapsodie en août*. L'œil que trace à la craie le petit garçon et qui fait référence aux yeux que, de façon monomaniaque, le jeune frère de la grand-mère dessinait après le traumatisme du *pikadon* (*pika* : la lumière, le flash, *don* : le bruit) est celui d'un regard terrible. Le *pikadon*, autrement appelé « l'œil de l'éclair », est ce qui aveugle, l'œil qui aveugle. Kurosawa le peindra, certes avec des effets spéciaux, dans l'embrasure de la montagne de *Rhapsodie en août*. Le dessin à la craie est l'esquisse de cet œil, tracé par une main de maître, celle du petit garçon, précisément sur un tableau noir, et à aucun moment dans le film il ne sera effacé; sur le mode mineur, sans déclaration, sans thèse, cet œil dessiné à la craie à la façon d'un devoir de vacances est d'abord un devoir de mémoire.

1. Akira Kurosawa, *Comme une autobiographie*, *op. cit.*, p. 64.

Le chef opérateur de *Barberousse* (*Akahige*, 1965) se souvient que Kurosawa voulait que les pupilles d'Otoyo (jouée par Terumi Niki) brillent d'une façon particulière, que son regard ait une intensité inexplicable. Il décrit comment il utilisa les projecteurs d'appoint, les mizards qui, placés de biais, donnaient la sensation de produire un éclair dans le regard. C'était là une façon de faire vivre le visage de l'intérieur, par les yeux, au contraire d'un jeu passant par l'expressivité et la physionomie ; une façon de signifier que le regard comptait plus que les traits du visage et permettait au visage de s'absenter, d'aller vers le masque. Cette conception du portrait et du visage, dont Otoyo est le révélateur dans *Barberousse*, est aux antipodes du jeu sur-expressif de Enoken, le porteur dans *Les Hommes qui ont marché sur la queue du tigre* (*Tora no o fumu otokotachi*) en 1945. Cette opposition ne marque pas seulement une évolution dans l'œuvre de Kurosawa, elle avoue son dédain du théâtre Kabuki et sa passion pour le théâtre Nô. Neutraliser le visage par l'intensité du regard, c'est aller vers le Nô sans refuser l'héritage du cinéma muet, c'est affirmer que l'héritage du cinéma muet n'est pas dans la sur-expression, que l'intensité dramatique se loge ailleurs. Dans *Le Château de l'araignée*, où l'influence du théâtre Nô se substitue quasiment à la langue de Shakespeare, Isuzu Yamada (Dame Asaji) se souvient avoir essayé de mettre de la poudre dorée dans ses yeux pour retrouver l'essence du maquillage Nô. C'est cette lumière d'or, ce scintillement, cet éclair, que veut Kurosawa en utilisant les mizards pour faire briller les pupilles d'Otoyo ; il crée ainsi une dialectique entre la fièvre du regard et les expressions qui doivent, non pas s'absenter, mais se durcir et se figer. Dans *L'Idiot*, l'idée de masque est implicite et redoublée par la présence de la neige : les visages se paralysent et se solidifient, la lumière se pose sur eux, donne la sensation qu'ils sont collés aux corps et s'en désolidarisent, ils ne sont pas véritablement des masques pour autant, mais un en-deçà ou au-delà du visage (les vrais masques sont ceux abandonnés sur la patinoire après une nuit de fête, et que le vent, au matin, balaie). La profondeur et l'acuité du regard alors trouvent leur pleine densité et il est dit plusieurs fois à Kameda, l'idiot : « Mais enfin, on ne regarde pas les gens ainsi ! »

Les yeux d'Otoyo, dans *Barberousse*, doivent renvoyer la lumière, ils doivent être semblables à un éclair. Dans le premier court métrage de *Rêves*, Kurosawa enracine la procession dans la mythologie pour lui donner une puissance allégorique, et revendique une référence au théâtre Nô, mais sous l'image, c'est l'allusion à Ford qui de façon subliminale, sourde et profonde, est présente. Cette admiration pour Ford filtre dans la manière de filmer les chevaux et les batailles, elle compte peut-être plus encore pour ce protocole processionnel, à peine dissimulée mais évidente dans les premiers plans des *Salauds dorment en paix* (*Warui yatsu hodo yoku nemuru*, 1960) ou dans certaines scènes de *Madadayo*, enfin dans un des tous derniers plans des *Sept samouraïs* où, en contre-plongée, la lumière vient tinter contre les lames des sabres qui marquent l'emplacement des tombes. Le recueillement est ici le même et le plan identifiable au dernier plan de *The Lost Patrol* de Ford[1]. « Le masque Nô n'est ni un accessoire, ni une œuvre d'art, quand un acteur met un masque, il se met enfin à vivre et c'est une créature mystérieuse », dira Kurosawa, c'est dans ce sens qu'il faut comprendre le travail d'éclairage pour faire d'Otoyo une « créature mystérieuse ». L'effet est obtenu cinématographiquement, ni par un accessoire, ni par une citation, ni par une évocation; les yeux d'Otoyo aveuglés deviennent à leur tour deux projecteurs, deux étoiles dans l'écran.

Dans *Les Corbeaux*, l'autoportrait de Van Gogh, pas plus que les autres tableaux exposés, n'est une citation, puisque le rêve bascule, chavire en un voyage à l'intérieur de la peinture. Que veut dire : « Le soleil m'oblige à peindre, je n'ai pas de temps à perdre avec vous » ? Cela veut dire qu'il faut avoir été aveuglé, avoir vu ce qui ne peut pas se regarder, pour voir; être passé par cette étape, cette initiation, avoir subi le supplice de Regulus et en être revenu aveugle

1. Kurosawa a toujours dit, aussi bien dans ses entretiens que dans ses films, son admiration pour Jean Renoir et pour John Ford. Il les croisa d'ailleurs tous les deux, Renoir au cours d'un dîner, John Ford à l'occasion de l'ouverture du National Theatre de Londres, où *Le Château de l'araignée* fut le premier film projeté. John Ford quand il rencontra Kurosawa, lui dit : « Vous aimez vraiment la pluie ». Kurosawa répondit : « Vous avez bien regardé mes films. » Et il n'y a pas un seul film de Kurosawa où il ne pleuve pas.

voyant[1]. L'aspirant peintre va circuler dans la peinture ; il y entre par cette porte-soleil, s'engouffre dans ce soleil, véritable « trompe-l'œil » puisque, élément du décor, il crée l'illusion d'être un vortex dans l'écran. Déjà présent dans *Dodes'kaden*, en 1970, sa fonction s'amplifie et éclate, il ouvre à la peinture, et il ouvre la peinture.

Ce qui aveugle est la condition paradoxale, dangereuse et douloureuse de la possibilité de voir, et est la phénoménalité même de l'angoisse. L'angoisse, lestée de son privilège ontologique, ne peut apparaître que sous la forme de ce qui aveugle. Réduction suprême, autorisation et obligation de se détourner de la facticité des étants. Voir au sens où Kurosawa le veut, voir au sens de Van Gogh, c'est avoir subi cette épreuve. L'œuvre de Van Gogh est donc davantage qu'une référence, elle est l'emblème d'une expérience intérieure surplombée par l'angoisse, découvrant sa forme, c'est-à-dire sa phénoménalité, c'est-à-dire son apparaître, au détriment de toute subordination à quelque étant que ce soit. Le soleil oblige à peindre et, en même temps, aveugle. L'aveuglement est au cœur de l'œuvre de Kurosawa, il a une dimension historiale et une occurrence historique déterminante dont l'avant-dernière scène de *Vivre dans la peur* témoigne de façon décisive. *Vivre dans la peur* est le récit de l'angoisse de Kiichi, un industriel obsédé par le péril atomique, et qui veut échanger tous ses biens pour s'installer au Brésil, qu'il imagine, on ne sait pourquoi, à l'abri de ce péril. Le temps diégétique du film est celui de la montée de son angoisse. L'angoisse et « ce qui aveugle » sont liés à l'explosion, à l'éblouissement provoqué par l'explosion nucléaire. Kiichi fixe à travers la fenêtre, qui construit un cadre dans le cadre, un soleil aveuglant et profère : « La terre brûle, la terre brûle ! » Dans son autobiographie, Kurosawa évoque un épisode qu'il mettra au moins deux fois en scène.

> Dans ce village vivait aussi un vieil homme qui avait une grande crainte du tonnerre. Quand un orage éclatait, il rampait sous une grande

1. La formule est de Husserl dans une lettre adressée à Hugo von Hofmannsthal, où, pour caractériser le poète, il écrit qu'il doit suivre purement et uniquement son *daimon* comme du dedans ; celui-ci l'entraîne à une activité d'aveugle voyant. Je développerai cette notion dans les chapitres suivants, tout particulièrement dans celui relatif aux formes du vide chez Michelangelo Antonioni.

> planche qu'il avait suspendue au plafond pour intercepter la foudre, et il se pelotonnait là jusqu'à la fin de l'orage[1].

Dans *Rhapsodie en août*, la grand-mère, terrorisée par l'orage, essaye de couvrir de draps blancs les enfants qu'elle veut protéger; dans *Vivre dans la peur* figure une scène analogue, d'un effet sidérant. Trois avions passent, on ne les voit pas, leur bruit strie l'espace. Le bruit nous les fait voir. Bruit redoublé par la détonation d'un avion supersonique. L'attitude naturelle en phénoménologie déduit intentionnellement du bruit le « ce » dont il est le bruit. La situation va se révéler plus complexe. Il va y avoir une confusion des bruits, puisque celui du chasseur supersonique coïncide avec un éclair libérant le terrible orage qui, dans une seconde, va éclater. L'autorité de l'image est tellement grande qu'elle mêle les bruits, celui du tonnerre et celui de l'avion, elle les confond. Elle les confond et nous ne pouvons plus les discerner. Dans cette coalescence des bruits surgit de façon plausible et légitime ce qui fonde la peur de Kiichi Nakajima. De son corps, il couvre, pour le protéger, le corps de son enfant, dernier-né dans sa tribu insolite. Et, comme il y a deux bruits en un, deux alertes en un seul éclair, il y a deux gestes en ce geste. Il se recroqueville de peur, semblable à l'homme qui avait suspendu la planche pour se protéger de la foudre, et ce geste de peur est à la même seconde le geste qui protège son fils (ce geste est la métonymie de tout le film). Lorsque Kiichi sera interné, le médecin à son bureau – les fous derrière lui, derrière une grille, rôdent dans un espace à l'intérieur de l'espace, comme dans une cage – écrasé par la perplexité, dira : « Cet homme, quand je l'observe, je ressens, moi, le soi-disant normal, une étrange inquiétude : est-ce bien lui qui est fou, ou bien nous qui restons indifférents en ces temps de folie ? » Pour être sûr de pouvoir s'exiler au Brésil avec sa famille, Kiichi dans un geste de folie est allé jusqu'à incendier sa propre usine; devant ses employés, pour leur demander pardon, il se prosterne. Puis Kiichi dans la scène finale se prosterne devant un chaos sans appel. L'usine a brûlé, la terre brûle. « Ce » qui aveugle travaille, dès lors que l'éclat de la lumière qui éteint tout étant a eu lieu, pour son propre compte. C'est-à-dire pour le compte de la

1. Akira Kurosawa, *Comme une autobiographie*, *op. cit.*, p. 113.

folie ou, si l'on en revient, pour le crédit d'un privilège ontologique, impossible à tenir. Pour l'heure, c'est ce que dit le psychiatre, la phobie que l'angoisse s'est donnée pour objet et la peur objectivable sont lacées, et le nœud serré de telle manière qu'elles sont indénouables. L'angoisse qui œuvre à partir de l'absence d'objet, travaillée par l'invisible, trouve, en se fixant sur tel ou tel étant, la détermination ontique qui va, en la traduisant, la reconduire vers telle ou telle peur. Dans cette interprétation héritée de Heidegger, l'horizon philosophique et celui de la psychiatrie coïncident. Dans le film, l'aveuglement s'impose comme phénoménalité de l'angoisse : elle fait vaciller la détermination de l'angoisse, l'objet qu'elle s'est donnée. Elle ne l'efface pas ; l'aveuglement est momentané, trop soudain et trop bref pour l'effacer véritablement, au contraire il le renforce mais laisse entrevoir sous son motif – la peur de la bombe – l'angoisse nue, celle qui œuvrait déjà dans *Vivre*. *Vivre* n'est pas *Vivre dans la peur* ; dans *Vivre*, le protagoniste cherche un étant, un ultime étant qui va donner sens à son sursis, un étant qui ne soit pas marqué du sceau de la facticité (ce qui est *uneigentlich* dans la langue de Heidegger). Dans *Vivre dans la peur*, l'étant, celui de la peur objectivable et celui de la phobie, explose dans la dernière scène : « La terre brûle, la terre vient de brûler. » Le soleil derrière la vitre aveugle le protagoniste. Il ne se prosterne plus, il ne protège plus rien, il est égaré, comme un animal affolé. En décomposant le mot de la peur pour les Japonais, mot à la fois descriptif et apotropaïque pour désigner la catastrophe – le *pikadon* –, la mise en scène libère la possibilité de filmer ce qui aveugle, c'est-à-dire l'angoisse nue. L'angoisse consume la maladie de la terre, elle annonce sa mort. Le plan de l'avant-dernière scène est un plan en excès, Kurosawa n'en était pas pleinement satisfait. Il avait également conscience que ce film avait dix ans d'avance sur son époque et que les Japonais n'étaient pas prêts à le voir. Kurosawa n'a cessé de filmer ce qui aveugle. Dans son autobiographie, il donne à cette obligation une force inaugurale. Il lui affecte un horizon technique pour s'en assurer, pour la rendre libre de devenir le motif, la mise en mouvement, d'une phénoménalité de l'angoisse pactisant avec cette préoccupation de la mort qui est au centre de son œuvre :

> Il fallait que je fusse certain que cette porte géante eût l'air immense à l'écran. Et je devais prévoir en détail comment utiliser le soleil lui-même. C'était un de mes soucis majeurs, à cause de ma résolution d'utiliser la lumière et les ombres comme thème visuel – clef pour tout le film. Je trouvai la solution en filmant réellement le soleil. Aujourd'hui, il n'est pas rare de pointer la caméra directement sur le soleil, mais au moment où *Rashômon* fut réalisé, c'était encore un des tabous de la prise de vue. On pensait même que ces rayons frappant directement dans notre objectif allaient brûler la pellicule dans la caméra [l'équivalent technique de "la terre brûle", c'est moi qui souligne]. Mais mon opérateur, Kazuo Miyagawa, défia hardiment cette convention et réalisa de superbes images. L'introduction du film, en particulier, qui conduit le spectateur à travers les ombres et les lumières d'une forêt dans un monde où le cœur humain perd son chemin, était un travail de caméra vraiment splendide. À mon avis cette scène, saluée plus tard au festival de Venise comme le premier exemple d'une caméra pénétrant au cœur d'une forêt, n'était pas seulement un des chefs-d'œuvre de Miyagawa, mais aussi un chef-d'œuvre mondial de la cinématographie en noir et blanc[1].

Dans la scène de la déambulation en plein soleil dans le marché de *Chien enragé* (*Nora inu*), en 1949 c'est-à-dire un an avant *Rashômon*, une tentative analogue avait eu lieu. Le tamis des canisses assumait le même office que les branches des arbres dans la forêt. Kurosawa expérimente comment filmer le soleil en direct; si la tension de l'angoisse est déjà implicitement présente dans *Rashômon* ou *Chien enragé*, c'est dans *Vivre dans la peur* qu'elle conquiert sa forme et trouve sa formule. *Vivre dans la peur* n'est jamais un film à thèse, même s'il est dicté par une réplique de Hiroshima et de Nagasaki : en 1954, les Américains font exploser la bombe H « Castel Bravo » dans les Îles Bikini. Lors de cet essai nucléaire, un thonier japonais reçoit la pluie radioactive, la pluie noire; les vingt-trois marins seront contaminés. L'un meurt dans les six mois qui suivent, et tous les autres tomberont malades. C'est cet épisode du *Fukuryu Maru*, du nom du bateau, qui sera à l'origine de *Vivre dans la peur*. À l'instar d'*Entre le ciel et l'enfer* pour les rapts d'enfants, un fait de société préside au film. Dans *Vivre dans la peur*, il est le plus lourd que l'on puisse concevoir au Japon.

1. Akira Kurosawa, *Comme une autobiographie*, *op. cit.*, p. 301.

Kurosawa laisse alors monter à la surface de son œuvre ce qui restait informulé mais présent dans les films précédents : une tumeur monstrueuse, insidieuse, toujours là, prête à éclater. L'après-guerre apparaissait telle une tonalité affective, une atmosphère dans des films comme *Chien enragé*. Cette sensation, douloureuse à l'écran, est présente dans *Vivre dans la peur*, et l'image implicitement plus efficace que le dialogue. L'individu qui fait office de mari à la mère du dernier enfant de Kiichi attise l'anxiété de ce dernier en évoquant la possibilité d'une explosion nucléaire, il dit : « Le Japon deviendrait une vallée où s'écouleraient les nuages radioactifs. » Plus loin, dans la même conversation : « L'autre jour, j'ai vu une exposition sur Hiroshima. Je n'ai pas pu garder les yeux ouverts. » C'est dit : cette formule, « je n'ai pas pu garder les yeux ouverts » doit pour Kurosawa trouver sa forme cinématographique, une forme pour celui qui, justement, doit garder les yeux ouverts.

Ce qui aveugle, la forme de l'angoisse dans son apparaître, a son épicentre dans les traumatismes de Hiroshima et Nagasaki. L'angoisse trouve sa forme adventive, sa réplique, dans l'actualité de 1954. Dans son autobiographie, lorsque Kurosawa se souvient, au chapitre intitulé « Les ténèbres de l'humanité », du grand séisme de Kanto, il le décrit à l'exemple des témoins évoquant le lendemain de Nagasaki :

> Tout le district de la rivière Edogawa était enveloppé dans un tourbillon dansant de poussière, dont la grisaille donnait au soleil une pâleur semblable à celle d'une éclipse. Les gens qui étaient autour de moi pendant cette scène étaient pour tout le monde comme des rescapés de l'enfer, et tout le paysage prenait un aspect bizarre et féerique. Je m'appuyais sur l'un des jeunes cerisiers plantés au bord de la rivière, et je continuais à trembler en regardant la scène, pensant : "Ce doit être la fin du monde". À partir de ce moment-là, je ne me souviens pas très bien du cours de cette journée, mais je me rappelle que le sol continua à trembler sans répit. Et je me souviens que, par la suite, nous vîmes un nuage qui ressemblait à un champignon se former dans le ciel à l'Est, s'élevant et s'étendant progressivement jusqu'à remplir la moitié du ciel. C'était la fumée de l'incendie qui dévorait le centre de Tokyo [1].

1. Akira Kurosawa, *Comme une autobiographie*, *op. cit.*, p. 93-94.

Ce rappel se conclut par cette sentence qui est le leitmotiv de l'œuvre, la phrase du grand frère :

> Si tu fermes les yeux devant un spectacle effrayant, la terreur va finir par te gagner. Si tu le regardes en face, il n'y a plus rien qui puisse te faire peur[1].

Voir, soutenir du regard ce qui aveugle, cœur de l'œuvre de Kurosawa, fait de *Vivre dans la peur* un de ses films les plus importants : l'histoire d'un homme qui subit le supplice de l'angoisse, et à qui il n'est pas donné en dernière instance de supporter ce qu'il voit. En amont, il y a cette scène primitive, ce tremblement de terre reconstitué dans un plan bouleversant de *Barberousse*, où la jeune femme du charpentier Sahachi arpente les ruines. C'est un flash-back, son visage répond dans l'écran, sur fond de ce paysage d'apocalypse, à un soleil « d'une pâleur semblable à celle d'une éclipse », mais néanmoins aveuglant. L'aveuglement dans cette scène est contrebalancé par le visage de la jeune femme, et l'on a la sensation qu'il y a deux soleils dans l'écran. *Vivre dans la peur* est probablement le film de Kurosawa qui économise le plus la référence à la peinture, mais pourtant touche de près aux racines des obsessions de Van Gogh, à ce soleil, forme et métaphore de l'angoisse. « Et voilà ce qui a été cause première et dernière de mon égarement. Connais-tu cette expression d'un poète hollandais : "Je suis attaché à la terre par des liens plus que terrestres" ? Voilà ce que j'ai éprouvé dans bien des angoisses – avant tout – dans ma maladie dite mentale », écrit Van Gogh à son frère Théo, dans une lettre datée du 24 mars 1889.

Après l'évocation de l'exposition sur Hiroshima, Kiichi ouvre un journal sur une photographie sous-titrée : « La terrible réalité des essais nucléaires ». La coïncidence avec la fin de *L'Éclipse* d'Antonioni est frappante : l'homme qui descend du bus ouvre un journal quasiment sur une page identique, dont le titre est : « La pace è debole ». Le dernier plan de *L'Éclipse* répond d'ailleurs à celui de *Vivre dans la peur*. Et l'on pourrait presque croire qu'Antonioni s'en est inspiré, mais nulle part, à aucun moment, dans aucun texte ni entretien le cinéaste ne le mentionne. Je m'attarderai dans les

1. Akira Kurosawa, *Comme une autobiographie*, *op. cit.*, p. 99.

chapitres suivants sur ce plan ultime de *L'Éclipse*. La caméra s'obnubile sur la lumière du réverbère comme si elle cherchait à économiser le cadre, à ce que la lumière ne travaille que par rapport à l'écran, et qu'elle soit sur le point de l'envahir. Il y aurait lieu de chercher dans ces années les films où l'angoisse des essais nucléaires et la question de la lumière se conjuguent. *Kiss me deadly* de Robert Aldrich est exactement contemporain de *Vivre dans la peur*, et *Les Communiants* de Bergman date de 1962. Dans ce dernier film, l'homme qui se suicide est hanté par une peur comparable à celle de Kiichi[1].

Dans le film de Kurosawa, la mère, l'épouse légitime de Kiichi feuillette l'album de famille, les photographies envahissent l'écran, flashs de mémoire, instants d'une « journée inoubliable ». Elle raconte qu'ils avaient invité tous leurs ouvriers à la plage et conclut : « Tant de bonheur devait cacher un malheur. » Cet arrêt sur l'image qui anticipe le malheur s'apparente au ralenti comme motion cinématographique et idiosyncrasique pour signifier la mort. La photographie a valeur de présage, cela explique peut-être pourquoi Kurosawa projette un film dans le film, celui de la plantation au Brésil : film muet, documentaire, cinéma primitif, séquence brève là où quelques photographies auraient suffi. Il fallait que ce fût le cinéma qui témoignât de ce rêve d'exil et de sa possible réalité, il fallait ces quelques secondes de cinéma muet pour que cela ressemblât à de l'espoir. La photographie appartient, dans le cinéma de Kurosawa, au présage, à la tristesse souterraine, à la nostalgie, elle ouvre au malheur ; le cinéma appartient à l'ordre du possible. Voilà pourquoi le Japonais du Brésil se transforme en projectionniste. Le malheur à venir, mais aussi le malheur passé, traverse allusivement un plan de *Vivre dans la peur* : plan qui est un dispositif hanté dans le cinéma de Kurosawa pour sceller le pacte entre le sommeil et la mort. Il y a dans ce plan un ressouvenir des plans documentaires du lendemain d'Hiroshima et de Nagasaki (au contraire des plans insistants et descriptifs tournés par Shohei Imamura dans *Pluie Noire* (*Kuroi ame*) en 1989). La forme en est tellement lointaine, tellement souterraine, tellement implicite, qu'elle

1. On se reportera à l'essai de Jacques Aumont, *L'attrait de la lumière*, Crisnée, Éditions Yellow Now, 2010.

en devient presque invisible, et pourtant j'éprouve que ce que je vois est là, sous l'image. Ce plan est le suivant : après avoir eu un malaise, Kiichi, allongé, est « veillé » pendant son demi-sommeil par une caméra posée au sol, en plan rapproché mais derrière un voile de tulle qui le dévoile en le voilant, et fait voir une part de lui insaisissable en tamisant son visage. Kiichi à cet instant, entre le sommeil et la veille, entre la vie et la mort, surprend la conversation de ses enfants. Instant fatidique, puisqu'à cette seconde, nous le comprendrons, il prend la décision de mettre le feu à son usine. Ce plan recouvre la mémoire d'images filmées au lendemain d'Hiroshima ou de Nagasaki. L'ossature de l'usine incendiée y fera aussi référence de façon explicite mais paradoxalement moins éloquente. Désastre, chaos, déluge ; Toshiro Mifune, qui a trente-cinq ans quand il joue ce rôle, est ce vieillard qui se roule dans la boue pour demander pardon, avant de basculer dans la folie, pour avoir scruté ce qui ne peut se soutenir du regard. Apocalypse en microcosme, dans cette débâcle l'usine détruite avoue sa structure, son architectonique, déploie ses poutres de métal tordues par le feu et l'explosion. Cet instant amplifie et fait comprendre que, pendant tout le film, le jeu de Mifune a été celui d'un homme en cage : anticipation progressive de son internement. Lors de son incarcération, deux voyous se moquent de sa peur et se moquent de lui. Kiichi devient une figure christique, encombrée de deux larrons, minables et cruels, qui en dernière instance ne seront pas inquiétés. Dans une conversation avec Hayasaka, son compositeur, Kurosawa avait dit : « Il faut que nous fassions une œuvre dont nous pourrions être fiers en nous présentant devant saint Pierre. »

L'enfermement dans la cellule de l'asile est conclusif ; tout y est sec, clinique, et prépare à l'aveuglement qui va avoir lieu. C'est un enfer blanc ouvert par l'angoisse, il succède au chaos, à la boue et à la destruction. Il est le lieu brûlant du plein midi, l'heure de l'ombre la plus courte, un endroit aveuglé où la lumière est celle de scialytiques à laquelle on ne peut plus échapper. Dans cette prison mentale et réelle, la lumière est frontale. Kurosawa disait ne pas avoir su filmer cette lumière perçant dans le cadre qu'est cette fenêtre à l'intérieur de l'écran, créée à la mesure de l'écran. La lumière ici se doit de contredire le paradigme intentionnel, celui d'un trop explicite cadre dans le cadre. La lumière du soleil n'est arrêtée par rien de cette fenêtre, elle la traverse, elle la brûle. Elle reste cependant centrée, cadrée, alors que sa phénoménalité en appelle à une saturation, à un débordement. Est-ce cette prison du cadre, stabilisant ce qui aveugle, qu'aurait voulu faire exploser Kurosawa, que l'écran soit incendié, que l'écran brûle ? Cette fenêtre ne sert plus de rempart à rien, elle laisse entrer sous la forme de l'aveuglement le rien de l'angoisse, son *ne-ens* qui a tout anéanti, même la peur qui lui servait de bouclier. C'est dit, « la terre brûle », la terre a brûlé. Toshiro Mifune est pris dans un étau, il avance tel un animal vers cette lumière qui l'aveugle, puis recule. Le dos de Takashi Shimura est là pour barrer l'écran, césure verticale, gnomon dans le plan, il en est la mesure et le témoin. Harada, le dentiste devenu médiateur, que la première scène du film montre en train d'accomplir mécaniquement, avec patience et science son métier – justement sous des scialytiques mais en mode mineur – passe alors de ce qu'il connaît, les rages de dents de ses patients, aux tourments sans issue de la rage et du désespoir, auxquels l'angoisse condamne.

Une remarque encore concernant la dernière scène du film, une scène de procession sans suite, un des moments les plus saisissants du cinéma de Kurosawa. L'escalier de l'asile est cadré en plan fixe, la jeune femme, la mère du dernier enfant, vient visiter Kiichi. Elle porte son fils sur le dos, la tête de l'enfant a basculé, il dort et c'est comme s'il était mort, comme si la prophétie s'était accomplie. Dans une synchronisation magistrale, magistrale au point de sembler évidente, Harada descend l'escalier. Ils ne se connaissent pas, ils se croisent. Lui va s'arrêter un instant, juste le temps permettant à Kurosawa de les faire sortir à la même seconde du cadre, laissant l'escalier vide. Dans cette scène, le cinéaste fait entendre le silence. J'entends le silence non pas comme une simple absence de bruit, mais à la place de ce qui a été anéanti pour laisser s'installer le silence. À la seconde où, dans l'écran, ont disparu la femme, son enfant et le médiateur, Kurosawa écrit le mot « Fin » sur un fondu au noir. Alors, coupant le silence, nous entendons la musique qui ouvrait le début du film. Cette musique se continue dans l'obscurité. L'obscurité, ce tunnel d'angoisse pour Kurosawa, oblige à écouter la musique en même temps qu'elle interdit tout mouvement. Hayasaka, qui avait été le compositeur des musiques de tous les films de Kurosawa depuis *L'Ange ivre*, meurt de tuberculose pendant le tournage de *Vivre dans la peur* à quarante-et-un ans. Il avait dit au cinéaste de ne pas le ménager, de ne pas s'inquiéter de son état, et Kurosawa lui avait répondu : « Dis-moi comment l'on peut travailler en se sachant menacé par la mort ? » On retrouva sur le piano de Fumio Hayasaka une mélodie qui se serait intitulée *La Musique d'une étoile*. Seules quatre mesures en étaient écrites. Kurosawa ne les utilisa pas. Je ne peux m'empêcher d'entendre le silence de la scène que je viens de décrire comme le silence qui se substitue à cette musique inachevée, non pas le silence qui se met à la place de cette musique, mais celui qui l'interdit, qui lui fait obstacle. Ce silence puis l'obscurité à laquelle est condamné le spectateur sont du même ordre. Et la musique que l'on entend dans l'obscurité, la musique que l'on entend devant l'écran noir après le mot « Fin » est l'hommage de Kurosawa à son ami, mais aussi la suite et la fin de ce qui aveugle.

Que le titre de la partition inachevée ait été crédité au générique sans que nous entendions sa musique, répond à l'idée d'assister à la naissance d'une étoile. C'est la phrase de conclusion de *Scandale*, quand, aux yeux du peintre trahi, aux yeux de Masako morte de tuberculose, l'avocat se rachète dans un ultime aveu ; alors, dans la flaque de boue où peut se refléter une étoile, cette étoile apparaît. Dans *Vivre*, Watanabe donne un sens aux dernières semaines de sa vie, et ainsi devient une étoile. « C'est merveilleux », dit-il en fixant les étoiles qu'il n'a pas observées depuis trente ans. Lors d'une conversation, dans *Chien enragé*, entre la tenancière d'un bouge qui lui apporte une bière et le jeune inspecteur, celle-ci a cette phrase : « Cela fait bien vingt ans que je n'ai pas regardé les étoiles. » Dans les tableaux peints par Van Gogh devant lesquels circule, dans *Les corbeaux*, le jeune peintre un peu niais, il est un paysage où les étoiles, comme des soleils, éblouissent[1]. Les étoiles du tableau de Van Gogh aveuglent, la peinture de Van Gogh aveugle, et je veux croire que c'est pour cette raison qu'elle est au centre de l'œuvre de Kurosawa. Les étoiles de sa *Nuit étoilée* sont autant de soleils qui se métastasent dans le ciel, les cratères

1. Vincent van Gogh, *Nuit étoilée (Cyprès et village)*, Saint-Rémy, juin 1889, huile sur toile, 73,7×92,1 cm, The Museum of Modern Art, New York.

adventifs d'un volcan devenu frontal et dont le cratère principal, au cœur du tableau, est en éruption, laissant des traces jaunes dans le bleu. Le motif se vide, la couleur est semblable à de la lave. Chaque étoile est un cratère. Dans le centre du tableau, une supernova annonce qu'elle va éclater.

La bombe A, au moment de son explosion, libère un flash d'une extraordinaire intensité destructrice. À Hiroshima, la boule de feu créée par l'explosion, atteignant en son centre plusieurs millions de degrés, propagea des rayons dans toutes les directions, à commencer par le sol, où l'on estime que, à proximité de l'hypocentre, la température s'éleva à plus de 3000° C. Traverses de chemin de fer, arbres, barrières, s'embrasèrent à l'intérieur d'un rayon de plusieurs centaines de mètres. Oui, la terre se mit à brûler. Il y a, dans la *Nuit étoilée*, un chaos pictural qui est une éruption frontale et qui, en plusieurs endroits, met le feu à la nuit. Chaque étoile fixée séparément aveugle. Ce ciel, dont la phénoménalité est frontale, je l'ai dit, est un champ de cratères dont on aurait rabattu le plan, écrasant le village de Saint-Rémy et la campagne, eux représentés selon une logique perspectiviste. C'est une guerre, une guerre entre le ciel et le village. Kurosawa connaissait-il le *Regulus* de Turner ? Dans le tableau de Van Gogh, chaque étoile est un bouclier qui avance et recule dans l'espace ; un bouclier, ou un œil, ou un cratère, tout cela en même temps. Sir John Gilbert, se penchant sur le *Regulus* de Turner, écrit :

> Il avait passé toute la matinée ici [à la British Institution] et il était probable, à en juger par le tableau, qu'il y resterait toute la journée. Il était absorbé par son travail, ne regardait pas autour de lui, mais continuait à passer une grande quantité de blanc sur son tableau – sur presque toute la surface. Le sujet en était une composition à la Claude Lorrain, une baie ou un port avec des édifices classiques de chaque côté et, au centre, le soleil. Le soleil était un amas de rouges et de jaunes de toutes sortes. Chaque élément avait une couleur de feu. Il [Turner] avait une grande palette sur laquelle était posé un énorme bâton de blanc d'argent. Il avait deux ou trois instruments de travail rudimentaires assez grands avec lesquels il mettait du blanc dans tous les coins... Le tableau devint petit à petit extraordinairement saisissant, le soleil brillant, absorbant tout et déposant sur chaque chose un voile brumeux. En regardant la toile de côté, je vis que le

> soleil était un bloc de blanc faisant saillie comme l'ombon d'un bouclier[1].

Regulus est probablement le tableau qui offre la métaphore la plus parfaite de l'obsession de Kurosawa. Dans le port de Carthage, les formes s'effacent dans la violence de la lumière, Regulus n'est pas identifiable parmi les silhouettes que l'on arrive à peine à discerner. Ce que nous voyons, ou plus exactement ce qui nous aveugle, est ce qui aveugle Regulus : ce soleil moins reconnaissable par sa forme que par son effet de dissolution des formes, et qui se durcit au centre symbolique de la toile. Artiste, spectateur et protagoniste se fondent en un seul point de vue. Une telle hypothèse anticipe, à travers cette phénoménalité que j'ai dit être celle de l'angoisse, une dimension qui revient sans cesse dans le cinéma de Kurosawa, autant que dans la peinture de Van Gogh.

L'empreinte de l'art japonais dans la peinture de Van Gogh est, on le sait, déterminante : « Mais pour moi je prévois que d'autres artistes voudront voir la couleur sous un soleil plus fort et dans une limpidité plus japonaise » (lettre sans date à son frère Théo). Il existe une lettre de Hugo von Hofmannsthal, datée du 26 mai 1901 ; l'auteur entre dans une galerie sans savoir quel peintre il va découvrir. On apprendra, à la fin de la lettre, que les œuvres sont de Van Gogh[2]. Hofmannsthal écrit ce qu'il voit :

> Je dus me ressaisir pour voir déjà dans les premières d'entre elles une image, une unité. Mais, par la suite, j'ai vu, je les ai ensuite toutes vues. Chacune en particulier, et toutes ensemble, et aussi la nature en elles, et la force de l'âme humaine qui avait donné force à cette nature. Tout cela je le vis au point d'en perdre, en face de ces tableaux, le sentiment de moi-même, et de le recouvrer plus puissant, et de le perdre

1. J. M.W. Turner, *Regulus*, 1837, huile sur toile, 91×124 cm, Tate Gallery, Londres. Le commentaire de Sir John Gilbert est extrait de L. Cust, « The Portraits of J. M.W. Turner », *The Magazine of Art*, 1895, p. 248-49. On se reportera, concernant *Regulus*, au livre récent de Pierre Wat : *Turner, menteur magnifique*, Paris, Hazan, 2010.

2. « PS : L'homme s'appelle Vincent van Gogh. D'après les dates du catalogue qui ne sont pas anciennes, il devrait vivre encore. Il y a en moi quelque chose qui me force à croire qu'il serait de ma génération, un peu plus âgé que moi. Je ne sais si je me trouverai une autre fois devant ces tableaux mais j'en achèterai probablement un que je n'emporterai pas : je le confirai à la garde du marchand. » Hugo von Hofmannsthal, *Lettre de Lord Chandos et autres essais*, Paris, Gallimard, 1980, p 198-99.

> à nouveau [...] mais comment mettre en mot quelque chose d'aussi insaisissable, d'aussi soudain, d'aussi fort, d'aussi inanalysable ! [1]

Cette défaite intentionnelle, cette violence de l'intuition qui ne va trouver aucun mot pour se dire, sont évidemment ce qui unit le plus l'œuvre de Kurosawa et l'œuvre de Van Gogh. « Ce qui aveugle » est, sous les formes que j'ai observées, l'acmé de cette donne intuitive en excès. Il faut être aveugle à toute présupposition intentionnelle, à l'image acquise, disponible dans son cadre, pour qu'une voyance s'exerce. Le cinéma de Kurosawa est taraudé par ce besoin et cette ambition de filmer la mort, le soleil, phénomènes en excès et qui aveuglent. Pour désigner l'homme qui hante *Dodes'kaden*, l'homme qui habite la maison de tôle marquée de l'arbre mort, Serge Daney dit : « l'homme au regard mort », il ajoute : « fantôme serait plus juste » [2]. Rien ne nous dit que cet homme est aveugle, physiquement aveugle. En revanche, il est certain qu'il a cessé de voir selon ce que Husserl appelle l'attitude naturelle, qu'il a cessé de voir selon la loi du paradigme intentionnel, sous l'égide du visible acquis. Aveugle en ce sens, il l'est assurément. Aveugle au visible acquis et disponible pour avoir vu quelque chose – disons un phénomène se transformant en supplice – qu'il ne pouvait supporter du regard, aveuglé pour avoir vu ce qu'il ne devait pas voir. La mort, le soleil, le sacré, la trahison, l'horreur, l'amour, le désamour, que sais-je, tout cela, à un certain degré d'intensité, aveugle celui à qui il a été donné de le voir. Cet homme dans *Dodes'kaden* voit le *ne-ens*, le néant. C'est au sens le plus rigoureusement phénoménologique le regard même de la mélancolie, un regard aveugle aux étants ordinaires du monde, ici pour avoir été aveuglé par excès de lumière. « Ce qui aveugle » a son point d'origine, ce que Husserl justement désigne par *Urimpression*, son creux dans le premier souvenir qu'évoque Kurosawa dans son autobiographie. Ce sont les premiers mots de son livre :

> J'étais dans un baquet, nu. L'endroit où je me trouvais était faiblement éclairé. Plongé dans l'eau chaude, je me balançais en me tenant au rebord et le baquet oscillait sur sa base entre deux planches inclinées –

1. Hugo von Hofmannsthal, *Lettre de Lord Chandos*, *op. cit.*, p. 196.
2. Serge Daney, « Un ours en plus (*Dersou Ouzala*) », *Cahiers du cinéma*, n° 274, mars 1977.

> l'eau faisant, dans le balancement, de petits bruits d'éclaboussures. Tout cela devait me sembler fort intéressant, car je balançais le baquet de toutes mes forces quand soudain, il se renversa. J'ai gardé, très présent, le souvenir de l'étrange sentiment de choc et d'incertitude que j'ai éprouvé à ce moment-là, de la sensation humide et glissante de l'espace entre les planches contre ma peau nue, et aussi d'avoir regardé au-dessus de moi quelque chose qui brillait, et dont l'éclat me faisait mal[1].

Dans *Ran*, un plan fixe le soleil plein écran, les bords de l'astre sont tangents au cadre. Et puisque ce qui aveugle doit être différé, Kurosawa monte dans un raccord saisissant un plan dominé par la figure d'Hidetora, assis à côté de sa bannière marquée du soleil[2]. Hidetora dont le blason est le soleil, le soleil qui aveugle, s'entendra dire, quand abandonné de tous il trouve refuge chez Tsurumaru, le frère de Dame Sue : « Je me souviens de l'homme qui a épargné ma vie en me crevant les yeux. » Kurosawa, dans *Ran*, trouve une métaphore pour répondre au soleil qui aveugle : la cruauté d'Hidetora. Il fait apparaître une image du Bouddha, vibrant de lumière d'or telle une icône, dans le petit temple-autel de Dame Sue. Quand le roi vient la voir, il ouvre la porte de cet autel, et littéralement se cogne contre l'image du Bouddha qui s'éclaire, apparaît, surgit, et fait face une seconde à cet homme dont le *kamon* est le soleil et qui crève les yeux des enfants[3]. Ensuite, Hidetora retrouve Dame Sue, la sœur du jeune aveugle, elle est de dos et le plan fait penser irrésistiblement à certains plans de John Ford, plus encore que les scènes de bataille. La fin de *Ran* saisit par son lyrisme et sa retenue ; il s'agit de la description d'une terre malade, mais malade de la folie des hommes, dans ces derniers plans tout est immense et sublime, mais il s'agit de ruines. On met un instant à comprendre que

1. Akira Kurosawa, *Comme une autobiographie*, *op. cit.*, p. 23.

2. Serge Silberman, le producteur de *Ran*, souligne le caractère pragmatique de l'héraldique et des couleurs dans le film : « Nous avons veillé à ce qu'il n'y ait pas de confusion dans les batailles comme dans *Kaghemusha*. C'est pourquoi, avant le tournage, j'ai parlé avec lui [Kurosawa] pour que les armées soient de couleurs différentes. » Entretien avec Michel Ciment, *Positif*, n° 296, octobre 1985. Par ailleurs, le film de Chris Marker, *A.K.*, montre comment les réflecteurs, dont usait fréquemment Kurosawa, sont striés de couleurs, afin que la lumière témoigne d'une tonalité affective particulière.

3. Le *kamon*, ou *mon*, est le terme générique utilisé pour faire référence à l'ensemble des symboles héraldiques japonais.

ce que l'on voit n'est pas ce que l'on voit : l'immensité de ce paysage, cette crête en contre-jour, doit son dessin à la forteresse dévastée. Le jeune prince marche pareil à un funambule sur un escarpement de ruines. Sa silhouette est un *wayang golek* ; sa canne accentue cet effet[1]. Le paysage sublime de la vallée se déploie pour ce jeune homme aveugle au bord du gouffre. Nous ressentons alors physiquement la nuit qui le condamne. Kurosawa nous fait éprouver dans l'image quelque chose d'équivalent à l'obscurité qui succédait au mot « Fin » dans *Vivre dans la peur*.

Dans *Kagemusha*, Kurosawa prend soin d'inscrire les dates. L'ultime est celle de la dernière bataille, avril 1575[2]. Dans *Kagemusha* et dans *Ran*, la question du mal, de la tuerie, de la mort, de l'horreur du champ de bataille relaie une description de la maladie de la terre. De longs travellings balaient, à l'instar d'un regard qui ne se détourne pas, le champ d'une bataille qui libère, parce que sa forme en est historique et différée, les images que Kurosawa décrivait dans un chapitre essentiel de son autobiographie, « Une horrifiante excursion » :

> Mon frère ignora mes hésitations et me traîna avec lui. Toute une journée, il me guida dans le vaste territoire que le feu avait ravagé, et tandis que je tremblais de terreur, il me montrait d'innombrables rangées de cadavres. Au début, nous apercevions un corps carbonisé de temps à autre, mais plus nous approchions de la ville basse, plus leur nombre grandissait. À perte de vue, le paysage brûlé avait pris une teinte d'un rouge brunâtre. Tout ce qui était en bois avait été réduit en cendres par la conflagration, et ces cendres dérivaient et se dispersaient dans le vent, ici et là. On aurait dit un *désert rouge* [c'est

1. C'est au centre et à l'Ouest de l'île de Java que l'on rencontre le *wayang golek*. Le *wayang golek* est un théâtre en trois dimensions, un théâtre de poupées. Celles-ci ont la particularité d'être en ronde-bosse en bois, tête et bras amovibles, parées de riches étoffes. Elles sont disposées sur une table de bois percée de trous qui permettent au *Dalang* – homme orchestre du spectacle, manipulateur des poupées, conteur, chanteur et musicien – de les manipuler.

2. Au XVIe siècle, le Japon est en proie à des guerres incessantes entre les clans. Le clan Takeda fait partie des plus puissants. Son chef charismatique, Shingen Takeda, rêve de prendre Kyoto. Il a recours à un repris de justice condamné à mort pour être son double.

> moi qui souligne]. Dans cette étendue d'un rouge à en avoir la nausée, gisaient toutes les sortes de cadavres imaginables [1].

Kagemusha est un film dominé par la couleur rouge, couleur qui donne à l'observation de la mort, du chaos et de l'horreur, un caractère uniforme qui permet de la filmer. La peinture d'histoire, moins par le décalage chronologique (une date très en amont du traumatisme nucléaire) que par une sorte de référence interne à la peinture, est le fil rouge qui permet à Kurosawa de filmer l'infilmable. Le *kagemusha*, nous sommes à la pliure du film, rêve, et son cauchemar envahit l'écran. La puissance onirique et picturale des images déborde du cadre, et aspire à un hors-champ. Le *kagemusha* piétine dans un paysage de montagne inondé par la couleur rouge. Le ralenti s'accorde ici à la fois à l'espace du rêve et à l'anticipation de la mort. Le *kagemusha* a dans le rêve les gestes et les postures qu'il aura dans la toute dernière scène du film. Évidemment prémonitoire, le rêve s'interrompt lorsque l'homme avance dans une eau coupée par le cadre. Par un raccord brusque, nous le découvrons hagard, hébété, fiévreux et épouvanté à la seconde de son réveil. Le paravent auquel il s'adosse est orné de vagues dont l'écume blanche est l'évident rappel de la flaque du rêve.

Le rouge est la couleur de l'inmontrable, et en même temps celle qui l'absorbe ; il en est la condition de possibilité :

> J'appuyais si fort sur le pinceau qu'il se cassa en deux, alors j'enduisis de salive le bout de mes doigts, pour étaler les couleurs, me servant même de mes mains pour faire des dégradés et des nuances. Quand nous eûmes terminé, M. Tachikawa prit les travaux de chaque élève et les afficha sur le tableau. Il demanda à la classe d'exprimer son avis en toute liberté, et quand ce fut le tour du mien, la seule réaction de la classe fut un rire gras. M. Tachikawa tourna vers cette multitude en joie un regard sévère, et il se mit à couvrir mon dessin de louanges démesurées. Je ne me souviens pas exactement de ce qu'il dit, mais je crois me rappeler qu'il fit remarquer plus spécialement les endroits où je m'étais servi de mes doigts humectés de salive pour mettre la couleur. Puis il prit mon dessin et il le marqua, à l'encre rouge écarlate,

1. Akira Kurosawa, *Comme une autobiographie*, *op. cit.*, p. 97.

> de trois gros cercles concentriques – la note la plus élevée. Cela je m'en souviens parfaitement[1].

C'est par les trois cercles concentriques tracés à l'encre rouge que Kurosawa gagne cette confiance qui lui permettra de s'imaginer être peintre puis cinéaste.

Mais il n'y a pas de citation de la peinture dans le cinéma de Kurosawa (j'entends cette sorte de calque qu'il y a chez Greenaway, par exemple). La peinture ou le dessin sera cloué, accroché, collé à même le décor selon une fonction toujours dramatique. Dans *Dodes'kaden*, les dessins coloriés, les dessins de tramway, sont disposés contre le mur, dans le temple-maison, baraque où la mère de Rokkuchan, le protagoniste, vend les *tempuras*. Mais ces dessins ne sont pas seulement collés au mur, ils sont aussi collés contre les vitres et deviennent, puisque la lumière traverse ces vitres, les éléments d'un vitrail composite, un vitrail en hommage au tramway. La lumière vient de derrière l'image et lui confère une dimension sacrée, selon la logique qui rendait visible et angoissante la radiographie au début de *Vivre*.

Oui, plutôt que de citations de la peinture, ce qui compte dans ce cinéma, c'est cette évidence qu'en filmant, Kurosawa a des gestes et des intuitions de peintre.

Barberousse, qui est le lieu d'un conflit entre les événements – les phénomènes qui hantent et obsèdent Kurosawa – et le cadre, témoigne de telles intuitions. Ainsi l'acmé du film est la scène du puits dans lequel les femmes crient le nom de Chobo, le petit garçon qui s'est empoisonné et qui lutte contre la mort. Cette scène est l'instant prégnant du récit, le moment où le film se désengorge, où enfin il va pouvoir respirer. Ensuite le cadre va redevenir normal, de déréglé et hanté qu'il était par la puissance des phénomènes incadrables. Cette scène du puits en appelle au principe du miroir noir, c'est-à-dire à l'expérience d'une vision qui amplifie le cadre en lui conférant ici, également, une dimension d'*archè*, qui influence la constitution et l'interprétation de l'objet. Il est absolument certain qu'à la manière d'un peintre, Kurosawa réinvente en filmant ce que fut le miroir noir pour la peinture, probablement sans savoir la généalogie complexe ou

1. Akira Kurosawa, *Comme une autobiographie*, *op. cit.*, p. 38.

peut-être même l'existence d'un tel objet[1]. Et l'intuition de peintre dans le cinéma est redoublée, puisque ce plan se conlut par un effet de tondo à l'intérieur de l'écran. Tondo d'autant plus avoué que les visages des femmes, en se reflétant dans le puits, ourlent la forme ronde d'une guirlande. Cette scène a donc produit, par une plongée, un trou dans le cadre. Puis par rebond et par l'effet du miroir noir, cette trouée en contre-plongée est devenue solide à l'égal d'un tondo accroché un instant dans l'écran. La peinture collabore une nouvelle fois dans le cinéma de Kurosawa, en proposant des solutions implicites et évidemment non concertées, non théoriques, ici quasiment subliminales, pour dépasser un conflit qui est un conflit formel.

Tarkovski nous aide à mieux le comprendre, en en soulignant la portée métaphysique.

> Quelques plans de la scène de l'imprimerie sont filmés en accéléré. Mais cette fois on s'en aperçoit à peine. Notre souci était d'agir avec délicatesse pour que le spectateur ne s'en rende pas compte tout de suite, et qu'il ressente d'abord une sorte d'étrangeté. Nous n'avions pas ici l'intention de souligner une quelconque idée, mais d'exprimer un état d'âme sans avoir recours au jeu de l'acteur. Je pense, à cet égard, à une scène du *Château de l'araignée*, adapté du *Macbeth* de Shakespeare. Comment Kurosawa résout-il la scène où Macbeth s'égare dans le brouillard ? Un réalisateur de moindre qualité aurait dit à ses acteurs de se démener à la recherche de leur chemin, ou de se cogner contre les arbres. Que fait Kurosawa ? Il trouve pour cette scène un lieu avec un arbre caractéristique dont on se souvient. Les cavaliers

1. On trouve d'ailleurs, dans la généalogie du miroir noir, une dimension qui confirme cette puissance souterraine et qui s'accorde au commentaire de ce plan. Je cite la description qu'en fait Carl Havelange : « En 1842, la collection des curiosités formée à Strawberry Hill par Horace Walpole fut dispersée au vent des enchères. Parmi les objets qui y figuraient, se trouvait le célèbre miroir noir du Dr John Dee, médecin, chirurgien et astrologue de la reine Élisabeth d'Angleterre. C'était un morceau de charbon de terre du plus beau noir, parfaitement poli et taillé en ovale, avec un manche d'ivoire brun. Il avait figuré jadis dans la collection des comtes de Peterborough avec la mention : "Pierre noire au moyen de laquelle le Dr Dee évoquait les esprits." [...] Elias Ashmole, l'auteur du bizarre et effrayant *Theatrum Chemcu*, parle du miroir noir en ces termes : "À l'aide de cette pierre magique, on peut voir toutes les personnes que l'on veut, dans quelque partie du monde qu'elles puissent être, et fussent-elles cachées au fond des appartements les plus reculés, ou même dans les cavernes qui sont dans les entrailles de la Terre." Il faut admettre que les derniers propriétaires, effrayés d'un tel pouvoir, ont reculé devant l'expérience... » Carl Havelange, *De l'œil et du monde. Une histoire du regard au seuil de la modernité*, Paris, Fayard, 1998, p. 18.

> en font trois fois le tour pour que nous comprenions, en revoyant cet arbre, qu'ils passent par le même endroit et qu'ils se sont perdus. Pourtant, les cavaliers continuent à ignorer eux-mêmes qu'ils se sont depuis longtemps trompés de chemin. Avec sa résolution du problème de l'espace, Kurosawa touche ici au plus haut niveau de la pensée poétique, sans aucun maniérisme. En effet, quoi de plus simple que d'installer une caméra et de suivre trois fois le chemin des personnages à la ronde ? En un mot l'image n'est pas une quelconque idée exprimée par le réalisateur, mais tout un monde miroité dans une goutte d'eau, une simple goutte [1].

Tarkovski se souviendra dans son cinéma des plans du *Château de l'araignée*, ceux des tumuli qui encombrent la forêt après que Washizu et Miki aient entendu la prophétie de la fileuse. Quelque chose s'instille dans *Stalker* (1979) de ces plans, quelque chose qui est le contraire d'une citation. Il est dit dans *Le Château de l'Araignée* : « hommes d'hier, hommes d'aujourd'hui », dans la mise en garde qui ponctue la tragédie. La manière dont sont édifiés ces tumuli – tibias et crânes amoncelés, et crânes encore coiffés de leurs casques – fait naître une sensation qui est celle de l'atemporalité de la mort. Nous ne sommes pas plus dans une pièce de Shakespeare que dans le Japon du Moyen Âge ou dans celui de la guerre du Pacifique, c'est tout cela en même temps. La guerre et la mort sont hors du temps. Cela tient à cette part inexplicable que je ne retrouve, ce n'est pas un hasard, que dans *Stalker* de Tarkovski. Dans la scène du *Château de l'araignée* que décrit Tarkovski, un élément de mise en scène s'ajoute à son commentaire : l'ambiguïté volontaire et manifeste d'un geste de Washizu. Washizu et Miki viennent de comprendre qu'ils tournent en rond. Ils chevauchent sous la pluie et dans l'orage. La lumière éclate entre les branches. Au début de la chevauchée, on peut avoir la sensation qu'il s'agit d'un soleil aveuglant dans la pluie – la lumière du soleil est aussi violente que la pluie est diluvienne – puis, une autre lumière vient pendant la chevauchée s'ajouter ou se superposer à celle-ci. Il s'agit alors de la lumière de la foudre, de la lumière de l'éclair, qui fuse entre les branches. Washizu dit : « Étrange lumière, je n'ai jamais rien vu de pareil. » Il bande son arc et tire une flèche contre cette lumière, ou à

1. Andreï Tarkovski, *Le temps scellé*, *op. cit.*, p. 129-30.

égalité d'arme, tire une flèche contre la foudre[1]. Mais peut-être tire-t-il tout simplement sur la branche de cet arbre afin de la marquer d'un signe de reconnaissance, d'un signe de piste. Je crois peu à cette interprétation ; le plan suivant montre en contre-plongée les branches de l'arbre en contre-lumière (bien davantage qu'un contre-jour), et dessine l'arbre tel un fragment d'idéogramme monstrueux. Le spectateur a le temps de chercher la flèche plantée dans une branche, il ne la trouvera pas. Ensuite Washizu en appelle au dieu de la guerre, Hachiman, et la chevauchée reprend.

1. Le cinéma de Kurosawa en appelle en permanence au cinéma, il est impossible alors de ne pas penser au plan qui conclut le premier volet du diptyque de Fritz Lang. Je renvoie au commentaire qu'en fait Jacques Aumont : « À la fin d'un film que Godard connaît bien, *Le Tigre d'Eschnapur* (Fritz Lang, 1958), les héros poursuivis dans un désert de sable, s'effondrent, à bout de forces ; ne supportant plus la chape de feu du soleil, l'homme décharge sur lui son revolver, dans un geste "halluciné", qui "témoigne d'un sens du cosmique" ». Jacques Aumont, *Matière d'image Redux*, Paris, La Différence, 2009, p. 339. En fait, l'architecte tire deux coups de feu contre le soleil. Il ne reste que deux balles dans le barillet, les balles qui auraient permis d'échapper à une mort horrible par insolation, brûlure et aveuglement.

deuxième partie
une saturation de signes magnifiques

chapitre premier
la question du sublime revisitée par Michelangelo Antonioni
un écran aveuglé

Antonioni attend, à Nice, son visa pour rejoindre à Paris Marcel Carné, dont il doit être l'assistant. Il se souvient de ces jours vides, trappes d'ennui au creux de la guerre (« des journées d'impatience et de désœuvrement ») dans « Il "fatto" e l'immagine », un article écrit pour *La Stampa* le 6 juin 1963, qui est à la fois un ressouvenir et une profession de foi esthétique, où s'opposent et se contredisent un événement – une noyade – et l'atmosphère qui nimbe et irrigue une image. L'instant prégnant est alors aux marges du récit :

> Le ciel blanc, la mer vide et froide. Les hôtels pour la plupart fermés, blancs. Sur une des chaises blanches de la promenade des Anglais, à Nice, est assis un maître nageur, un Noir avec un maillot de corps blanc [...]. Supposons qu'il faille écrire un scénario de film sur la base de cet événement, de cet état d'âme. D'abord j'essaierais d'ôter à la scène "l'événement", de n'y laisser que l'image décrite dans les quatre premières lignes. Il y a pour moi une force extraordinaire dans ce

> blanc, dans cette silhouette solitaire, dans ce silence. L'événement, là, n'ajoute rien, il est en plus. Je me rappelle très bien qu'il m'a distrait quand il est arrivé. Le mort remplissait une fonction de diversion dans un état de tension.
> Mais le vide véritable, le malaise, l'angoisse, la nausée, le suspens de tous les sentiments et de tous les désirs, la peur, la rage, je les éprouvais quand, sorti du Negresco je me trouvais au cœur de ce blanc, dans ce néant qui prenait forme autour d'un point noir.

L'image déporte et recentre le récit-prétexte : une noyade, deux enfants dans la foule qui observent. Le malaise ne tient pas seulement à l'image mais à un « tout indécomposable » qui s'étend en une durée qui la pénètre, en détermine l'essence véritable, l'image en est le précipité. Elle ne peut se résumer à une description ni à une tonalité affective, ce malaise ou cette anxiété, qui la domine. Le récit pour Antonioni se déplace, vacille, hésite ; la métamorphose de l'image (puis la métamorphose dans l'image) sera le gage de cette modification sinon son origine.

Son recueil *Rien que des mensonges* (*Quel bowling sul Tevere*)[1] est troué de telles images, puisqu'il s'agit de notations, d'apparitions ou de clichés pour d'éventuels films (ce qui est un pléonasme : si Antonioni rêve, observe ou note, il le fait pour le cinéma).

> Un paysage de plaine à l'embouchure du Pô. Un village aux maisons basses et colorées. Au bout de la rue le trottoir continu. Plus de maisons sur le côté, seul le trottoir solitaire qui continue vers la digue. Le soir le long du trottoir, il y a toujours un petit camion vide comme si le propriétaire était là, à cet endroit où il n'y a aucune maison.

Il y a effectivement, contenu dans l'image, le récit d'une énigme et l'on pense à un tableau de De Chirico ou de Sironi pour son dessin exact. De cette énigme pourrait surgir une intrigue policière propre à Simenon, métaphysique à la façon de Borges, amoureuse comme chez Pavese. Peu importe, le récit tient à l'image et dans la tonalité affective qui l'irrigue. Ce récit est second plus encore que secondaire. Antonioni l'anticipe, le subsume et l'on pourrait trouver des catégories d'images,

1. Michelangelo Antonioni, *Rien que des mensonges*, Paris, Jean-Claude Lattès, 1985, p. 89 ; rééd., *Ce bowling sur le Tibre*, Paris, Images Modernes, 2004.

toutes différentes sans être hétérogènes et tenant entre elles par le ciment d'une énigme. L'image s'impose parce qu'en elle une telle dimension de mystère est présente et indiscutable.

> Sur la rive, au-dessus du fleuve, il y a une bande d'un vert agressif qui domine le paysage. Dans ce vert, on voit surgir une maison rouge, et, plus haut, au-dessus du toit de cette maison, on en voit une autre plus petite, couleur brique. À gauche il y a un toit à moitié caché par des arbres et une façade jaune. Cette maison donne l'étrange impression de ne reposer sur rien. Je suis sûr qu'il y a une histoire dans cette masse de volume [1].

L'image enferme le récit. Elle s'impose, suivie par une histoire improbable, inédite, mystérieuse; cette histoire est l'invisible de l'image qui paradoxalement la rend visible. Le récit, ce que sera l'argument du film, respire, étouffe, murmure ou crie en silence dans l'image; il en dépend, mais trouve ensuite sa liberté et son développement en quittant cette image, en s'éloignant d'elle pour en vouloir d'autres, les images du film.

> À Rome, le quatrième jour de grève des balayeurs. Rome pleine d'immondices, des tas de saletés coloriées au coin des rues, une orgie d'images abstraites, une violence figurative jamais vue. Et par contre, la réunion des balayeurs dans les ruines du Circus Maximus, un millier d'hommes vêtus de chemises bleues; muets, ordonnés, attendant on ne sait quoi. Une histoire peut naître aussi de cette façon : en observant un milieu, qui ensuite ne sera qu'un accompagnement [2].

Un tel tableau est le plus opposé, le plus contrasté : le maître nageur noir dans le blanc aveuglant de Nice. Et il y a dans ces images cette sensation que quelque chose est prêt à en surgir, qu'un récit s'est insinué et grossit dans l'image comme une tumeur. Une tumeur prête à la sidération, disposée à se métastaser en un récit où d'autres images seront chargées de cette impression première. Oui, le film va naître d'un tableau qu'Antonioni est seul à voir, un tableau qui ne préexiste

1. *Ibid.*, p. 127.
2. Michelangelo Antonioni, préface à *Sei Film*, Turin, Einaudi, 1964.

pas (pas forcément) et que le cinéaste peint mentalement, tributaire d'aucun genre particulier, ni style assignable.

Antonioni se souvient que le sujet de *Il Grido* (*Le Cri – La Femme de sa vie*[1]) en 1957, lui était venu à l'esprit en regardant un mur. Un mur, c'est-à-dire à la fois la métaphore de ce que sera le film, mais aussi un tableau nu, une surface abstraite, aride, désolée, le support de dessins improbables, ébauches d'une construction impossible. Une image aveugle pour une histoire en boucle. On retrouve en regardant le film non pas ce mur, mais la sensation permanente d'être en face d'un mur et Aldo s'engage dans des impasses successives qui sont chaque fois la même sans donner pour autant la sensation d'un labyrinthe. Un paysage où les plans inexorablement s'effacent les uns les autres. Antonioni le notera à propos de *L'Avventura* (1960) : « le paysage est plus mystérieux parce que justement il s'agit d'un mystère [...] ; disons que c'est un peu le paysage des sentiments.[2] » Dans *Il Grido*, celui de l'inéluctable.

L'image qui préside au récit est donc l'aimant d'une tonalité affective, mais aussi une image qui déborde, ou au contraire reste inachevée, en amont ou en aval d'elle-même. Elle est alors tributaire d'une imprécision, d'une indéfinition, du flou (ce maître nageur apparaissant dans le blanc qui excède le cadre) ou d'un excès de netteté (la maison qui ne repose sur rien). Ces images ont en commun d'être au bord d'elles-mêmes, en proie à un vertige consenti et à un basculement probable. L'histoire qu'elles retiennent est la condition de leur apparaître, une frontière. Quand le film se déroule ensuite, on a la sensation que des images, déclinées de la première, surgissent et s'imposent en plans obnubilés qui glissent dans une abstraction fascinée. Le plan s'échoue alors avec lenteur ou stridence dans cette abstraction exactement comme si des mots et même des phrases venaient à manquer au récit. Comme dans la *Lettre de Lord Chandos*, les mots

1. Nous garderons le titre *Il Grido*, plutôt que le titre français qui ne s'est pas imposé – parti que nous adopterons chaque fois que le titre original est passé dans l'usage, par exemple pour *La Notte*, alors que *L'Éclipse* s'est spontanément substitué au titre italien *L'Eclisse*.

2. Michelangelo Antonioni, entretien avec Aldo Tassone in *Parla il cinema italiano*, Milan, Il Formichiere Editore, 1979.

s'épuisent, se tarissent, s'anéantissent pour cesser d'être des marches ou des appuis, et s'inversent en devenant des trous, des vertiges, des absences. Blanchot, dans *L'Espace littéraire*, fait allusion, précisément à propos du récit de Hofmannsthal, à une telle métamorphose des mots « qui cessent d'être des signes pour devenir des regards, une lumière vide attirante et fascinante, non plus des mots mais l'être des mots » [1].

Il faut dans la fondation du récit ou du contre-récit antonionien insister sur ce privilège d'une esthétique, et son pouvoir sur la narration. Elle participe d'une hésitation calculée entre une mélancolie coprésente aux paysages et aux situations qu'elle traverse et, au contraire, une fascination qui déporte, fait dériver puis emporte l'image.

L'écart entre les deux pôles est d'autant plus grand, d'autant plus saisissant le chiasme qui s'y opère, que la première dimension – la mélancolie – œuvre par rapport à la visée intentionnelle, or l'architecture – l'espace perspectiviste confirmé dans son dépouillement – est alors le comble de cette mélancolie ; tandis que la seconde dimension est celle d'une proximité haptique. Une proximité où s'insinue une intimité avec l'objet qui vient de perdre son prédicat, objet fascinant parce qu'il cesse d'être nommé. Cette proximité lutte esthétiquement contre la mélancolie et conspire contre elle ; on peut la percevoir comme le point d'anéantissement de toute visée, cet instant où vient s'écraser dans l'innommé l'intention qui cherche dans le visible à quoi s'arrimer, des prises, des certitudes, une définition. La mélancolie déjà était mouvement où la visée intentionnelle échouait, passait sur l'objet sans le voir ; ces instants de fascination sont ceux où l'étant explose dans un regard qui l'atteint, mais sans le viser. Il en naît une tentation d'anéantissement, de perte, de noyade ou d'enlisement, de dissolution dans ce fragment devenu totalité.

Une telle dimension conjugue la sensation d'agrandissement et le sublime, pour déplacer le concept de sublime et le saisir dans un vertige mélancolique. Antonioni invente un sublime qui lui est propre, un sublime de l'ordinaire ou plutôt un sublime où ce qui est en deçà de l'ordinaire, ce qui est déchu, déshérité, en déroute ou en faillite prend

1. Maurice Blanchot, *L'Espace littéraire*, Paris, Gallimard, 1973, p. 244.

le relief (c'est-à-dire la noblesse) de l'extraordinaire, du formidable, littéralement de ce qui effraie dans le visible.

Dans le déroulement du film, ces instants qui sont des trous, des chausse-trappes et des pièges comptent davantage que le récit :

> Ce qu'on appelle ordinairement la ligne dramatique ne m'intéresse pas [...]. Aujourd'hui les histoires sont ce qu'elles sont, au besoin sans début ni fin, sans scène-clef, sans courbe dramatique, sans catharsis. Elles peuvent être faites de lambeaux, de fragments, déséquilibrés, comme la vie que nous vivons [1].

De film en film, la progression, l'amplification et la modification de cette esthétique travaillent, creusent, distendent ou ponctuent avec violence le temps diégètique.

Il Grido est de façon exemplaire un film où la mélancolie est tributaire de la visée intentionnelle et où le sublime axé sur cette mélancolie suit le dessin du paysage ; *L'Eclisse* (*L'Éclipse*, 1962), un film de transition où l'on voit s'affronter les deux dimensions évoquées, alors qu'en 1964, dans *Il Deserto rosso* (*Le Désert rouge*) triomphe ce sublime ordinaire.

La description du sublime de la *Critique de la faculté de juger* traditionnellement citée – « le surplomb audacieux de rochers menaçants, des nuées orageuses s'amoncelant dans le ciel, et s'avançant parcourues d'éclairs et de fracas, des volcans dans toute leur violence destructrice, des ouragans semant la désolation, l'océan sans limites soulevé en tempête, la chute vertigineuse d'un fleuve puissant » – dissimule ce que le sublime kantien peut avoir de mélancolique dans les représentations qu'il s'offre de lui-même. Et le mot sublime devient infiniment moins surprenant appliqué à l'esthétique d'Antonioni si on la confronte à d'autres fragments moins attendus.

Par exemple :

> Le sublime en revanche se rencontre aussi bien dans un objet informe pour autant qu'y soit représentée cette absence de délimitation, ou que

1. Michelangelo Antonioni, *Positif*, n° 292, juin 1985.

> l'objet permette de le faire, et que néanmoins on puisse de surcroît penser la totalité de l'objet[1].

Le Désert rouge (1964) est ce film où le fragment, le lambeau, l'informe affirment paradoxalement leur autorité sur le cadre.

Et la décharge où s'effondre le regard que la caméra semble ne plus vouloir porter, la coque du navire qui envahit le cadre – la fenêtre de la cabane –, la rouille sur la coque d'un autre cargo, cette fois en plan fixe, prouvent que le fragment et l'énorme ne sont pas inconciliables.

Dans la *Critique de la faculté de juger*, si la nature suscite l'idée du sublime, c'est le plus souvent à la vue de son chaos ou de son désordre et de sa désolation la plus sauvage, là où ne règnent que grandeur et puissance. Antonioni invente des *topoï* propres à ce sublime où le cadre est au contraire mis en péril par l'étendue et l'immobile : la périphérie, dans *Il Grido*, *L'Éclipse*, *Le Désert rouge*, le désert dans *Zabriskie Point* (1970) et *The Passenger* (*Profession : reporter*, 1974).

Scénario non réalisé, *Tecnicamente dolce (Techniquement douce*, 1973), en situant l'action dans la jungle amazonienne, aurait conjugué les deux dimensions, l'informe de l'infiniment proche et la sensation infinie du chaos. La forêt amazonienne aurait été le lieu le plus ambitieux pour un sublime antonionien, labyrinthe où l'infini bute à chaque plan sur un détail qui recèle le désordre, le chaos et le danger. Le comble de la fascination en tant que cet au-delà même de la mélancolie, il faut l'imaginer dans *Techniquement douce*, dans le plan de la mort de T. :

> Lorsque après une ultime apparition, il disparaît pour de bon, pour T., c'est la fin, il tombe brutalement, le regard éteint, les ongles enfoncés dans la terre, ses yeux remplis de larmes, fixés sur une orchidée sauvage poussée juste là[2].

L'orchidée n'est pas seulement la métaphore de la jeune fille, elle est le point où s'aveugle T., le point où la fascination dans la mort

1. Emmanuel Kant, *Critique de la faculté de juger*, « Bibliothèque de La Pléiade », Paris, Gallimard, p. 182.

2. Michelangelo Antonioni, *Techniquement douce*, Paris, Albatros, 1977. Repris dans *Scénarios non réalisés. Michelangelo Antonioni*, édition établie par Alain Bonfand, Paris, Images Modernes, 2004.

touche à l'aveuglement. L'immensité et le fragment construisent alors l'étau de la vision. Dans *Techniquement douce*, Antonioni aurait ajouté la violence qu'il revendique au fil des entretiens et qui jaillit parfois de certains plans quand Aldo frappe Irma dans *Il Grido* ; dans la métaphore et l'usage du langage cinématographique : la fin de *L'Éclipse*, l'avant-dernière scène de *Zabriskie Point* ; violence dans la citation du réel : la scène d'exécution insérée dans *Profession : reporter.*

La fascination est pour Antonioni une explosion, la seconde où la visée mélancolique se réduit à rien, s'écrase et s'anéantit ; opérant une fission et une dissolution de l'étant, parfois parce qu'elle le touche, mais surtout par la coalescence imprévisible de cette visée et du visible. La fascination est alors une plaie, une cicatrice qui se forme puis s'ouvre, une éraflure qui s'infecte, une zone excoriée : murs malades, coque rouillée du cargo, eau stagnante, déchets. Cette coalescence est écrite dans le regard, et l'use, l'abîme, l'irrite ; dans *Le Désert rouge*, Giuliana dira : « J'ai l'impression d'avoir les yeux mouillés, qu'est ce que je dois regarder ? » *Le Désert rouge* est d'ailleurs le film où Antonioni explore systématiquement une telle nécessité. Dans le générique, les mots sont nets et l'image floue. Cela signifie-t-il que l'on ne peut ni ne doit voir les deux en même temps, déchiffrer les mots, voir le paysage qui défile au rythme des noms de ceux qui ont fait le film ?

Giuliana, frileuse dans son manteau vert, mendie et achète son sandwich à un ouvrier, son regard ensuite glisse vers une décharge, un débarras organique de tubulures, déchets industriels, trames ou tresses informes de fer et d'autres matériaux, comme si, là, un avion s'était écrasé. Dans ces décombres, les tôles, les tubes et d'autres épaves fument encore. Antonioni filme cette décharge, la voit avec les yeux de Giuliana, à l'égal d'une paroi de volcan où, des laves et de la croûte, quelques fumerolles s'échapperaient. On pense à la façon dont Rossellini avait filmé le volcan dans *Stromboli* (1949), et aussi le Vésuve dans *Voyage en Italie* (1953), mais il s'agit là d'une nouvelle terre ou plutôt de l'enveloppe malade qui couvre, comme une lave coule et se pétrifie, la terre des hommes. Antonioni a filmé cette décharge en lui conférant la puissance tellurique d'un volcan, tout en donnant à cette peau couverte de scories et de bubons suintants une dimension qui hésite entre une catastrophe qui vient d'avoir lieu (l'avion qui se serait écrasé) et l'imminence d'un désastre plus grand (la fin du monde). Dans le film cette émergence de l'informe suppose la terre malade, parce qu'elle est vue avec les yeux de Giuliana, ceux de l'angoisse. On a la sensation qu'alors seulement le film commence, mais il ne cessera de commencer, trouvant en chaque image une instance dilatoire, une entrave retardant tout récit. Nous entrons dans l'usine ; sur un mur, une commande à un artiste, sur tout un mur immense, une tache noire semblable à un oiseau informe, perdant sa forme sans trouver pourtant un véritable dénouement abstrait, se dégage d'une grande surface jaune. Avatar lointain d'un oiseau peint par Braque, il est tel l'archétype, l'écho et la formule, dans le plan, de la phrase prononcée par le petit garçon à la fin du film, quand il est question des oiseaux qui s'écartent des fumées jaunes, nocives et dangereuses.

Dans l'usine, l'extérieur et l'intérieur sont indifférenciés (dans le reste du film, au contraire, l'extérieur et l'intérieur luttent) ; une immense baie vitrée ouvre sur deux gazomètres, sphères énigmatiques et menaçantes. Dans le bureau du directeur, une baie vitrée identique laisse se découper des pins, mais irréels, des arbres qui n'appartiennent plus à l'ancien paysage des hommes. Tout le reste est fait de tuyaux et de tubes, de lignes où le rouge et le bleu barrent le plan, produisant de saisissantes césures horizontales alors qu'Antonioni nous avait accoutumés à ce travail de séparation, mais souvent et systématiquement vertical. La visite s'achève quand, d'un coup, jaillit une fumée, une épaisse fumée blanche qui commence à envahir l'écran, qui étouffe et gaze jusqu'à l'asphyxie tout le plan, le concluant par ce que l'on pourrait appeler un fondu au blanc, moins théâtral et plus cruel, plus angoissant, plus énigmatique que n'importe quel fondu au noir. Cette fumée blanche est à cette nouvelle terre inhabitable ce qu'étaient le brouillard et la brume à l'ancien monde ; autoritaire, inexorable, elle déferle. En une seconde, elle a, à l'instar de l'angoisse, anéanti toutes les images.

À partir de cette surface neutralisée, subjectile enduit d'un poison invisible, Antonioni peut commencer son travail de peintre revendiqué, plus que dans un autre film, dans cet entretien avec Jean-Luc Godard par exemple :

> J.-L. G. — Le premier titre du film était *Celeste e Verde*.
> M. A. — Je l'ai abandonné car cela ne me semblait pas un titre assez viril; il était trop directement lié à la couleur. Je n'ai jamais pensé d'abord à la couleur en soi. Le film est né en couleur, mais j'ai d'abord pensé à la chose à dire, comme c'est naturel, et dont j'aidais l'expression à travers le fait couleur. Je n'ai jamais pensé, je vais mettre un bleu près d'un marron. J'ai teint l'herbe qui entoure la baraque au bord du marais pour renforcer le sens de désolation, de la mort. Il y avait une vérité du paysage à rendre : quand les arbres sont morts, ils ont cette couleur.
> J.-L. G. — Le drame n'est plus psychologique mais plastique…
> M. A.– C'est la même chose [1].

Des couleurs symptômes pour une tragédie de paysage qui est d'abord une tragédie intérieure. On se souvient de la phrase de David d'Angers à propos de Caspar David Friedrich : « Ce peintre a inventé la tragédie de paysage. » La peinture de paysage, cette « représentation de la vie de la terre » (*Erdlebenbildkunst*) dont parle Carus dans sa septième lettre, avait annexé implicitement, insidieusement et subversivement, et absorbé la peinture d'histoire (procédure dont *Le Naufrage* [2], autrement intitulé *La Mer de glace*, de Friedrich est la splendide métaphore) ; *mutatis mutandis*, le cinéma d'Antonioni dans *Le Désert rouge* absorbe le récit. Le paysage pensé par le cinéaste est le symptôme d'un état où la dimension « météorologique », qui, dans la peinture romantique, était subversion de la perspective classique, devient le moteur d'une fonction d'apparition et de disparition, cassant la linéarité du récit.

Le cinéma ici œuvre vers un agrandissement de l'espace, cherche une étendue démesurée, disproportionnée, illimitée, assez

1. Jean-Luc Godard, « *La Nuit, L'Éclipse, L'Aurore* », *Cahiers du cinéma*, n° 160, novembre 1964.

2. Caspar David Friedrich, *La Mer de glace* (*Le Naufrage*), 1824, huile sur toile, 96,7×126,9 cm, Kunsthalle, Hambourg.

comparable à la tentative de Friedrich dans *Le Moine au bord de la mer*[1]. Lorsque le spectateur est en face du tableau, « c'est comme si on lui avait coupé les paupières » dira Kleist[2], commentaire auquel fait écho la voix de Giuliana : « J'ai l'impression d'avoir les yeux mouillés, qu'est ce que je dois regarder ? » *Le Désert rouge* livre un espace abstrait : étendue désertée par les objets (dont Friedrich semblait vouloir peindre la disparition). L'effet de fascination est un des stades – celui de la déhiscence de l'objet – avant cette désertion, puis ce désert. Dans la scène conclusive, on observe bien ce passage du flou du fond à son agrandissement paradoxal, quand il devient paysage sans limites et dominé par le jaune empoisonné de la fumée, que répercute le jaune des bidons quand l'image constitue et impose un paysage désolé – désolation dont Deleuze a bien senti qu'elle était une maladie. Oui, on peut imaginer que les formes sont malades, que *Le Désert rouge* est l'inventaire, la table d'autopsie, l'espace contaminé d'un corps malade, le corps du monde. Dans le segment rescapé et insulaire, sain et indemne, utopique et mythique, enclave dans le film, la voix dira « tout le monde chante » ; dans le reste du film le monde ne chante pas, sa dysharmonie est avérée. Assurément les couleurs sont les symptômes de cette maladie et les lambeaux de visible, les fragments échoués, les formes sidérées, les diathèses de ce mal. Deleuze l'écrit :

> Si nous sommes malades d'Éros, disait Antonioni, c'est parce qu'Éros est lui-même malade ; et il est malade non pas parce qu'il est vieux et périmé dans son contenu, mais parce qu'il est pris dans la forme pure d'un temps qui se déchire, entre un passé déjà terminé et un futur sans issue. Pour Antonioni il n'y a de maladie que chronique, Chronos est la maladie même[3].

Et si le rouge est la couleur d'un désir malade, le jaune est celle de la contagion, pavillon jaune des épidémies, levée des couleurs pour

1. Caspar David Friedrich, *Le Moine au bord de la mer*, 1808-10, huile sur toile, 110×171,5 cm, Staatliche Schlösser und Gärten, Schloss Charlottenburg, Berlin.

2. Hugo von Kleist, « *Empfindungen vor Friedrichs Seelandschaft* », Berliner Abendblätter, 1810.

3. Gilles Deleuze, *L'Image-temps*, Paris, Éditions de Minuit, 1985, p. 36.

l'angoisse, fumée jaune que, à la fin du film, les oiseaux ont appris à contourner.

L'analogie avec la subversion opérée par la peinture romantique se poursuit à l'intérieur d'une conception singulière du paysage ; cette tragédie de paysage, présente dès le premier court métrage d'Antonioni, *Gente del Po* (*Gens du Pô*, 1943), va avancer en déclinant la notion d'agrandissement au-delà d'une fonction de production de la localité. Dans *Le Désert rouge* par exemple, l'intérieur lutte contre l'extérieur, hostile ; ils sont complémentaires, et se heurtent dans le film, tels le rouge et le vert, le proche et le lointain, le clos et l'ouvert. On retrouve alors cette subversion que le cinéma d'Antonioni fait peser sur la notion de sublime ; au paragraphe 25 de la *Critique de la faculté de juger*, Kant écrit que nous nommons sublime ce qui est absolument grand : « Dire simplement que quelque chose est grand est tout autre chose que de dire que cela est absolument grand. » Pour que les pans, les lambeaux, les bribes arrachées au visible conquièrent par l'agrandissement le privilège ontique de la fascination, il fallait peut-être qu'auparavant l'extérieur ait été absolument grand. La plaine du Pô est ce lieu par excellence, de *Gens du Pô* à *Il Grido*, de *Il Grido* au *Désert rouge*, c'est ce scénario de l'absolument grand qui se déroule.

Dans ce premier court métrage, l'absolument grand stigmatise la petitesse de la vie des hommes, sa fragilité, sa précarité, sa douloureuse soumission aux éléments. Et de fait, il souffle dans *Gens du Pô* un vent de déluge. On sait que, lorsque Antonioni monte le film, en 1947, il le fait à partir de ce qu'il lui reste de bobines endommagées, filmées en 1942 :

> C'était des images très rudes, j'insiste : la vie des pêcheurs qui vivaient à l'embouchure du fleuve dans des huttes de paille qui étaient inondées à chaque tempête, était très dure ; ce bout de terre se transformait en un marécage boueux, dans les huttes, les gens mettaient les enfants sur les tables pour qu'ils ne se noient pas et tendaient des draps au plafond pour arrêter l'eau qui coulait du toit [...]. Malheureusement tout le matériel fut emporté par les soldats, lorsque je suis allé le prendre à la fin de la guerre, il avait été abîmé par l'humidité dans un entrepôt.

> Maintenant dans le documentaire, il n'y a plus que le début de l'orage et c'est un grand dommage parce que le reste était impressionnant[1].

Ailleurs Antonioni ajoute :

> Il y avait des ouvertures vers les problèmes intimes des personnages, un air de récit[2].

On retrouve, amplifiée, l'idée d'une tragédie de paysage et en revoyant les images de *Gens du Pô*, on est frappé par sa brièveté, comme s'il y avait là une économie faite d'ellipses ; c'est effectivement la sensation de déluge qui domine, mais dans le tableau les épisodes familiers individuels, drames à l'intérieur du drame, ont été effacés. Le vent (on retrouve cette sensation au début de *L'Aquilone*[3]) balaye l'épisode individuel pour qu'il ne reste qu'une sensation d'imminence et de catastrophe, parce que le ciel est une entité hostile, un acteur du récit.

Avec *Le Désert rouge*, l'esthétique n'est plus celle du déluge, une catastrophe qui viendrait déraciner et emporter ce qui est, mais la déhiscence d'un présent contaminé, d'une catastrophe sur place, immobile, figée, abasourdie, sourde et reculant sans cesse l'horizon qu'elle menace.

Jetée dans cet absolument grand, Giuliana est saisie non par une peur particulière mais bien par l'angoisse, indécise, jusqu'à ce qu'elle se détermine, se conditionne, se contracte et se résolve en une peur précise, qu'elle s'accroche à un objet : le pavillon jaune des épidémies par exemple. Le privilège ontologique de l'angoisse la rend invisible ; pour être rendue visible, elle trouve ses déterminations : la courbe du film (comme la courbe de température du fils de Giuliana) suit le cours de l'angoisse d'une peur à l'autre. Dès que Giuliana est jetée dans l'absolument grand – l'extérieur –, l'angoisse la prend. Cette lutte d'une intériorité crispée contre l'absolument grand est perdue d'avance ; comme dans un processus de contamination, l'extérieur

1. Michelangelo Antonioni, *Parla il cinema italiano*, *op. cit.*

2. Michelangelo Antonioni, *Positif*, *op. cit.*

3. Michelangelo Antonioni, Tonino Guerra, *L'Aquilone*, Rimini, Maggioli Editori, 1982. Traduction française Caroline Grandjean in *Scénarios non réalisés. Michelangelo Antonioni*, *op. cit.*, p. 251.

entre dans l'intérieur. L'absolument grand envahit et viole l'intime en y faisant naître le vide ; et sa puissance explétive écarte le cadre quand, dans sa chambre d'hôtel, Corrado possède Giuliana.

Cette puissance du vide dans la topologie est accentuée par une météorologie qui n'est jamais un procédé mais le surcroît dans la fiction, l'effet et la confirmation de l'absolument grand. Cette météorologie a, accessoirement, une fonction d'apparition, par dévoilements elle isole ou fait surgir les scansions du récit. Ces ponctuations sont des contractures, des crampes paradoxalement plus importantes que la phrase du récit. La brume y contribue dans *Le Désert rouge*, et la poussière a un rôle étrangement similaire dans *Profession : reporter*. Le surcroît atmosphérique de l'agrandissement exacerbe le durcissement, le rétrécissement clinique de l'espace intérieur. Le rouge n'est érotique, douloureux, malade de cet érotisme blessé, que parce qu'il est cerné de brume. Le travail de dévoilement et d'apparition qui s'ensuit est soumis à ce premier jeu de contraste. Et l'on peut imaginer que ce qui surgit de la brume est l'écho amplifié et net d'une intériorité malade.

L'agrandissement se dégage dans la suite de l'œuvre d'Antonioni d'une sujétion au paysage ; il devient un outil, un moteur, l'engrenage du visible dans le récit, jusqu'à faire de ce visible ainsi traité, maltraité, amplifié, une véritable pièce à conviction, c'est-à-dire infiniment plus que les ponctuations et crispations dans *Le Désert rouge.*

L'agrandissement est le motif central de *Blow Up* (1966). (*To blow up*, verbe intransitif : éclater, exploser ; verbe transitif : faire sauter. *Blowing up* : agrandissement d'une photographie.)

Après avoir, par le travail de l'agrandissement jusqu'à l'abstraction, trouvé le mot de l'énigme, Thomas se rend dans l'atelier de Bill. Nous venons de voir la forme agrandie, abstraite, du corps du mort et par synapse, le tableau de Bill, quand Thomas entre dans l'atelier, reprend cette forme. La forme photographiée et agrandie est la pièce à conviction que cherche Thomas ; le tableau est l'indice de l'image, la preuve de la forme confirmée par l'ex-femme de Thomas quand elle découvre la photographie : « On dirait un tableau de Bill. »

Non pas un tableau, comme dans *La Notte* (*La Nuit*, 1961), qui sert à accorder la tonalité affective du film, mais un tableau abstrait ou plus justement une abstraction de tableau. Une tache pas comme les autres, à laquelle s'accorde l'image et qui devient le *typos*, l'envoi de l'image, l'indice de l'image dans l'image, l'empreinte de la peinture dans la photographie et dans le cinéma. Cette abstraction est le processus et la conclusion de l'agrandissement. La question s'est déplacée, du paysage dans le cadre au détail ; l'agrandissement détaille le visible et non seulement fait du fragment une totalité mais lui confère, dans *Blow Up*, une mission fondamentale dans la narration. La tache, le fragment informel, n'est plus un trou dans le récit, un trou parmi d'autres entre lesquels le récit avance, mais l'agrandissement devient une mise en abîme, puis une crevasse et un abîme.

Il reste à Antonioni à laisser exploser cet indice ; ce qu'il va faire dans *Zabriskie Point*.

Jubilation sans nuances, la fin du film en termine avec une esthétique, celle ouverte par *L'Éclipse* et scellée par *Le Désert rouge*. En mettant en suspens ces fragments agrandis du monde sur lesquels la caméra obligeait le regard à se fixer – ferrailles, objets rouillés et humides, matériaux de construction –, Antonioni les expulse. Et les détruit, économisant de l'obsolescence en quelques secondes de temps, ou les condamne à une obsolescence hors-champ, hors diégèse et qui ne le concerne plus.

> Je ne suis jamais heureux quand je tourne, je ne sais pas pourquoi. L'une des rares fois où ça m'arriva de l'être fut pendant l'explosion finale de *Zabriskie Point*. J'étais très tendu mais très heureux aussi. Il y avait quelque chose de tellement aventureux dans cette scène. Je ne voudrais pas que cet aveu soit mal interprété. Je vole une citation merveilleuse du journal de Tchekhov pour me faire comprendre : "j'avais été très heureux une seule fois sous un parapluie" [1].

Nous passons alors d'une fascination immobile à une mise en mouvement de la fascination jouant de l'accélération et du ralenti. La fascination pour la forme qui se dérobe, quand le regard file et se pose

1. Michelangelo Antonioni, *La Revue du cinéma*, n° 298, septembre 1975.

dans l'indifférencié, sujet et victime de cet état décrit par Maurice Blanchot, est poussée à son acmé, précipitée dans le vide :

> Voir suppose la distance, la décision séparatrice, le pouvoir de n'être pas en contact [...]. Voir signifie que cette séparation est devenue cependant rencontre. Mais qu'arrive-t-il quand ce qu'on voit, quoique à distance, semble vous toucher par contact saisissant, quand la manière de voir est une sorte de touche, quand voir est un contact à distance ? Quand ce qui est vu s'impose au regard comme si le regard était saisi, touché, mis en contact avec l'apparence ? Non pas un contact actif, ce qu'il y a encore d'initiative et d'action dans un toucher véritable, mais le regard est entraîné, absorbé dans un mouvement immobile et un fond sans profondeur... Quiconque est fasciné, ce qu'il voit, il ne le voit pas à proprement parler, mais cela le touche dans une proximité immédiate, cela le saisit et l'accapare, bien que cela le laisse absolument à distance [1].

À ce vertige de la fascination succède dans cette séquence le temps de l'apesanteur et de la chute libre.

Dans *Blow Up*, le regard de Thomas se dégageait du regard de sa femme, après l'avoir surprise faisant l'amour avec Bill. Le regard alors rampe, coule sur le sol, surface indifférenciée semée de taches de couleur. Le spectateur ne sait pas ce qu'elle est pour lui (Sarah Miles se souvient qu'en jouant le rôle elle ne le savait pas non plus, Antonioni l'ayant sciemment laissée dans cette indétermination), il ne sait pas si ce qu'il voit est le sol ou la surface d'un tableau ; le regard du spectateur reconstitue ainsi dans une *époché* (au sens rigoureusement phénoménologique), une surface abstraite, une image qui se refuse à payer son tribut à toute autre image ; la suggestion « on dirait un tableau de Bill » est le rappel de cette dette.

Cet état, Blanchot le nomme « passion de l'indifférence » pour qualifier l'image. La fascination était née chez Antonioni de la rencontre d'objets ordinairement « passés sous silence » par le regard ; la caméra les soumet à une réduction telle que l'a définie Husserl :

1. Maurice Blanchot, *L'Espace littéraire*, *op. cit.*, p. 25-27.

> Ce n'est que par une réduction, que nous avons d'ailleurs appelée déjà réduction phénoménologique, que j'obtiens une donnée absolue, qui n'offre plus rien d'une transcendance [1].

Pour Antonioni, il y a effectivement nécessité d'une suspension du caractère intentionnel de la constitution de l'objet pour que l'image ait lieu, mais ce n'est pas, au contraire de la réduction husserlienne, pour faire de cet objet l'objet d'une quelconque expérience théorétique. Au contraire, celui-ci perd son identité non seulement pour atteindre une fonction esthétique, allusive, énigmatique, mais encore pour que cette fonction lui permette d'accéder à cette dimension fascinée. L'ultime étape est son explosion, sa fission, sa destruction. Le suspens provisoire et « instantané » des objets dans la fin de *Zabriskie Point* s'apparente à une *époché*.

Le réel, le juste rapport au réel, est affaire de réglage, l'éternelle affaire du *Chef-d'œuvre inconnu* de Balzac ; il y a un point de visibilité et d'apparition, un point où le visible entre dans la phénoménalité, un point de réglage conjuguant l'espace et le temps qui vont donner lieu et droit d'apparaître. À cet égard, *Blow Up* n'est pas seulement l'histoire de l'agrandissement d'un événement autrement resté invu, mais aussi l'histoire de sa perte, de sa dissolution dans le récit, par et selon l'agrandissement. Parabole phénoménologique, que nul mieux qu'Antonioni lui-même n'a commentée :

> Dans ce film-là je me disais que je ne sais jamais à quoi ressemble la réalité. La réalité échappe, elle se transforme continuellement. Lorsque nous croyons l'avoir rejointe, elle est déjà autre [...] Le photographe de *Blow Up*, qui n'est pas un philosophe, veut aller voir de plus près, mais il arrive que, parce qu'il grossit trop l'objet, celui-ci se décompose et disparaît. Donc, il y a un moment où l'on saisit la réalité, mais l'instant immédiatement après, elle fuit. C'est un peu ça le sens de *Blow Up*, ça paraît étrange que je dise ça, mais *Blow Up* était un peu mon film néo-réaliste à moi sur le rapport entre l'individu et le réel, même s'il y avait une composante métaphysique, précisément à cause de cette abstraction des apparences [2].

1. Edmund Husserl, *L'Idée de la phénoménologie*, Paris, P.U.F., 1990, p. 68.
2. « Michelangelo Antonioni », *La Revue du cinéma*, n° 298, septembre 1975.

Il y a du Frenhofer dans l'expérience du cinéaste. Dans *Le Chef-d'œuvre inconnu*, le pied qu'on aurait dit « en marbre de Paros », et qui émerge du désastre, est l'indice d'une visibilité antérieure absorbée par le chaos, indice échoué dans l'espace, pièce à conviction oubliée par le peintre. Au-delà de la simple analogie, c'est lorsque l'agrandissement fait disparaître l'objet qu'il rejoint la peinture : « on dirait un tableau de Bill. » Et la peinture à nouveau s'impose contre l'intrigue, comme le dernier mot de l'énigme ; de façon sinueuse et perverse, de surcroît elle la détourne d'elle-même par un récit adventif, connexe, satellite : l'ambiguïté sentimentale, amoureuse, sexuelle qui tient au triangle Thomas, sa femme, Bill. C'est son regard à elle qui nous le fait savoir, le regard adressé à Thomas quand il la surprend faisant l'amour avec Bill. Un regard qui le retient et lui fait signe de partir en même temps, le regard du spectateur suit celui de Thomas et se perd dans l'indéterminé des taches de peinture : une toile au sol ou bien le sol constellé de taches, le sol comme une toile sans cadre. La fascination, qui prend en otage le regard, s'excepte alors de la règle des phénomènes de droit commun autant que le sublime, et croise l'obsession du dernier Godard, celui de *Forever Mozart* (1996) : « Ce que je demande, en général, au cinéma : une saturation de signes magnifiques qui baignent dans la lumière de leur absence d'explication. »

Dans ses *Histoire(s) du cinéma*, Godard explique : « Parce que le monde enfin, le monde intérieur a rejoint le cosmos et qu'avec Édouard Manet commence la peinture moderne, c'est-à-dire des formes qui cheminent vers la parole, très exactement une forme qui pense ; que le cinéma soit d'abord fait pour penser, on l'oubliera tout de suite. » Pour Antonioni, cette forme obtenue et qui trouve comme son concept dans *Blow Up* décide de l'étape suivante : elle écarte, dépose et destitue la parole qui nomme, énonce, épelle les formes. C'est d'ailleurs pour cela que le récit – ces faux récits policiers, celui de *L'Avventura* (un récit policier à l'envers, disait Antonioni), celui de *Blow Up*, enfin celui de *Profession : reporter* – intègre les formes et les absorbe, tout en se soumettant à elles. Nues, excoriées, douloureuses, ces formes font obstacle, sont des obstacles, c'est-à-dire se constituent comme des objets invus pour la vision ; ainsi s'accomplit un dépassement, véritable *Aufhebung*, dans la constitution esthétique de l'objet. Ces formes fragiles, évanescentes, parfois improbables, sont fortes de la conquête cristalline de leur autonomie, affranchies de tout récit, formes libérées de ce qu'elles représentent, de ce qu'elles présentent à la vision, voix libérées des mots et du langage, parce que soumises à une réduction phénoménologique où le passage de l'attitude naturelle au monde de la vision s'accomplit. Des formes qui cheminent cette fois de la parole vers la voix, et auxquelles répond justement l'usage brut et brutal des sons et des bruits exacerbés, dans *Le Désert rouge* ou *L'Éclipse* par exemple.

Dans les prémices de la phénoménologie, une dimension théorétique croise d'ailleurs la curiosité scientifique d'Antonioni, préoccupation capturée par le cinéma. Cette fascination, on l'a dit, se porte sur les zones invues : sol, mur, flaque stagnante dans un bidon, puis se déporte et se tourne vers l'irregardable, c'est-à-dire l'excès de la lumière. Elle oscille alors entre les deux, laissant ces zones invues « préparer le terrain » de la vision, créant un temps singulier, où le néant est mis en attente. Il ne s'agit plus d'un récit classique même neutralisé, ni du récit de l'attente, mais du récit de la saturation de la vision jusqu'à l'aveuglement (*L'Éclipse*) ou l'explosion (*Zabriskie Point*).

Le sublime antonionien, en visant ces fragments sidérés, veut donc charrier dans le plan plus encore que de l'infiniment grand, véritablement un cosmos :

> Un arbre, que nous évaluons d'après la grandeur de l'homme, donne en tout état de cause une mesure pour une montagne ; et si celle-ci est haute d'environ un mille, elle peut servir d'unité pour le nombre qui exprime le diamètre terrestre, afin de rendre celui-ci susceptible d'être intuitionné, tandis que le diamètre terrestre va pouvoir servir pour le système planétaire que nous connaissons, celui-ci pour la voie lactée ; et la multitude incommensurable des systèmes du type de la voie lactée qu'on désigne par le nom de nébuleuses et qui, probablement, constituent à leur tour entre eux un système du même genre, ne nous incite pas à concevoir ici de quelconques limites [1].

1. Emmanuel Kant, *Critique de la faculté de juger*, *op. cit.*, p. 238.

Ce cosmos, cette absence de limites, ce dépassement de l'horizon, Antonioni les a rêvés dans ses derniers projets, irréalisables ou réalisés, *L'Aquilone* ou *Identificazione di una donna* (*Identification d'une femme*, 1982). À la fin de *L'Aquilone*,

> le cerf-volant continue à naviguer dans un océan de silence illuminé d'une lueur étrange. De temps en temps, une toute petite météorite traverse l'espace en s'enfuyant Dieu sait où. Et ces météorites tracent des lignes lumineuses qui se coupent ou restent parallèles ou forment des dessins d'une stupéfiante harmonie. L'une d'elles, de la taille d'un grain de sable, a dû rencontrer dans sa course le cerf-volant[1].

Antonioni, dans ce scénario magique et improbable, cadre l'infiniment grand, en fait un tableau, un petit tableau abstrait, il fait entrer tout le hors-champ dans le cadre, et le cerf-volant répond alors étrangement à l'orchidée de *Techniquement douce*, un motif qui vacille et nous guide dans l'infini. La vision de l'orchidée emportait T. dans la mort ; le cerf-volant nous entraîne vers un voyage sans retour.

Même si Antonioni ne peut pas se passer du cinéma pour inventer des images, aller les chercher, les faire monter à la vision, les faire sortir d'elles-mêmes, il a rêvé au moins une fois une visée, une vision absolue, désarmée, sans caméra, sans arme ni proie, dans *Techniquement douce* justement ; T. et S. ont une longue conversation à propos du tir à l'arc, sur ce qu'est viser, sur la perfection de la visée, c'est-à-dire de la vision. Elle se conclut ainsi : l'archer, en quête de perfection, apprend qu'il existe un maître encore plus habile que lui. Il va le trouver dans sa retraite d'ermite, en haut d'une montagne, et se présente à lui en tirant sur un groupe d'oiseaux qui passe, embrochant cinq volatiles d'un seul coup. Le maître se met à rire et lui dit : « Si tu as encore besoin de l'arc et des flèches, tu n'es pas un véritable archer. » Une pie passe, très haut, le maître tend une flèche invisible sur un arc inexistant, et l'abat d'un coup[2]. Il serait exagéré de lire dans cette parabole l'idée chère à Artaud d'une protestation contre l'objet créé, suggérant que l'art de voir peut se dispenser de la pellicule, de l'écran,

1. Michelangelo Antonioni, Tonino Guerra, *L'Aquilone*, *op. cit.*, p. 281.
2. Michelangelo Antonioni, *Techniquement douce*, *op. cit.*, p. 74.

du film. Pourtant il faut y voir assurément la proposition que l'art de voir ne procède pas de la maîtrise, fût-elle absolue, d'une technique ou d'un savoir-faire, mais d'un perpétuel apprentissage de la vision qui, lorsqu'elle est sidérée par ce qu'elle voit, sait le viser et l'atteindre à son tour pour le rendre visible. Quand Antonioni dit que « faire un film est pour lui vivre », il propose et s'impose cet état de vigilance, d'attention et de veille où le visible, tout le visible, « parce qu'il chante », est une proie.

L'Aquilone, scénario coécrit avec Tonino Guerra, qui restera non réalisé, est l'histoire d'un cerf-volant qui n'a jamais assez de fil pour s'élever et rejoindre les étoiles – jamais assez de fil, c'est-à-dire de pellicule ; *L'Aquilone* est aussi l'histoire d'un film infini. Un chamelier, que l'on soupçonne être une allégorie du producteur, fournit les premiers mètres de fil, puis se met à les pleurer et à vouloir les reprendre (Antonioni pensait-il en écrivant à *Techniquement douce* interrompu par Carlo Ponti ?). Et, comme il faut beaucoup de fil, infiniment de fil, tout le monde doit s'y mettre, la terre entière, il faut détramer les couvertures et les tapis, défaire les motifs et les images pour que le cerf-volant monte toujours plus haut, mais le fil va se rompre libérant l'« *Aquilone* », le laissant poursuivre sa course dans l'infini et tout ce fil, ce fil de toutes les images défaites et de la défaite des images, va tomber en pluie sur la Terre, intempéries superbement colorées, abstraites et usant de la steppe, des cours des écoles et de toutes surfaces comme d'une gigantesque toile.

On sait qu'Antonioni admirait Jackson Pollock, il le mentionne souvent, et cette tempête de fils aléatoires, imprévisible, soudaine, perpétuellement hors cadre, ne se satisfaisant d'aucune parcelle de terre, est bien un magistral *dripping* jusque dans l'exécution. Pollock peignait au sol et c'est au sol que cet immense tableau sans limites s'accomplit. « La dynamique de la couleur m'intéresse. C'est pourquoi j'aime tant Pollock : ses tableaux ont un rythme extraordinaire. Et j'ai toujours ressenti le besoin d'expérimenter sur le plan de la couleur »[1], dira Antonioni en 1975.

> Le premier édifice du village survolé par le fil qui tombe est l'école. Les écoliers, voyant passer cette chose colorée devant les fenêtres, ne peuvent retenir une exclamation d'émerveillement. Usman et Isfandar sont les premiers à courir dehors, suivis de tous les autres et du maître. Le fil s'accroche aux gouttières, aux cheminées, faseille puis atterrit, créant sur le sol de la cour des taches de couleur. Au-dessus du bazar un amas de fils s'est formé en suspens, qui maintenant descend sur les petites places et sur les ruelles du bazar, semblable à une étrange averse de grêle, ou de neige si le fil est blanc. Il y a des moments où il s'enroule dans l'air puis se détend sous l'emprise d'on ne sait quelle force qui parfois se confond avec la force de gravité [...]. Le ciel est parcouru de ces fils ondulés qui finissent par s'accrocher à ce qu'ils trouvent. Les gens sont cloîtrés dans les maisons. Il y a une lumière étrange, plutôt une ombre étrange sur les rues, sur les places et les maisons. Cette lumière tirant sur le violet qui a lieu pendant les éclipses de soleil ou qui précède les catastrophes[2].

Comme dans la peinture de Pollock, le fil, à l'instar des couleurs et du geste, a conquis son autonomie, il n'est plus que « ce qui s'enroule dans l'air puis se détend sous l'emprise d'on ne sait quelle force », une action à la fois « techniquement douce » et incroyablement violente.

Quand l'image chez Antonioni retrouve la peinture, elle ne le fait pas sous la forme d'une citation, la peinture est, comme dans la nouvelle de Henry James, souvent l'image, le motif dans le tapis, une allusion, un indice, une pièce à conviction volontairement oubliée qui guide vers l'évidence et la vérité du film, sa suprême visibilité, sans en résoudre totalement l'énigme. Les tableaux égarés sciemment dans les plans sont les signes de reconnaissance et de complicité que l'auteur abandonne pour nous associer à son art. Le conte qu'est *L'Aquilone* certes est une métaphore presque trop parfaite pour détramer ce motif dans le tapis, tel le principe de l'interprétation.

1. Michelangelo Antonioni, *Revue du cinéma*, n° 298, septembre 1975.
2. Michelangelo Antonioni, Tonino Guerra, *L'Aquilone*, *op. cit.*, p. 280.

> À n'en pas douter, ce qui nous déconcertait était pour lui d'une évidence éclatante. C'était, je l'imaginais, quelque chose qui avait à voir avec le plan original; comme un motif complexe dans un tapis persan. Il approuva pleinement cette image lorsque je l'utilisai et il en utilisa lui-même une autre : "Il s'agit du fil même sur lequel mes perles sont enfilées" [1].

C'est ce que répond l'écrivain dans la nouvelle de Henry James. La peinture est, à divers niveaux, dans le cinéma d'Antonioni, ce motif complexe. Dès *La Signora senza camelie* (*Corps sans âme*), en 1953 pour la distribution en France, la peinture est présente dans le cinéma d'Antonioni; elle est une toile de fond ou une ponctuation majeure. Quand Gianni, le producteur, veut donner un autre tour à la carrière de sa jeune épouse, qu'elle passe de rôles de jolie fille perdue à ceux de grandes héroïnes (Jeanne d'Arc en l'occurrence), Antonioni situe la scène de cette décision devant une reproduction à l'échelle de la *Bataille de San Romano* des Offices. En d'autres termes, il cale l'intuition du rôle dans le contexte qui lui convient et lui répond : la peinture d'histoire. Et tout autant que cette reproduction de la toile d'Uccello semble emphatique et déplacée dans l'intérieur du couple, l'héroïne jouée par Lucia Bosè sera déplacée dans le rôle. (La scène de la projection à la Mostra de Venise est d'ailleurs étrangement prémonitoire de la réception désastreuse de *L'Avventura* à Cannes sept ans plus tard.) Ailleurs, d'autres indices : la conversation de l'héroïne avec un peintre décorateur qui lui dit avoir vu la veille son premier film; les reproductions de Van Gogh ou Monet punaisées au mur quand, voulant devenir (à la fin du film) une vraie comédienne, recluse dans sa chambre d'hôtel, on découvre que cet apprentissage est meublé par des viatiques solennels et dérisoires.

Le cinéma de Godard fait usage de la peinture jusqu'à l'user, en en parcourant toutes les étapes de la carte postale à la peinture d'histoire ; celui d'Antonioni cherche de manière plus complexe une trame où d'un coup, tirant un fil, apparaît une image ou plus précisément l'évocation d'un tableau, un tableau qui existe déjà (*La Notte*), ou son

1. Henry James, *L'Image dans le tapis*, Arles, Actes Sud, 1997, p. 35.

hypothèse (*L'Aquilone*), ou son souvenir approximatif, ou encore un tableau peint pour le film (*Blow Up*). Un mystère supplémentaire, levé à la seconde de son apparition. L'apparition du tableau dans le plan est le surgissement du mystère et en même temps son élucidation, éclairant soudain le film d'une lumière incertaine, allusive mais indispensable.

Deleuze note dans *L'Image-temps* :

> Le cinéma ne présente pas seulement des images, il les entoure d'un monde. C'est pourquoi il a cherché très tôt les circuits de plus en plus grands qui uniraient une image actuelle à des images souvenirs, des images rêves, des images mondes [1].

Chez Antonioni, cette union ou cette confusion, ou plutôt cette alliance, ce pacte, s'opère avec la peinture ou ses avatars. Répondant à une question soulevée par *Identification d'une femme*, le cinéaste se dérobe :

> Il y a un souci graphique constant. [...] Quel est pour vous le rôle du tableau sur Rome qu'on voit avec beaucoup d'insistance ou la fonction du décor du mur chez Ida ?
> M. A. — Ce ne sont pas des décors qui ont une fonction, ce sont des décors qui sont naturels pour les personnages. Je l'ai trouvé comme ça. Dans cette petite maison, j'ai pensé que c'était juste comme un décor pour cette fille qui vit une petite vie moyenne, comme toutes les filles qui font du théâtre *off*, et celle-là se complète avec des intérêts différents qui sont, par exemple, monter à cheval, avoir des relations avec des hommes différents. C'est que je trouve cette fille assez intéressante et je trouve légitime qu'elle ait une peinture pareille sur le mur. Ce n'est pas banal [2].

Il est d'autres décors (souvent des images qui n'accèdent pas au privilège d'œuvre mais restent à leur place de décor) qui jouent une véritable partition comme si la toile de fond, métamorphosée par le mouvement du film, devenait autre, ambiguë et excédant la métaphore que nous avons noté dans *Corps sans âme.* Dans *La Notte*, par exemple, une découverte (un de ces murs peints qu'on appelait autrefois des *découvertes*) représente un parc ; devant cette peinture, sur le damier

1. Gilles Deleuze, *L'Image-temps*, *op. cit.*, p. 92.
2. Michelangelo Antonioni, *Positif*, n° 263, janvier 1983.

du sol, les protagonistes vont jouer au palet. Ce décor est l'amorce du parc réel, froid et nu, où se retrouveront à l'aube le mari et la femme pour se séparer. Le mur renvoie à la triche et au mensonge du jeu et du cérémonial mondain : le parc à l'aube parfaitement vide mais cadré à l'identique, comme décliné de l'image, est en revanche dépouillé de tout artifice par la révélation d'un sentiment nu, désolé et accordé à l'espace.

Le travail de dévastation, et l'épure qu'accomplit ce sentiment en modifiant l'image, nous les retrouverons dans *L'Éclipse*, mais sans qu'Antonioni ait eu besoin de passer par un modèle pictural pour nous les faire éprouver. Les derniers plans de *L'Éclipse* sont parmi les plus nus de l'histoire du cinéma, pure invention de formes, libérées de tout modèle. Pour cela il aura fallu dans ce film que le cinéma se cogne contre la peinture plusieurs fois de façon différente pour se libérer des citations et des procédés, opérant une sorte de variation eidétique des situations de la peinture dans le cinéma, afin que le cinéma efface la peinture à mesure qu'il apprend d'elle. Dans la première scène de rupture, le cadre qui épouse l'architecture fonctionnelle, presque fonctionnaliste, de la maison lutte contre l'omniprésence de la peinture informelle qui envahit l'intérieur de Ricardo. Informelle, tachiste, gestuelle, le cinéma cadre cette peinture pour l'exclure, l'éclipser, l'effacer, certes elle est un décor coprésent à ce qu'est Ricardo, un intellectuel cultivé et complaisant, c'est du moins ce que répondrait Antonioni, mais nous sommes libres d'y voir aussi une déclaration esthétique propre à *L'Éclipse* : le cadre (sa rigidité, l'architecture qu'il impose) est d'autant plus net et coupant qu'il délimite de tels tableaux.

Vittoria quitte Ricardo à l'instant où le cadre a rendu invivable cet univers trop parfait, mis en déroute cette rhapsodie de peintures abstraites et gestuelles où au bout du plan tous les tableaux se ressemblent. Dans cet espace où l'on étouffe et où l'acteur essentiel est l'hélice d'un ventilateur, minuscule signe précurseur de l'échappée en avion de Vittoria, Antonioni aura utilisé la peinture à contre-emploi, peinture moderne du geste libéré et de l'instant pour assumer la forclusion et l'emprisonnement. Il usera d'une autre manière du panorama d'Afrique qui couvre le mur de l'appartement de l'amie de Vittoria, et l'exotisme douteux de l'artifice sera dénoncé quand Vittoria se mettra à danser devant cette image jusqu'à faire partie d'elle, gesticulant devant un paysage immobile, comme à l'inverse, dans les films d'Hitchcock, le paysage défile derrière des personnages immobiles.

> C'est comme si une image en miroir, une photo, une carte postale s'animait, prenait de l'indépendance et passait dans l'actuel, quitte à ce que l'image actuelle revienne dans le miroir, reprenne place dans la carte postale ou la photo, suivant un double mouvement de libération et de capture [1].

Le panorama d'Afrique est un panoramique, l'équivalent petit-bourgeois de ce qu'était la découverte dans la somptueuse villa de *La Notte*. Le protagoniste est devant l'image, ou plutôt l'image est derrière lui, il ne se retourne pas, ne la regarde pas ; elle est la tapisserie d'un événement ou d'un faux événement, fixe, inamovible, hétérogène à l'image en mouvement. Il reste à Antonioni en déroulant ce tapis, à détramer l'image, à la rendre coprésente à ce qu'est le cinéma. Un tableau de Mario Sironi apparaît dans *La Notte*, telle une citation non persistante dans le plan, par entrebâillement, et entrant à part entière dans le film.

Cette présence de la peinture aura eu très tôt une dimension d'indice, prenant sur elle la part implicite du récit. Dans *Le Amiche (Femmes entre elles*, 1955) la peinture est omniprésente : Lorenzo est peintre, Nene sa compagne également, Rosetta, la jeune femme qui se suicide, a été le modèle de Lorenzo, et les autres personnages sont architectes ou décorateurs. Mais dans le film la peinture comme telle n'apparaît pas de façon prégnante, elle n'a pas même un effet d'écho à la tonalité générale. Elle reste un décor plaqué, le contexte un peu artificiel d'une intrigue et ne joue qu'à un seul moment son rôle d'indice : Lorenzo dessine le portrait de Rosetta sur une pochette d'allumettes ; cette pochette se retrouve dans les mains du modèle quand le peintre est devenu son amant et elle la donnera involontairement à Nene, la femme de Lorenzo. Indice mineur qui laisse deviner à Nene

1. Gilles Deleuze, *L'Image-temps*, *op. cit.*, p. 92.

ce qui vient d'avoir lieu, indice aussi en amont pour Lorenzo qui comprend qu'il s'est épris de son modèle en le dessinant.

Ce portrait en deux temps d'exposition est l'écho du portrait de Rosetta que l'on voit dans la galerie et s'impose surtout comme le portrait d'une femme qui va mourir et dont, par avance, on garde la trace. Tout cela reste allusif, à la surface de l'image. En 1957 dans *Il Grido*, une scène étrange, où la peinture n'est pas présente, retient l'attention : la petite fille de l'homme quitté assemble sur le bord d'une route des galets et compose (dessine ?) une forme qu'un camion en passant fait voler en éclats. (Première rature, première explosion dans le cinéma d'Antonioni.)

Il Grido est un film intégralement dessiné, le dessin, le noir et le gris du trait ne laissent pas de place à la peinture, ou plutôt au tableau achevé, film de l'esquisse et ébauche de tout le cinéma d'Antonioni, il rejette tout modèle pictural à atteindre. Par une sorte de dérision, les seuls tableaux qui apparaissent sont deux misérables chromos, qu'un ambulant essaie de vendre lors de son arrêt à la station-service.

Dans *Décadrages*, Pascal Bonitzer attire notre attention sur un plan singulier :

> Le geste de Gabriele Ferzetti dans *L'Avventura*, renversant par fausse inadvertance mais pas non plus de façon vraiment délibérée (en imprimant à un sac un mouvement de pendule dont l'amplitude s'accroît d'elle-même) un encrier sur le relevé académique d'une voûte ornementale effectué par un jeune homme, ce geste est passible de deux lectures contradictoires au moins. L'une est psychologique et négative. Le personnage est aigri, las et ne croit plus à rien ; son geste s'explique par le ressentiment d'un homme d'âge mûr, qui ne s'aime pas, envers la fraîcheur d'un jeune architecte qui s'intéresse naïvement aux voûtes ornementales. Mais le même geste peut exprimer également une sorte de détachement esthétique, ou peut être bien un vertige esthétique, le vertige de la tache, qui est plus profondément enfantin que le dessin scolaire qu'il détruit. Comme dans tout ce qui relève de la tache, il y a ambiguïté entre destruction et création, entre chaos et cosmos. Renverser un encrier sur un dessin en cours, c'est

> détruire le dessin, mais c'est aussi faire éclater sur le papier, à la place du dessin (de cette copie scolaire), une fleur sauvage [1].

Par lapsus, Bonitzer échange le trousseau de clefs contre un sac; une troisième interprétation n'exclut pas ces hypothèses : une rature, la rature d'une esthétique du décor dont la peinture et l'architecture feraient partie, un encrier renversé sur une idée du cinéma, du récit et du décor et de leur agencement, conspiration attendue, dans le cinéma. Un faux faux-mouvement, et à l'intérieur même de *L'Avventura*, une rupture esthétique qui contraste de façon saisissante avec cette autre apparition de la peinture si radicalement anecdotique : la scène de la visite dans l'atelier du jeune peintre à la mèche et au profil picassiens, obsédé par son exécrable peinture de nus. Cette scène (la mise en mouvement d'un érotisme grossier par une peinture grossière) est si caricaturale qu'elle apparaît une façon de pousser à l'extrême, pour ne plus y revenir, l'utilisation de la peinture-décor dans le récit. Juxtaposée à celle-ci la scène de l'encrier possède en plus de sa fonction de rature une qualité de manifeste implicite qui attend et annonce la fascination des plans conclusifs de *L'Éclipse*, l'esthétique sidérée du *Désert rouge*, la formidable explosion de *Zabriskie Point*. Cette tache est une première explosion. L'obsession de l'implosion, ou de l'aveuglement, ou de l'explosion qui détruit l'ancien décor, l'explosion vue pour elle-même et le vertige esthétique qu'elle ouvre : cette obsession naît et découle de cette tache.

Nous retrouvons cette image de la destruction, mais à taille humaine, dans *Profession : reporter*. Locke, définitivement dans une impasse, après avoir renvoyé la jeune fille qui s'éloigne dans un bus, erre et se retrouve seul assis devant un mur blanc, il ne sait que faire de lui et Antonioni exploite le jeu de Jack Nicholson, fait éprouver au spectateur la sensation de malaise physique, de démangeaison, la sensation d'être « mal dans sa peau », ou de ne plus être dans sa peau mais dans celle d'un autre, qu'éprouve Locke. Alors celui-ci ramasse un insecte ou une fleur, la pose avec méthode sur le mur blanc, crépi jusqu'alors parfaitement immaculé, et d'un coup de poing rageur il

1. Pascal Bonitzer, *Décadrages*, Paris, Cahiers du cinéma/Éditions de l'Étoile, 1995, p. 100.

l'écrase, puis se lève et s'en va. La caméra s'attarde en un plan fixe et bref sur le mur. Obnubilée par l'éclat blanc sur blanc, par cette tache qui est une empreinte, aussi au sens où l'on dit «prendre les empreintes» pour établir l'identité, là, celle d'un homme qui n'en a plus et n'a plus d'autre recours que de cogner contre les murs.

Cet éclat blanc sur blanc est bien l'écho de la tache noire de *L'Avventura*, une rature, mais d'une complexité excessive, d'une violence soudaine ; proche du geste de l'architecte de *L'Avventura*, mais lesté cette fois de gravité et de désespoir. C'est aussi pour Antonioni un second niveau de rature, une négation de sa propre esthétique, celle qui s'attardait dans *Le Désert rouge* sur les murs et les surfaces lisses et rugueuses; ce coup de poing est celui du cinéaste contre sa propre vision, au moment où il sent et où il sait qu'elle peut être guettée par la rhétorique et la sophistication. Cette explosion est, en microcosme, un fracas équivalent à celui de *Zabriskie Point*, mais intérieur, intériorisé, ontologique. Ce geste est une exécution. Deux fois une exécution: il est l'écho, la réplique au sens sismographique du terme, du document d'actualité où la mort en direct de l'Africain pendu et fusillé coupe la diégèse ou, plutôt, ouvre une plaie dans le film. Exécution aussi parce qu'elle préfigure l'assassinat de Locke, sa vraie mort que nous ne verrons pas. La violence du geste, sa soudaineté, la brièveté du plan répondent à l'interminable et magnifique plan-séquence qui conclut le film et pendant lequel l'assassinat a lieu.

Tache-implosion et aveuglement (le dernier plan de *L'Éclipse*); explosion au premier plan du *Désert rouge* (le feu, jaune, empoisonné, jaillissant des cheminées comme de tubes de peinture); explosion de la forme par agrandissement (*Blow Up*, littéralement et étymologiquement); explosion réelle et mise en mouvement de la peinture par le cinéma dans *Zabriskie Point*; saturation enfin de l'écran par le soleil cadré en direct: voilà ce que pourraient être les formes de ce motif obsessionnel, récurrent et décisif du cinéma d'Antonioni, une explosion dont la peinture est la mèche et la charge explosive.

Évoquée à propos de *Femmes entre elles*, la peinture travaille également le film de l'intérieur ; elle est bien l'image dans le tapis de la nouvelle de James, au moins en deux occurrences, dans *La Notte* et dans *Blow Up*.

La similitude, « la rencontre », la « correspondance » de *La Notte* (et d'une autre façon de *L'Éclipse*) avec la peinture de Mario Sironi est prégnante, peu visible parce que le peintre peu connu.

On pourrait imaginer qu'il s'agit là d'une correspondance implicite, de la proximité de deux esthétiques dominées par une tonalité affective commune. Si l'on observe quelques tableaux de Sironi des années 1920, on constate cette coïncidence, malgré les personnalités contraires, l'écart de plusieurs décennies (Sironi meurt l'année de *L'Éclipse*) et des visions politiques antagoniques. En revoyant *La Notte*, on découvrira pourtant, dans l'entrebâillement d'un plan, un tableau de Sironi dont le titre est précisément *La Notte* ; c'est une huile sur toile de grand format (200 x 126 cm), des années 1930, qui porte aussi un sous-titre : *La Caduta o la notte (La Déchue ou la nuit)*. Ce tableau fait partie de l'intérieur de l'écrivain, il est le seul tableau que l'on aperçoit chez lui (avec une petite nature morte de Morandi). L'analogie supposée se scelle alors d'un tableau éponyme du film. Coïncidence ou motif dans le tapis ? Congruence aiguë, indice dans le film et emblème du film assurément.

Sironi, contemporain des futuristes n'est que peu, et très brièvement influencé par leur esthétique : le fascine au contraire la solitude sociale de l'individu dans la vie urbaine ; la périphérie des grandes villes est l'horizon d'une déréliction puis d'une mélancolie des profondeurs qui toujours davantage s'ontologise. L'individu a perdu à jamais la possibilité du dialogue serein que pouvait lui offrir la société paysanne. Il est désormais condamné à la zone, cette périphérie qui bâtit autour de la ville un désert où les architectures naissent d'emblée telles des ruines peuplées d'ombres. Cette tragédie d'une nature menacée ouvre l'œuvre d'Antonioni avec *Gens du Pô*, et la périphérie devient aussitôt le site privilégié d'une misère intérieure dans *I Vinti* (*Les Vaincus*, 1952), d'une solitude sans partage, *Nettezza urbana* en 1948 (*Nettoyage urbain*) ou de la violence. Il est stupéfiant d'observer combien *La Notte* est striée de références sironiennes avant que le tableau éponyme discrètement ne surgisse : une horloge sans aiguilles au sol, le bruit des avions qui trépane le ciel d'une rue de Milan, un combat entre voyous dans la zone, filmé comme Sironi aurait peint un combat de gladiateurs torses nus – le figurant battu se relève comme si de rien n'était, une maladresse qui compromet la vérité du plan et que volontairement Antonioni ne retourne pas, pour dénoncer le caractère extrême et joué de la scène, proche en cela du hiératisme maladroit de nombre d'œuvres de Sironi. Le peintre est hanté par cet entre-monde où la ville aura réfuté à la fois le chaos dynamique des futuristes et les perspectives contrariées des spéculations de De Chirico. La solitude des signes qu'il vise n'est pas comparable à celle de De Chirico, mais un temps et un espace construits par une perspective, conjointement oblitérés par elle, un schéma spatial qui est un véritable leitmotiv de l'œuvre d'Antonioni de *Nettoyage urbain* aux *Vaincus*, de *Il Grido* à *La Notte*. Cette visée intentionnelle synonyme de mélancolie, d'errance et de vertige est un pli rémanent dans l'œuvre de Sironi, et une dimension processionnelle renforce la parenté des deux univers.

La Caduta o la notte est l'indice et la synecdoque de tout le film, et Lidia est bien celle qui incarne la déchue, prisonnière de l'espace et du temps dans le film, comme le corps de la femme dans le tableau est encrypté dans une surface où, à l'effet de construction, de mur, s'ajoutent l'usure propre à une façade, la suie et la poussière qui auraient salies l'œuvre.

Un tel indice de la peinture dans le cinéma, se retrouve au moins pour deux autres films ; dans *Blow Up*, où, lorsque nous pénétrons avec Thomas dans l'atelier de Bill, nous découvrons ce que la femme dira ensuite, cette ressemblance, cette identité, ce calque de la photographie et de la peinture selon le cinéma (« on dirait un tableau de Bill ») et l'allusion directe au motif pictural en tant qu'il est non pas la mise en mouvement de l'action, mais sa référence, ce à quoi revient Antonioni après tous les détours du spéculaire et les spéculations et métamorphoses de l'agrandissement. Dans *Profession : reporter*, peu avant la fin, la femme de Locke cherche à comprendre ; elle inventorie les objets qui lui restent de son mari et qui sont des emblèmes – la caméra, le magnétophone, une valise ; ce que fut la vie de cet homme qu'elle croyait connaître ; ces emblèmes sont aussi ceux du film, ceux, minimum, du cinéma. Ensuite, dans une concaténation lente qui fait penser à un montage cinématographique et à une synchronisation, elle ouvre la mallette qui contient la caméra, déclenche le magnétophone : on entend la voix de Locke. Dans la valise, un livre, qu'elle manipule distraitement, mais la caméra insiste sur ce geste, elle l'ouvre sans l'ouvrir, le referme. Au dos de la couverture, et pour seule identification du livre, un dessin hachuré à traits nerveux, volontairement grossier : un dessin de Klee datant de 1935 – moment où l'artiste fuit l'Allemagne pour se retrouver à Berne, malade et condamné –, le dessin d'un corps vigoureux dans une pose désespérément et absurdement prométhéenne, les bras levés, un haltérophile qui ne soulève aucune charge. Le dessin d'un effort pour rien ; cette image de quatrième de couverture, portrait gribouillé d'un homme sans identité, tendu dans un effort inutile est une sorte de portrait différé de Locke. Un dessin majeur de l'angoisse pour une allusion mineure mais décisive, une image surgissant au ralenti, égarée dans un plan comme par hasard et selon le même modèle d'entrouverture que pour le tableau de Sironi dans *La Notte*.

Il existe également un tableau de Sironi intitulé *L'Éclipse*[1]. Il s'agit cette fois d'une analogie gratuite, mais qui permet de mettre en évidence, à partir d'une proposition formelle identique, ce que peut la peinture, cette peinture-là en tout cas, et ce que peut le cinéma.

Dans le tableau, une pesanteur hésite entre la mélancolie et l'angoisse, isole chaque étant, le rend à une étrangeté insulaire dans l'espace où s'enfonce notre visée intentionnelle, sans but et sans fin. Dans le film, dans la dernière scène, comme libérée du temps diégétique, chaque plan fusille littéralement, étant par étant, et rétroactivement, tous ceux apparus au cours du film, les cadre, les vise et les atteint pour les anéantir, réduire ce qui va avoir lieu au néant de l'angoisse, condition de l'ontophanie du tout dernier plan.

Dans *L'Éclipse*, l'esthétique d'Antonioni conquiert sa puissance de liberté et dans cette scène finale surtout, le cinéma cherche le visible sur le terrain de la peinture avec une intention de peintre et en même

1. Mario Sironi, *L'Eclisse*, 1918-42, huile sur carton, 58 × 54 cm, collection privée.

temps opère une fracture dans l'esthétique comparable à celle opérée par Raoul Haussmann ou Kurt Schwitters, entre autres. La peinture comme telle, celle d'une esthétique du tableau, est dans ce film reléguée à une fonction de contextualisation, mais presque à égalité de jeu des protagonistes. Ainsi en est-il des tableaux abstraits, fausses fenêtres et vrais murs de la villa de Ricardo dans la première scène, et des tableaux (« qui ont toujours été là ») de l'appartement bourgeois des parents de Piero. Ainsi en est-il de cette scène où Vittoria, de retour chez elle, passe devant une affiche – une femme à sa fenêtre peinte par Manet : Antonioni superpose deux corps de femme, celui, figé, de la peinture pour l'affiche et celui, vivant du cinéma – Monica Vitti saisie dans la scène en apparence la moins extraordinaire. Le tout dans une indifférence où spéculaire et motif mis en mouvement travaillent ensemble.

La peinture coule dans l'œuvre d'Antonioni, stagne dans ses substructions, s'instille goutte à goutte, parfois là où on ne l'attend pas, mais que veut dire « la peinture » ? J'ai évoqué des tableaux aussi différents que ceux de Sironi, Klee, Pollock, fait implicitement allusion aux Nouveaux Réalistes, à la connaissance et à la curiosité d'Antonioni pour l'art de son temps ; cette hétérogénéité prouve qu'on ne peut en aucun cas suggérer que son cinéma se plie à une seule dimension de la peinture, à une école ou à un mouvement, Antonioni cherche dans la peinture ce qui en elle rend visible l'invu ; elle est une loupe, un microscope, un télescope, alternativement ; l'image dans le tapis du visible, la condition de son apparaître, le déclic de la phénoménalité.

Et quand le cinéaste devient réellement, modestement et concrètement peintre, pour ses *Montagne incantate*[1], il travaille à partir d'une image témoin qu'il agrandit jusqu'à ce qu'elle se conforme à ce que veut et espère sa vision. Microcosme et macrocosme conspirent pour atteindre une image qui, tout compte fait, est une image intérieure, en rien une représentation. Ce sont des formes de montagnes qui surgissent et s'imposent entre l'expérimentation

1. Voir *Michelangelo Antonioni, Le Montagne incantate ed altre opere*, catalogue d'exposition, Ferrare, Palazzo dei diamanti, 1993.

phénoménologique et la contemplation. Ouvrons une dernière fois la *Critique de la faculté de juger* :

> Saussure, aussi spirituel que profond, écrit en rapportant son voyage dans les Alpes à propos du Bonhomme, l'un des massifs de la Savoie, qu'il y règne une certaine tristesse insipide, il connaissait donc aussi une tristesse intéressante, celle qu'inspire une vision d'une région désertique où certain aimerait se retirer afin de ne plus rien savoir du monde ni en avoir l'écho [1].

Antonioni revient souvent sur l'idée d'être coupé d'un contexte – d'un contexte historique –, coupé du monde, coupé de ce monde, et il précipite ses protagonistes dans le désert ou dans la jungle, ou filme, dans *Chung Kuo, Cina* en 1972, la Chine malgré, ou contre le politique.

L'image était inaugurale et préalable au récit, le modèle pictural en est phénoménologiquement une relance. Il cherche dans le récit ce mot de l'énigme que la première image muette contenait. Le mur de *Il Grido*, ce mur dans la mémoire d'Antonioni, mais n'importe quel mur, marquait la genèse du film littéralement tel un pan, une toile vierge, un tableau à peindre. Le mur de *Profession : reporter* et sa tache, son effritement, blanc sur blanc, sa monochromie contrariée, un plan fixe où l'image devient une surface entre Fontana et Manzoni (mais tributaire d'une violence et d'un geste sans antécédent et surtout sans référence) conclut le film avant sa conclusion.

Entre ces deux murs comme entre les mâchoires d'un étau tient l'art d'Antonioni, et sa capacité à faire passer les tableaux de la peinture dans le réel du cinéma comme s'il savait interpréter le réel des images nues, les voir et les décrire tels des tableaux.

Et même quand il écrit, dans le scénario non réalisé de *L'Aquilone*, cette complexité est présente. En prologue, Antonioni peint le tableau d'un paysage mis en mouvement par un vent qui dévaste tout. Dans *Gens du Pô*, les sept minutes du court métrage laissaient la sensation d'un déluge peint par Poussin plutôt que par Antoine Carrache, *L'Aquilone* s'ouvre ainsi, mais bascule vers une composition qui fait étrangement penser à De Chirico. Véritable prosopopée, le texte fait

1. Emmanuel Kant, *Critique de la faculté de juger*, *op. cit.*, p. 222.

littéralement voir le tableau de Poussin intitulé *L'Orage*[1] (celui du musée de Rouen) :

> Le silence est brisé par les lamentations rauques qui accompagnent les coups de vent. Les branches des buissons se plient ou se cassent, tout ce qui n'est pas arrimé commence à s'envoler avec le sable : les feuilles sèches, les buissons les plus petits, les branches cassées et tous les objets que le hasard a déposé là. À présent il s'agit d'un seul et immense coup de vent qui s'engouffre dans la steppe mettant tout sens dessus dessous. Il s'empare d'un groupe d'hommes, de chevaux, de charrettes entassées les unes sur les autres pour faire un bouclier à la furie du cyclone. Ce sont probablement des nomades et leurs habits colorés battent dans le vent comme de petits drapeaux affolés[2].

Aussitôt le récit fait basculer le paysage vers une énigme spatiale qui renvoie aux compositions métaphysiques de De Chirico : coexistent alors, dans le miracle d'une composition soudaine et inattendue, un fleuve qui fait bien sûr songer au Pô, une forêt et, comme en symétrique de la forêt et d'ailleurs identifiée à elle, une raffinerie :

> Le vent atteint une autre forêt, étrange, de traverses métalliques pour l'extraction du pétrole. Les flammes sortent des cheminées et le vent les allonge sur le ciel, à l'horizon, épouvantant de gros oiseaux noirs, qui en vol vertical cherchent un endroit paisible au-dessus du cyclone[3].

Cette raffinerie venue du *Désert rouge* est posée là, dans la composition, selon une économie picturale énigmatique dominée par la solitude des signes quand surgit un train, élément chiriquien par excellence. Quelques pages plus tard, pour confirmer notre impression, Antonioni ajoute une tour isolée dans la steppe.

Le cinéma absorbe ou réduit les distances, il le fait plan par plan, décompose ce que l'espace perspectiviste et unitaire est obligé de conjuguer. Nous retrouvons *mutatis mutandis* ce que nous avions observé en confrontant *L'Éclipse* avec la toile de Sironi. La description

1. Nicolas Poussin, *Paysage à l'arbre frappé par la foudre*, dit *L'Orage*, huile sur toile, 99×132 cm, Musée des Beaux-Arts, Rouen.

2. Michelangelo Antonioni, Tonino Guerra, *L'Aquilone*, *op. cit.*, p. 252.

3. *Ibid.*

écrite du paysage fait absolument voir un tableau de De Chirico et trace un périmètre où les signes, trains, forêt, raffinerie, fleuve, tour, existent chacun dans leur solitude respective, réglés par des points de fuite différents et incompossibles contrariant jusqu'à l'irréel l'espace qui aurait dû les orchestrer. Si le texte pour le film décompose dans le temps et la durée, plan par plan, cette solitude des signes, il laisse subsister la stupeur, la douceur et l'énigme qui en émane. Usman, le petit protagoniste de *L'Aquilone* à la recherche de son cerf-volant, traverse la steppe, il va de la tour vers le village ; Antonioni ajoute alors à sa composition une lueur chiriquienne.

> Quand il sort de la tour, la steppe autour de lui est sombre. Il reste à l'écoute comme s'il cherchait des bruits amis dans ce silence. Unique son, l'appel très lointain d'un oiseau de nuit, il se met à marcher. De temps à autre, il se retourne. La tour qui, d'abord, lui semblait mystérieuse et hostile est maintenant la seule chose rassurante. Il la laisse derrière lui. Heureusement, quelque chose d'inhabituel se propage depuis l'horizon sur toute la steppe, comme si le soleil commençait à se lever. Et, en effet, de l'horizon surgit une lune pleine, dix fois plus grosse que la lune ordinaire [1].

Un des premiers plans de *Il Colore della gelosia* (*La Couleur de la jalousie*, 1971) aurait été le suivant :

> L'homme est gêné. Sa gêne augmente quand il s'aperçoit que dans le taxi voisin du sien un jeune homme aux cheveux longs dessine sur un bloc, lève toutes les deux secondes les yeux vers lui, comme s'il était en train de faire son portrait. L'homme change de position, tourne la tête, mais l'autre continue, imperturbable. L'homme se couvre alors le visage de la main. Ainsi dissimulé, il regarde l'heure. Puis le feu qui est rouge. Tous regardent le feu. Chacun voit le disque rouge à sa façon. Selon la distance, plus ou moins grand. Le disque rouge de l'homme impatient est le plus grand de tous, et il ne cesse de grandir jusqu'à ressembler à un soleil qui se couche derrière les capots jaunes en les striant de rouge. En fait la nuit tombe... Le feu soleil continue à

1. Michelangelo Antonioni, Tonino Guerra, *L'Aquilone*, *op. cit.*, p. 259.

> descendre, il disparaît. Quelques instants plus tard, une lumière verte, très pâle, monte des capots jaunes [1].

Le soleil qui conclut *Zabriskie Point*, ce coucher de soleil à l'instant où la voiture de Daria démarre, sans autre direction semble-t-il que le couchant, est une forme obsédante du cinéma d'Antonioni.

Dans le prologue de *La Couleur de la jalousie* (encore un scénario non réalisé), le soleil et la couleur de la jalousie se superposent : la couleur est un filtre qui permet de voir le soleil rouge comme un feu et le feu rouge tel un soleil dans la nuit. L'esthétique d'Antonioni isole tel fragment de visible, en fait un emblème, en tout cas un leitmotiv, une forme rémanente et obsédante. Le réel et ses apparitions commandent aux sens, à l'idée et aux symboles, jamais le contraire, jamais l'idée ne cherche à glaner des images. Dans ce prologue, Antonioni oppose couleur et dessin, terme à terme, pour deux visions de la ville, deux temps de la vision ; on retrouve cet antagonisme théorisé par Antonioni dès 1942 dans un article intitulé « Suggestion de Hegel » :

> Une autre rue de Rome. Cette rue, tout comme la précédente, ressemble à un dessin inachevé, d'une tonalité uniforme : beige. Sur ce dessin se greffent de temps en temps des épisodes réalistes : des silhouettes, les scènes d'une rue, aux couleurs tout aussi réalistes : ces silhouettes gesticulent, elles marchent ou sont installées à la terrasse d'un café [2].

La couleur fonde une esthétique de disjonction en refusant de se conformer au dessin, en le trouant au contraire, afin de casser son uniformité :

> Le cinéma est un art fondamentalement figuratif et comme la peinture, son moyen de représentation formelle est l'apparence extérieure de la nature et des individus, à condition que celle-ci laisse clairement deviner leur intériorité. Remarquez que je dis bien apparence et non pas matière ; un rapport précis entre la spiritualité et la sensibilité est donc indispensable et son obtention coïncide d'une part avec la transfiguration de l'aspect réel du monde et une pure illusion d'art,

1. Michelangelo Antonioni, *I film nel cassetto*, Venise, Marsilio Editori, 1995, p. 115 ; éd. fr. in *Scénarios non réalisés. Michelangelo Antonioni*, *op. cit.*, p. 104.
2. Michelangelo Antonioni, « Suggestion de Hegel », *Cinéma*, n°155, décembre 1942.

> d'autre part avec la couleur dont les passages, les différences et les nuances permettent la transfiguration elle-même. On peut aisément en déduire que la couleur doit être considérée comme indispensable à l'absolu de la beauté figurative. Il suffit de considérer comme valable l'affirmation selon laquelle le cinéma en noir et blanc est au cinéma en couleur ce que le dessin est à la peinture ? C'est la couleur, affirme Hegel, qui fait d'un peintre un peintre [1].

On trouve ailleurs cette impatience à ajouter au dessin la couleur. Par exemple :

> La couleur ne viendra pas de l'Amérique, en 1947. Ils nous enverront, peut-être des inventions surprenantes et des techniciens très habiles. Mais ce sera à cette vieille Europe qu'il incombera de jeter les bases d'une esthétique cinématographique de la couleur [2].

Ces inquiétudes théoriques existent en amont des films et les préparent.

La perfection formelle jusqu'à la stupeur de *Il Grido* réside dans la maîtrise du dessin et la rigueur du trait ; sa conception à la fois architectonique dans l'espace et de délimitation d'un horizon tient lieu d'équivalence formelle à l'inéluctable et au tragique qui sourdent du scénario.

Film intégralement dessiné, *Il Grido*, par la force et la netteté du dessin, fait sentir plus que *L'Avventura*, *La Notte* ou *L'Éclipse* l'absence de la couleur, comme si le dessin était une couleur en soi, une tonalité affective privée de couleur mais teintée de l'intérieur ; le gris, le noir et le blanc de *Il Grido* sont les couleurs de l'absence de couleur ; mais aussi du manque et de l'absence, celles d'Irma perdue ; enfin celles du désir atone et de la fatalité.

> Imaginez maintenant que vous vous rendez chez M. Samuel Goldwin et que vous lui tenez un propos de cet ordre : M. Goldwin, je pense que Greta Garbo a la voix violette et Barbara Stanwick verte. Je pense qu'Ingrid Bergman est une jeune femme bleu-rose, Lana Turner marron et qu'à Gene Tierney conviennent des ambiances jaune-vert. Je pense que dans telle scène de tel film que vous avez tourné sur le

1. *Ibid.*
2. Michelangelo Antonioni, *Film Rivista*, n°18 décembre 1947.

> sentiment de la jalousie, il manque du jaune autour de la figure de la femme adultère ; et je dis jaune parce que cette "jalousie particulière" m'a suggéré, sur le moment, cette couleur. Une impression. Les impressions sont si fugitives. Les couleurs aussi sont éphémères, M. Goldwin. Pour un même objet, il n'existe guère de couleur fixe. Un coquelicot peut être gris, une feuille noire. Et les verts ne sont pas toujours de l'herbe, les bleus ne sont pas toujours le ciel[1].

Antonioni sait qu'un ciel parfaitement bleu est en quelque sorte un phénomène sans phénoménalité et on cherchera en vain un seul plan de ciel bleu dans son œuvre ; *La Couleur de la jalousie* suggère le jaune. Ce jaune deviendra dans *Le Désert rouge* la couleur de la peur et de la contagion. Quand une couleur se pose, elle ne change pas de nom mais de puissance, de portée et de symbolique, la couleur est l'impermanence phénoménologique par excellence. En allemand, tonalité affective se dit *Stimmung*, la couleur est d'abord une tonalité affective, psychologique et ontologique qui s'accorde aux personnages, à la situation, au film, davantage qu'une musique elle est un son. Dans la première scène jamais réalisée de *La Couleur de la jalousie*, le désir (le rouge, celui du *Désert rouge*) coupe et lacère le jaune. La jalousie est ce travail du désir (le rouge) devenu malade et empoisonné (le jaune), la zébrure de l'un par l'autre ; l'image d'un coup aurait fait surgir cette évidence. Bien avant *Le Désert rouge*, une interrogation sur la couleur hante Antonioni, elle n'est cependant pas seulement théorique, mais un besoin dans l'image, un besoin pour l'image, un appel du réel. Antonioni dit :

> Ce qui me frappe dans un visage ce sont d'abord ses couleurs. Je ne dis pas cela pour me singulariser c'est simplement une caractéristique comme une autre, je suis naturellement très impatient de faire un film en couleur[2].

La Couleur de la jalousie aurait été une véritable traversée des couleurs, une exploration à la fois goethéenne, phénoménologique et

1. *Ibid.*
2. Michelangelo Antonioni, *Cahiers du cinéma*, n° 112, octobre 1960.

narrative de leur pouvoir à se modifier et à métamorphoser ce qu'elles touchent.

> C'est une allée bordée d'arbres. Des arbres très hauts dont les branches enchevêtrées forment une voûte de verdure. Sur les côtés, des haies vertes, elles aussi. La voiture de Matteo roule au milieu de la verdure, paysage qui serait rassérénant s'il n'était obsédant. Tout est vert mais d'un vert éclairé par les phares, glauques eux aussi. Et ce vert des phares donne une apparence artificielle aux arbres qu'on dirait en plastique[1].

Le vert, la couleur de l'anxiété diffuse, flottante, insistante dans *Le Désert rouge*, irrigue cette image au croisement de trois obsessions antonioniennes : la couleur et son pouvoir de métamorphose, les projecteurs des phares, métaphore du soleil et l'isolement dans un lieu où la solitude et l'absence de limites se conjuguent, créant une impression de jungle. On imagine alors Antonioni essayant de tourner dans la jungle amazonienne *Techniquement douce*, Antonioni cerné par le vert mais en même temps protégé du soleil qui ne peut percer le plafond des arbres.

> Les tons gris et le ciel bouché sont souvent caractéristiques de mes films. Est-ce une prédilection figurative ? Ce n'est pas d'abord et seulement cela. Ce fait est dicté aussi par des raisons pratiques. La position du soleil impose un certain angle de prise de vue. Si le soleil est derrière moi il y a l'ombre de la caméra, s'il est en face il entre dans la caméra et les angles, les plans sont imposés. [...] Comme l'une de mes préoccupations est de suivre longtemps les personnages, il est évident que l'absence de soleil me permet de le faire plus librement[2].

Cette remarque remonte à 1958, et vaut probablement jusqu'au *Désert rouge*, nonobstant la parenthèse de *L'Avventura*, film éclaboussé de lumière, traqué par la lumière, perturbé, dérangé, bousculé par elle comme si elle conduisait le récit d'une enquête, d'ailleurs très vite enlisée puis sédimentée. La remarque d'Antonioni trouve en revanche son amplification dans *La Notte*. Les topiques et les questions

1. Michelangelo Antonioni, *I film nel cassetto*, *op. cit.*, p. 168 ; éd. fr. « La couleur de la jalousie » in *Scénarios non réalisés. Michelangelo Antonioni*, *op. cit.*, p. 104.

2. Michelangelo Antonioni, *Cinéma 58*, n° 30, septembre-octobre 1958.

posées témoignent d'une telle amplification; *Il Grido*, *Femmes entre elles*, *Les Vaincus* ou *Cronaca di un amore (Chronique d'un amour*, 1950) confirment cette atmosphère, en la soulignant parfois d'un caractère processionnel, désolé ou hiératique. À cet égard *L'Éclipse* hérite du plein soleil aveuglant de *L'Avventura* et de la presque obscurité de *La Notte*, du chiasme s'opérant en une superposition qui d'ailleurs fait titre : *L'Éclipse*. Enfin il y a l'aube, l'omniprésence de l'aube; *L'Avventura* et *La Notte* se concluent au crépuscule de l'aube alors qu'à rebours, *L'Éclipse* s'achève au crépuscule du soir. Le crépuscule, l'instant d'une tonalité fondatrice, originaire, une *Grundstimmung*, conceptuellement indistincte mais où il semble que l'angoisse l'emporte toujours sur la mélancolie, et en tout cas emporte la mélancolie, la traîne et la déporte pour la faire basculer vers une urgence, une stridence, un appel dont le dernier plan de *L'Éclipse* témoigne. Témoigne parce qu'on a la sensation alors que le film éclate, explose et soudain se résorbe dans cette saturation. L'aube, dans *La Notte* et *L'Avventura*, était la tonalité d'un dénouement, la résignation douloureuse d'un apaisement forcé, une extinction. Le crépuscule du soir dans *L'Éclipse* est l'instant et l'instance de l'événement : l'avènement de l'angoisse, l'aveuglement qu'elle opère et la lumière du projecteur (un réverbère), à la fin du film, est le scialytique d'une opération ultimement ontologique, une ontophanie inachevée puisque la lumière envahit l'écran sans totalement l'aveugler.

Profession : reporter, également, s'éteint au crépuscule du soir. Après *Blow Up*, qui hésite entre l'ampoule du laboratoire et l'aube, le soleil écrase *Zabriskie Point* puis *Profession : reporter* (même si, Antonioni l'a souligné, il ne tournait que le matin et le soir pour éviter l'intensité du zénith).

Le pouvoir de la lumière dans tous ses films est en quelque sorte une métaphore du récit, l'équivalent d'une tonalité affective qui imprègne le film. Elle se règle et se dérègle d'un plan à l'autre avec science et méthode. Elle est aussi l'outil des variations de couleur même si le choix de la couleur reste autonome. Elle est sans doute également l'instance, la seule, qui peut volontairement dérégler le temps diégétique, nuancer, fausser, éblouir ou aveugler le récit. Ainsi entre le jour et la nuit, une forme ou plutôt un motif souverain, tyrannique et fascinant, s'impose :

> Un jour, j'inventerai un film en regardant le soleil, un film sur la méchanceté du soleil, l'ironie cruelle du soleil [1].

Dans la même préface, Antonioni consigne ce souvenir de l'année 1962 :

> À Florence pour voir et filmer l'éclipse de soleil. Gel soudain ; silence différent de tous les autres silences. Lumière terrienne différente de toutes les autres lumières. Et puis le noir. Immobilité totale. Tout ce que je peux penser est que pendant l'éclipse les sentiments s'arrêtent aussi.

Une fois encore, le cinéaste opère une réduction, en tout cas une mise entre parenthèses, voire une scotomisation des sentiments ; amplifiée dans le film, cette réduction prendra une dimension extrême puisque l'angoisse devient le nom de ce suspens. Suspens non seulement des sentiments mais de tout étant, de toute saillie du visible qui pourrait en être le réceptacle. Antonioni met en scène cette *épochè*, et les derniers plans du film accompliront une véritable coupure dans le film, une saute, un écart dans le temps diégétique jusqu'alors prévisible de *L'Éclipse*. Cet épilogue est un film dans le film en même temps que sa conclusion. Le passage d'un monde otage de la facticité à un monde sous réduction puisque saisi par l'angoisse. Le titre dit ceci, ce qui doit être vu là est aveuglant ; l'angoisse aveugle. Ni la mort ni le soleil ne peuvent se regarder de face, ni l'angoisse ; la filmer, la faire voir, déceler ce qui brûle en elle – ce nom de l'être – c'est forcément et nécessairement la filmer au moment de l'éclipse : au moment où ce qui la cache permet et rend possible de la voir. Antonioni n'aura de cesse de filmer cette ontophanie. Elle éclaire, éclabousse de lumière et efface la mélancolie dessinée et construite de la première partie de l'œuvre. Nietzsche écrivait que l'angoisse est l'heure de l'ombre la plus courte, le plein midi. Antonioni parle de la méchanceté du soleil. Est-ce parce que l'angoisse seule possède ce privilège ontologique qu'il

1. Michelangelo Antonioni, préface à *Sei Film*, *op. cit.*

ajoute à la méchanceté du soleil son ironie ? L'éclipse est donc le motif d'une réduction amplifiée, la possibilité de regarder cliniquement ce qui ne peut se regarder.

Le soleil et ses avatars, projecteurs, phares, réverbères, feux rouges fascinants, lune, sont à la fois des synecdoques et les outils de l'angoisse. Et, « accessoirement », de la panique – panique de mort – qui s'ensuit.

La première tentative de cinéma d'Antonioni prend alors la valeur des scènes archaïques. Une *arché* qui va s'instiller ensuite dans l'œuvre et que le cinéaste n'aura de cesse de canaliser. Il la contrôle en la découvrant et la découvre toujours mieux dès qu'il la contrôle, l'expérimente, lui trouve des formes et des alibis, rend solide, réifie, dompte et domestique la lumière aveuglante de cette première scène. Entre cette scène archaïque et la tentative de filmer le déluge à partir de la vie ordinaire des gens du Pô, Antonioni touche immédiatement au noyau dur de l'angoisse ; son cinéma ainsi révélé sera ensuite à la fois une expérience théorétique, cathartique et poétique. La scène primitive est la suivante :

> Nous avions décidé avec des amis de tourner un documentaire sur les fous… J'ordonnai d'allumer les projecteurs… D'un seul coup, la salle s'embrasa de lumière. Un instant les malades restèrent immobiles, pétrifiés. Je n'ai jamais vu sur le visage d'un acteur une épouvante aussi profonde et totale. Cela ne dura qu'un instant, je le répète, et puis se produisit une scène indescriptible. Les fous commencèrent à se tordre, à hurler, à se rouler par terre. Désespérément, ils cherchaient à s'abriter de la lumière comme d'un monstre préhistorique… C'était maintenant à nous d'être pétrifiés devant ce spectacle. Ce fut le directeur qui cria : Stop ! Éteignez ! […] Et dans la pièce rendue à la pénombre et au silence, nous vîmes un grouillement de corps remuant dans les sursauts d'une agonie [1].

Antonioni avait un oncle fou qu'il aimait en particulier, et une des scènes les plus belles d'*Il Grido* est celle où la petite fille court vers les fous, « de vrai fous » précisera le cinéaste qui manisfeste à leur égard une curiosité et une tendresse profonde. Plus que d'autres, ils

1. Michelangelo Antonioni, *Cinema Nuovo*, n° 138, juillet-août 1958.

sont les victimes expiatoires de la méchanceté du soleil, en tout cas ses premières victimes.

Le projecteur n'est pas la seule machine de l'épouvante; cette panique, celle des gens du Pô par exemple, Antonioni s'inquiètera de pouvoir la filmer de manière onirique dans le scénario de *L'Aquilone*, au comble de la cruauté dans *Techniquement douce*, mais aussi dans presque tous ses films de façon voilée, feutrée, atténuée par le récit, le paysage ou l'atmosphère ; filmer cette panique, séquestrée, intérieure, affolée à l'intérieur de soi et qui va se cogner contre l'extérieur tel un oiseau à une vitre. Pour filmer l'invisible de l'angoisse, il lui faut filmer celui, ou celle, qui voit ce qui ne peut pas se montrer. L'acteur est bien l'intermédiaire, le facteur ou le messager d'une épreuve qui ne peut se faire voir et éprouver que selon lui. La méchanceté du soleil et ses projecteurs ont dans l'univers d'Antonioni une étrange parenté complémentaire : ainsi la jungle de *Techniquement douce*, prison verte où la lumière n'entre pas, à l'égal d'un monde sous terre, labyrinthe d'une angoisse sans crépuscule pour la libérer.

Toutes ces formes rondes, pleines et brûlantes, le cinéma d'Antonioni les apprend et les met en scène, il scrute ce qui ordinairement sature le regard et l'aveugle. L'angoisse est la forme suprême de réduction, elle est le cratère principal d'un volcan et autour d'elle s'opèrent par éclat ou par trouée des réductions secondaires et adventives, apparitions stridentes traversant le visible ordinaire pour reprendre, justement en « réduction », le motif central, l'avouer, l'épuiser, le vider.

La lumière y est donc moins forte et ces « spots » sont au soleil ce que l'anxiété et son lest d'énigmes, où conspire la fascination, sont à l'angoisse. Des phares dans le brouillard pour *Identification d'une femme* jusqu'à la pleine lune dans *L'Aquilone*. Antonioni filme pour aller chercher un tel motif, le rejoindre, l'atteindre puis s'écarter de lui.

> On a tué quelqu'un à Ferrare en le précipitant avec sa voiture dans le Pô, en hiver, avec le brouillard qui estompe le paysage. La voiture est restée toute la nuit sous l'eau avec les phares allumés. L'histoire de cet homme, résumée dans son moment final, dit peu de choses. Il doit arriver quelque chose d'autre à cet endroit au cours de la même nuit, à la lumière de ces phares sous l'eau. Cette clarté aqueuse qui frappe le

> brouillard comme un verre dépoli est trop magique pour rester inutilisée[1].

Le halo lumineux de l'anxiété s'est glissé comme pour une préparation de laboratoire entre l'eau qu'il perce et le brouillard qui le bloque et le retient, le diffuse mais l'estompe. Ainsi retenue, observable, aveuglante et éteinte en même temps, hypnotique plus encore que fascinante, l'anxiété aidée de l'énigme, peut tracer l'étiage d'un récit. Antonioni ajoute « et puis il y a du neuf dans la structure d'un récit qui part d'un fait aussi grave qu'un crime pour arriver à un autre fait qui n'a rien à voir avec le premier, si ce n'est qu'il est éclairé par la même lumière »[2]. Il est d'ailleurs stupéfiant d'observer combien chaque film tire son unité d'une lumière constante jusqu'au dénouement : l'opacité humide de *Il Grido*, le plein soleil de *L'Avventura*, l'obscurité de *La Notte*, l'insolation de *Profession : reporter*.

Qu'aurait été *Techniquement douce*, chef-d'œuvre mort-né, voulu en montage alterné entre la lumière aveuglante de la Sardaigne et la nuit verte de la jungle d'Amazonie ? Si T., l'homme de trente-sept ans, meurt les yeux rivés sur une orchidée, le jeune homme, S., meurt en atteignant une clairière, ou plutôt est piégé quand il atteint la clairière, pareille à une aube, mais une aube cruelle et dispensée de jour.

Dans *Rien que des mensonges*, un récit intitulé « La Frontière » impose une image comparable et saisissante :

> La lumière des phares laisse une trace sur les arbres quand elle les éclaire la nuit. Une fois, j'ai dirigé mes phares sur un chêne, je suis descendu de voiture et j'ai été voir. L'écorce grouillait de fourmis qui allaient et venaient avec leur fièvre habituelle si stupide, mais la place touchée par les phares était vide. Les fourmis la contournaient, en effleurant le périmètre sans jamais y pénétrer. Elles continuèrent à l'éviter quand, une fois les phares éteints, la lumière disparut à mes yeux, pas aux leurs évidemment[3].

La forme qui se dessine est celle d'une éclipse – paradoxale – où les fourmis font un halo à la lumière aiguë des phares. Elles tournent

1. Michelangelo Antonioni, *Rien que des mensonges*, *op. cit.*, p. 177.
2. *Ibid.*
3. *Ibid.*, p. 144.

autour de ce rond de lumière éteinte, le contournent en dessinant le cercle vivant, organique, noir, tracé avec un mauvais fusain, alors que les fous se jetaient au contraire dans la lumière pour s'y brûler. Ces fourmis, nous les trouvons aux derniers plans de *L'Éclipse*, quand Antonioni cadre chaque parcelle de visible avant que la lumière n'aveugle tout : un tronc, une écorce où des fourmis grouillent en désordre. Les deux plans – les fourmis et l'éclipse – sont dans le film séparés de quelques minutes et dans le texte « La Frontière », ils se superposent. Le texte délivre en une seule image, dans la solitude de cette image, une éclipse où rien n'est éclipsé si ce n'est justement ce rien, l'invisible rendu visible et même fascinant d'un coup, d'un coup de projecteur éteint, traçant d'un cercle noir et organique une présence étrange, rugueuse, inquiétante, purement picturale, haptique et que l'on touche du regard. Antonioni ouvre ainsi du vide, fait du vide pour scruter sa matière : l'écorce d'un arbre, ailleurs le crépi d'un mur, la rouille sur la coque d'un navire, le sol jonché de taches, une eau stagnante où dérive un minuscule morceau de bois.

Un des derniers scénarios, non réalisé, du cinéaste, est intitulé *The Crew*[1] : un équipage insolite dérive sur un yacht après une tempête. L'eau stagnante dans le bidon – rond – à la fin de *L'Éclipse* et le scénario conradien imaginé vingt ans plus tard par Antonioni se répondent, comme microcosme et macrocosme, fragment et décor. Il existe une constellation antonionienne où les images sont les perles que l'écrivain de la nouvelle de Henry James assemblait sur un même fil : *L'Éclipse* ; l'excès de lumière sur le tronc d'arbre autour duquel dansent, imbéciles, les fourmis ; le tirage sur papier d'une éclipse (celle de 1962 ?) dans l'atelier du photographe de *Blow Up* et, à côté de ce tirage cloué au mur, sur le mur d'angle, un panorama, la frise d'une caravane dans le désert (les deux images, la photographie de l'éclipse et celle des chameaux, sont éloignées par l'angle du mur, comme coupées au montage, et s'agencent tels deux plans montés l'un après l'autre d'un récit passé – *L'Éclipse* ou à venir – *Profession : reporter*). Les images persistent, s'attendent, s'annoncent, se retardent les unes les autres ;

1. *The Crew* traduit par « La chiourme » in *Scénarios non réalisés. Michelangelo Antonioni*, *op. cit.*, p. 161.

elles continuent telles les fourmis leur ronde quand le projecteur est éteint. Le soleil, les projecteurs, – pôles de l'aveuglement, lumières concentrées en une forme ronde : là réside le foyer des images, le lieu de leur naissance et de leur anéantissement.

Le soleil et ses métaphores laissent donc une trace visible et vive. Antonioni explore ces formes et leurs phénoménalités avant de s'inquiéter, dans *Identification d'une femme*, du soleil « en direct ». La scène du télescope où le cinéaste (qu'interprète Niccolò Farra) regarde le soleil en face est au pli du film, elle est sa charnière, le passage de la frontière entre une femme et une autre. Ce plan très court du soleil vu au télescope, rouge, incandescent, boule de feu qui grossit dans l'image, a une fonction étrangement analogue à un fondu au noir ; il en est l'équivalent et le symétrique inverse.

> Vous vous rappelez, l'image du soleil. C'est une image assez rare parce qu'elle est tournée directement sur le soleil, tandis que les images du soleil qu'on prend avec télescope dans les laboratoires sont un reflet de l'image sur un écran et l'on voit le soleil dans un contexte qui n'est pas le sien, mais sur un écran blanc. Tandis que là, ce qu'on voit en dehors du soleil, c'est le ciel en image directe. J'ai fait construire un adaptateur avec la longueur de focale adaptée, et on a tourné avec les filtres, directement, ce qu'on n'avait jamais fait. J'aime la science, il y a un moment où ça m'intéressait beaucoup [1].

Dans la même déclaration sont opposées et superposées une réduction au sens husserlien, c'est-à-dire une neutralisation (sur un écran blanc) et un suspens qu'Antonioni intègre à la diégèse du film, une agrafe indispensable, hors-texte, mais intègre, c'est-à-dire ne trichant pas avec le réel.

En poursuivant la lecture de *La Couleur de la jalousie* nous apprenons autre chose : le basculement des signes de l'invisible dans le visible se cogne aux objets et les fait apparaître, mais aussitôt pour les rendre à leur origine ; métamorphosées dans l'apparition, les objets retombent dans une réification où la soudaineté ontique de ce qu'ils sont les impose pour ce qu'ils sont : ordinaires.

1. Michelangelo Antonioni, à propos d'*Identification d'une femme*, *Cahiers du cinéma*, n° 342, décembre 1982.

> Un coup de frein, ou un tournant, ou un virage dans lequel les roues crissent devient un éclat de rire. Ses dents, dans la bouche ouverte sur le rire, couvrent tout le pare-brise. Puis la bouche disparaît, la route, le cône de lumière des phares sur la chaussée réapparaissent. Un autre cône arrive en sens inverse : les bases des deux cônes se rencontrent et se transforment en un baiser[1].

Dans ce scénario, chaque lumière est devenue un présage pour composer un ballet érotique improbable et dangereux jusqu'à l'extinction des feux : « Il est revenu dans un monde où les voitures sont des voitures et les cônes de lumière de la lumière, qui se confond avec celle de l'aube. Et non pas les signaux amoureux, des messages déchiffrables uniquement par celui qui sait les recevoir et possède la clef de leur interprétation. » À la fin, le monde et son ordre, banal, prosaïque, libéré de l'énigme des signes et de toute fascination, reprend ses droits. En cela, ce scénario est la métaphore de ce que doit être le cinéma, un suspens, une métamorphose, une réduction qui, une fois le film achevé, nous rend indemnes, mais différents, à la vie du monde.

Pour retourner au réel, il aura fallu, dans *La Couleur de la jalousie*, sur la route un accident, un couple tué sur le coup dans une voiture de sport trop rapide ; et qui semble être venu mourir là, à la place de Matteo et d'Yvonne, en percutant un camion. Passe une colonne militaire, comme si une guerre allait être déclarée. Un char s'arrête, la colonne se bloque, Matteo s'approche de la voiture. « À l'intérieur, on voit les corps des deux jeunes gens couverts de sang. » Antonioni aimait particulièrement *Week-End* (1967) de Godard et on pense également à l'avant-dernier plan du *Mépris* (1963), l'Alpha Roméo rouge et le sang, et ce plan télescope un plan du *Silence* (1963) de Bergman où un char impose dans l'image l'idée d'une guerre.

En 1962, Antonioni avait filmé l'éclipse en direct, vingt ans plus tard dans *Identification d'une femme*, il filme le soleil « dans un contexte qui est le sien » : le film autant que le ciel. Dans le télescope, le soleil est vu « dans son contexte », mais coupé dans l'écran par le cadre. Il n'est pas cadré telle une boule de feu mais semblable à un

1. Michelangelo Antonioni, *I film nel cassetto*, *op. cit.*, p. 162.

prélèvement comme si le télescope offrait une vision comparable à celle d'un microscope au cœur du film ; entracte brûlant, ponctuation sidérante, le soleil reste une hypothèse (l'hypothèse du film à venir) ; à la fin du film, quand Niccolò renonce à l'identification d'une femme, il imagine le dernier voyage, le voyage vers le soleil : la vérification de l'axiome. « C'est l'histoire d'un vaisseau spatial qui va vers le soleil, tout près du soleil. / Il ne se brûle pas... ? questionne le neveu de Niccolò. / On ne peut jamais dire, dans la science-fiction, ce qui est vraisemblable et ce qui ne l'est pas. »

Le voyage va s'accomplir sur un astéroïde (« capturé dans l'espace et qui a été transformé »). Antonioni met cet astéroïde sur orbite et l'anthropomorphise étrangement, il le crève de deux énormes cratères qui sont des yeux, l'astéroïde est alors un visage crevassé, buriné, ratatiné, et d'abord un regard ; en accomplissant sa demi-révolution dans le cadre, il ne nous quitte pas des yeux. Le visible nous regarde, comme la tumeur non identifiée sur l'arbre obligeait Niccolò à la scruter, l'astéroïde nous aimante, il est un aimant qui nous entraîne pour ce voyage vers le soleil et « s'approche du soleil pour l'étudier ».

L'astéroïde comme la tumeur de l'arbre nous propulse vers l'infini – l'infini : ce que le plus grand ne peut pas contenir et qui tient dans le plus petit[1].

Il est la métamorphose de la tumeur de l'arbre, sa projection dans une autre réalité, celle qui pousse le visible vers la fascination. À la fin, le soleil perd sa forme et devient une tache, une éclaboussure, une couleur saturée, aveuglante dans le cadre.

1. Autrement dit le divin. « *Non coerceri maximo contineri minimo, divinum est* » : exergue d'*Hypérion* de Hölderlin, extrait de l'épitaphe d'Ignace de Loyola.

chapitre 2
saturation et formes du vide
une esthétique antonionienne

Le soleil fixé jusqu'à la saturation est la forme « techniquement douce » d'une nécessité intérieure qui trouve chez Antonioni une autre forme symétrique et antagonique : l'explosion.

Antonioni insistait sur le fait que le soleil était vu au télescope dans son contexte, le ciel. Le ciel est aussi le contexte de l'explosion quand le feu jaune jaillit des cheminées au premier plan du *Désert rouge* et surtout dans l'avant-dernière scène de *Zabriskie Point*. Le ciel, bien mieux qu'une toile de fond, le subjectile d'une peinture en mouvement, un interminable support. Un subjectile impossible à atteindre dès cette scène de *La Notte* où un groupe d'amis joue, dans une campagne menacée par la périphérie, à tirer des fusées, projectiles entraînant la fumée d'un dessin dans leur sillage, contre le ciel.

La saturation avait un étrange et paradoxal pouvoir de libération analogue à celui de l'explosion; cette dernière est une suite ou une formule de la saturation escomptée du soleil. Antonioni ne les inscrit pas dans une continuité narrative, mais les juxtapose – l'avant-dernière scène et la dernière scène de *Zabriskie Point* : l'explosion puis le soleil couchant – ou, de façon plus complexe, les superpose : le zoom sur le réverbère au dernier plan de *L'Éclipse* produit une explosion aveuglante de lumière, avec une violence d'autant plus certaine qu'il ne s'agit pas d'un zoom au sens ordinaire, mais d'un raccord vertigineux entre l'image du réverbère et un déclic, celui de l'*Augenblick* (l'instant du regard) où n'est plus fixée que sa lumière. Passage sans transition entre le dispositif et l'effet, entre la lumière objective (intentionnelle) et la lumière aveuglante selon un mouvement de caméra qui apparaît brusque, précis et définitif comme un détonateur.

L'explosion libère en donnant une inexplicable joie, et Antonioni confirmait que la fin de *Zabriskie Point* lui avait octroyé une véritable jubilation en la tournant. La joie est celle de l'espace, du cosmos enfin libéré de toute finitude, du temps, de l'amour et du sursis.

> Le ciel est toujours serein à sept, huit mille mètres. Puis l'azur disparaît et une teinte turquoise apparaît, qui devient de plus en plus intense. Aux environs de deux cents kilomètres, le ciel est noir. Étoiles, galaxies, nébuleuses, amas, radiogalaxies distantes de milliards d'années-lumière, gaz et poussière le remplissent presque entièrement. Et tout cela s'enfuit de nous à une vitesse folle [1].

C'est ainsi que se conclut la catastrophe qui ouvre le texte intitulé « Au-delà des nuages ». Un avion écrasé, pas de survivants, des lambeaux.

> Les morts, les lambeaux, la chair en bouillie, il n'y a rien à récupérer. Exceptés deux doigts au bout de la prairie du côté de la mer. Les doigts sont accrochés à un morceau de main, une main masculine étrangement propre et ils serrent une petite cuillère à café de plastique blanc [2].

Le ciel quand on s'y enfonce est une crevasse, d'abord cette teinte turquoise puis l'obscurité. Ensuite tout s'anime au ralenti.

Dans l'épisode français des *Vaincus*, un planeur atterrit, créant un effet de perturbation; il captive les jeunes gens, puis visuellement les sépare, laissant dans le cadre une petite fille et un jeune homme, interdits, devant la piste d'atterrissage. Au loin, on aperçoit d'autres avions; ce planeur est un projectile dont le surgissement, ou plutôt la

1. Michelangelo Antonioni, *Rien que des mensonges*, *op. cit.*, p. 14.
2. *Ibid.*, p. 15.

pénétration dans l'image (la phénoménalité n'est pas celle de quelque chose qui surgit, qui sort de l'image, mais au contraire, de ce qui, venu du hors-champ, entre dans l'image pour y semer la panique), crée un effet d'étrangeté, de joie et d'émerveillement teinté d'une sorte de stupeur.

Cet avion entrant dans le champ est aussi une métaphore, phénomène imprévu par excellence, qui crée un événement perpendiculaire au récit pour y ajouter un accroc d'étrangeté.

Au départ, dans le cinéma d'Antonioni, l'avion est un outil narratif, un événement tombant du ciel pour casser ou dérouter le récit ; objet insolite, inattendu et singulièrement étranger au récit, le planeur des *Vaincus* est un signe, un présage, impossible à déchiffrer. Le 6 novembre 1937, dans le *Corriere Padamo*, Antonioni avait fait la recension du film de Capra, *Horizons perdus*, et il semblait avoir été frappé par : « L'avion étincelant, qui, en tombant après un vol dramatique, amène ses personnages [...] dans un étrange pays, Shangri-la, au-delà du Tibet, enclavé entre de gigantesques murailles inconnues, où le bonheur est souverain. »

La nouvelle « Au-delà des nuages » fait voir un avion écrasé et sans survivants : « L'appareil s'est écrasé à mille sept cent quarante-deux mètres au-dessus du niveau de la mer. La mer se voit au loin à travers un col de roches sombres, mais il est rare que les bergers s'arrêtent le long des sentiers pour la contempler. » Le dispositif est celui de la chute d'Icare telle que Bruegel l'a peinte. Antonioni en garde le paysage et l'indifférence du témoin.

L'avion dans l'épisode français des *Vaincus* est un avion sans hélice. Thomas, dans *Blow Up*, en revanche, s'enthousiasme pour une hélice, hélice qui n'est pas seulement une synecdoque, mais également l'indice d'un récit secondaire qui n'aura pas lieu, énigmatique, gratuit, comme si, dans l'enquête, il fallait qu'un indice, un faux indice, propose au récit une autre piste, le début d'une histoire qui va s'arrêter là dès que Thomas trouvera une place à l'objet. Dans *L'Éclipse*, un gros homme dans l'enceinte de la Bourse vaque, un petit ventilateur à la main, dont l'hélice est comme celle d'un avion miniature.

D'un film à l'autre d'ailleurs, des éléments co-attenants fabriquent par synapses une sorte de récit discontinu pour le spectateur, qui voit tous les films d'Antonioni comme un seul film. (*Identification d'une femme* est à cet égard un épitomé où l'on reconnaît par citation chaque film du cinéaste l'un après l'autre, s'enchaînant en longeant la ligne visible du récit.)

Le bruit du ventilateur dans sa chambre en Afrique entraîne Locke à s'inquiéter des avions en partance ; d'un film à l'autre, ou à l'intérieur du même plan, Antonioni provoque de tels courts-circuits, des enchaînements, des analogies, des relances où le motif met en mouvement un mécanisme mental et visuel. L'avion est un terme essentiel du récit antonionien, un objet à fonctions multiples, tel un couteau à plusieurs lames escamotables précisément comme le train d'atterrissage d'un avion. Dans *Rien que des mensonges*, le projet écrit pour la bande-son d'un film à New York est intitulé : « D'un trente-septième étage sur Central Park » (Trente-sept? L'âge de T. dans *Techniquement douce*, l'âge de Locke dans *Profession : reporter*...) et s'achève ainsi :

> Je les vois dans ce grondement confus, fondus ensemble, l'œil attentif à la conduite, avec leur voiture lente : un grondement qui n'a pas le courage d'exploser. Comme un avion qui serait immobile dans l'air, l'air pur et clair de cet hiver printanier [1].

Dans le même livre, Antonioni se souvient de l'avion de *Zabriskie Point* et de cet épisode dramatique : le train d'atterrissage de l'appareil utilisé sur le tournage avait perdu une roue.

> En même temps je regardais le paysage tout autour. Je le connaissais bien, c'était celui que je voyais tous les jours, rien n'avait changé et je pensais que, comme ce paysage était celui de toujours, il n'y avait aucune raison pour que nous changions et que de vivants nous devenions des morts, cette incrédulité si naturelle me fit sourire. Rien n'avait changé dans ce paysage sauf une chose, la minuscule roue qui avait été attachée au-dessous de nous maintenant ne s'y trouvait plus [2].

1. Michelangelo Antonioni, *Rien que des mensonges*, *op. cit.*, p. 233.
2. *Ibid.*, p. 209.

L'avion de *Zabriskie Point* échappe à la terre, s'évade littéralement, il invente les formes qui sont adressées au ciel, celles d'un voyage sans retour, qui aurait dû être sans retour puisque celui-ci est fatidique à Mark (il sait ce qu'il risque en rendant l'avion, comme Locke sait ce qu'il risque en allant au rendez-vous de Daisy). Le ciel et la mort sont de mèche.

Le cerf-volant de *L'Aquilone* se détache de son fil. Il est le héros du film, mais aussi une des plus belles métaphores du cinéma ; pour ce film-là, ce film infini, il n'y aura jamais assez de bobines, jamais assez de fils, même si l'on détrame tous les tapis, toutes les couvertures, toutes les tapisseries, même si les hautes lisses se mettent à marcher à l'envers, même si l'on défait toutes les images figuratives ou abstraites pour le réaliser.

Dans *Identification d'une femme*, le regard du réalisateur, à la fin du film, abandonne cette tumeur de l'arbre, excroissance, témoin obsédant, *MacGuffin* de la terre et du réel, de l'énigme du réel que l'on a sous les yeux, motif qu'Antonioni s'est toujours refusé à identifier tant il faut qu'il reste l'innommé du film et de son cinéma. Il l'abandonne pour suivre en rêve une image du soleil, cette fois centrée, plein cadre, qui se diffuse ensuite, instille sa luminosité, sature le cadre, perd sa forme pour devenir une couleur. Le héros, ce réalisateur finalement assez sédentaire, casanier à sa façon, cloué à la terre et aux femmes, s'évade, se perd dans ce projet qui n'en est pas encore un, dans cette image sans histoire, cette idée de film où l'horizon est le ciel, le ciel tendu par le cadre et de soleil ensanglanté.

> Je me souviens d'un personnage dans une nouvelle d'Hemingway auquel on demandait : "Croyez-vous en Dieu ?", et il répondait : "Parfois le soir". Quand je contemple la nature, quand j'observe le ciel, l'aube, le soleil, la couleur des insectes, les cristaux de neige, les étoiles, je ne sens pas le besoin de Dieu. Peut-être que lorsque je ne pourrai plus observer et m'émerveiller, quand je ne croirai plus en rien, alors peut-être je pourrai avoir besoin de quelque chose d'autre[1].

1. Michelangelo Antonioni, *Play Boy*, novembre 1967, p. 50.

Crevasse scintillante de cristaux et d'étoiles, sans fin, sans fond, le ciel en termine avec l'horizon. Et l'avion – chez Antonioni toujours un petit avion et de préférence pour un seul passager, celui de *Zabriskie Point* –, l'objet imprévisible, impermanent, qui peut perdre une roue, celui du risque individuel se transforme, dans *Identification d'une femme*, par l'intermédiaire d'une image sur un timbre, en un aéronef – vaisseau né d'une inimaginable technique pour un voyage infini, habitacle conçu pour égaler ou du moins pour suivre le cerf-volant.

Entre la terre et le ciel, sur la terre et dans le ciel, la tumeur de l'arbre et le cerf-volant (ou l'aéronef) se répondent. Et la tumeur de l'arbre, sa protubérance, sa corne, est comme on le dit justement, quand on veut nommer une soucoupe volante, un objet non identifié, posé sur sa branche, interceptant le regard entre ciel et terre. L'objet non identifié passe de la terre au ciel (pour cela il aura fallu renoncer à l'identification d'une femme, c'est-à-dire à la psychologie, aux sentiments, à toutes ces affaires encombrantes). Antonioni voulait qu'*Identification d'une femme* fût son dernier film antonionien – renoncer à ce que Matteo constate dans *La Couleur de la jalousie* :

> Tout me semble tellement ridicule [...]. L'amour est ridicule, n'ayons pas peur des mots [...]. Oui, parce que c'est une mystification, une duperie, mais comme la duperie n'est pas sans mystère, alors nous tombons tous dans le panneau[1].

Antonioni se tourne vers un mystère au-delà de ce mystère épuisé. Il scrute l'objet non identifié posé sur l'arbre (au-delà, il y a le ciel), et c'est comme si cet objet terrestre se métamorphosait alors en un autre objet non identifié, « cet astéroïde capturé dans l'espace et qui a été transformé ».

Au sujet de ce kyste, Antonioni se refuse à répondre : « C'est un symbole... Cela reste un mystère. C'est quelque chose que j'ai vu sans savoir ce que c'était, je n'ai pas réussi à le découvrir[2]. » Plus loin, Antonioni note enfin : « Si l'homme devait arriver au-delà de ce qu'il appréhende, à quoi bon le ciel ? »

1. Michelangelo Antonioni, *I film nel cassetto*, *op. cit.*, p. 172.

2. « Entretien avec Michelangelo Antonioni », *Cinématographe*, n° 84, décembre 1982.

Les dernières minutes de *Zabriskie Point* font rouler, débouler en apesanteur et voler en éclats les objets ordinaires de notre société de consommation (en trois temps : téléviseur, réfrigérateur, bibliothèques), laissant sur une orbite improbable l'antenne du téléviseur, le poulet froid et les livres, dans un cosmos en réduction, un microcosmos, projectiles tous azimuts en suspens devant le subjectile le plus inattendu, le ciel. Et cela compose un tableau en mouvement. On pense aux Nouveaux Réalistes, mais là encore il me semble plutôt que c'est une esthétique à la manière de Pollock qui domine. Les objets sont des couleurs, ainsi projetés ils perdent leur identité, une réduction (l'explosion) les décharge de l'identification première. Ils sont des formes et des couleurs en devenir d'abstraction sur fond de ciel.

« Je veux peindre un film comme on peint un tableau[1]. » Pour *Le Désert rouge*, un tableau de paysage, incroyablement moderne mais dominé encore par la forme-tableau ; dans cette scène de *Zabriskie Point*, cette forme-tableau est remise en question : le cinéaste investit le ciel pour en faire un support infini, perpétuellement hors cadre ; le cadre n'est que la délimitation arbitraire de quelque chose qui se poursuit au-delà, hors cadre. Et c'est en cela qu'il y a du Pollock dans une telle façon de filmer. Ce qui est cadré se prolonge à l'infini, hors tableau, hors cadre et le motif est vraiment un motif, c'est-à-dire une mise en mouvement. Chaque seconde de l'image est un tableau qui ne dure que cette seconde. Apparition aussitôt perdue, surgir-disparaître à l'égal de ce qu'est la vision. En quelques minutes, Antonioni nous fait voir ce qu'on s'épuiserait inutilement à théoriser : voir l'image fixe, le tableau, le voir en tant qu'il se phénoménalise, c'est le voir à l'instar de l'image en mouvement. Ce que je vois déjà s'efface, le tableau comme tel, contraint dans sa détermination ontique, appartient au conservateur ou à l'archiviste, aux restaurateurs ou aux faussaires. Antonioni, lui, ne parle que de vision et d'apparaître, il peint un tableau qui se modifie à chaque seconde aussi longtemps que la vision peut le tenir en respect. Cette explosion est celle de toutes les formes acquises, apprises, rassurantes, et donc aussi l'explosion de la peinture et de la

1. « Entretien avec Michelangelo Antonioni », *Bianco e Nero*, n° 2-3, février 1961.

forme-tableau comme possible piège et, au-delà, le déni de toute rhétorique, de tout ce qui aurait pu devenir dans ce cinéma une tentation formaliste où l'image consacrée aurait consenti à valoir pour elle-même, en elle-même, oublieuse du « poids du néant » qui est sa charge explosive.

Dans cette scène, ce sont aussi les plans fixes fascinés et fascinants sur le sol et les murs qui volent en éclats avec les murs de la ville. Après *Zabriskie Point*, Antonioni n'aura d'ailleurs plus systématiquement recours à cette esthétique de la fascination, ou alors à la façon du coup de poing contre le mur dans *Profession : reporter*, pour lui conférer une âpreté où la stupeur et la violence ne laissent plus de temps à la fascination.

Dans les scénarios et plus nettement dans les scénarios non réalisés, on découvre à l'œuvre des images cimentées en tableaux. Des œuvres qui n'épousent jamais un style particulier, qui n'appartiennent pas non plus à une quelconque école même si, par entrebâillement, on y décèle telle ou telle référence, mais au contraire, des tableaux qui évoquent allusivement une tonalité affective. Le tableau, dans la réalisation, ne se dépose pas en une image en otage d'une autre, encore moins en une citation, mais invente une forme qui se conforme au film, dominée certes par le modèle pictural, mais qui le domine à son tour. L'avant-dernière scène de *Zabriskie Point* est l'acmé de ce retournement.

Il faut qu'Antonioni filme pour atteindre cette métamorphose, à l'état d'hypothèse dans le scénario, l'image reste souvent un tableau ou son ébauche. Dans *L'Aquilone*, par exemple, le ciel sert également de toile de fond ; si l'on en revient au texte, l'effet est des plus différents :

> L'astronaute clôt la communication et se dirige vers un hublot à côté de l'opérateur. Au loin dans le ciel noir, mais très limpide, il y a un point blanc, différent des quelques étoiles visibles. C'est le cerf-volant. Il avance à une vitesse incalculable, malgré son apparente immobilité. Pas une vibration, pas un bruissement [...]. Le fil qui s'enfonce dans le

> vide noir trace une interminable rayure blanche, une coupure, ou un coup de craie sur une immense ardoise[1].

Écrit, il s'agit d'un tableau, on peut rêver à ce qu'aurait été sa mise en mouvement, au fond noir hors cadre, infiniment hors cadre, au coup de craie coupant littéralement l'écran, plaie dans l'image plus vive que celle d'un tableau de Fontana et courant hors-champ, sans fin suivant le fil du cerf-volant.

Dans *Le Désert rouge*, sur le tableau noir dans la chambre de son petit garçon, Giuliana avait dessiné une tache bleue – indice de la scène insulaire, azuréenne. Elle coupe cette tache bleue d'un coup de craie blanc qui suggère la voile du navire, mais aussi confère soudain une sorte de visagéité à la tache informe. Le tableau noir, l'ardoise, est devenu un tableau inachevé, inachevable, un tableau qui ressemble à Giuliana. Un portrait intérieur, l'évocation de ce qu'elle est et qui, par métonymie, amorce la scène de l'île où « tout le monde chante ».

Si Antonioni voit selon un modèle pictural quand il réalise, sa mise en mouvement bute alors contre la fascination : dans l'avant-dernière scène de *Zabriskie Point*, même si l'image est lestée d'une charge métaphysique et psychologique, la jubilation ou la joie de l'explosion emporte et déporte la fascination ; la fascination supposée dans le plan non réalisé de *L'Aquilone* laisse se dérouler l'image dans le temps propre de l'image en mouvement (le mouvement sans fin du cerf-volant). L'image le suit ; et le suivant, sort du cadre, le modifie et fait divorcer le cadre de la forme-tableau. Le ciel est le fond qui libère le cadre non pas du modèle pictural, mais du modèle pictural en otage de la forme-tableau. Reste la question autrement posée par Godard (dans *Passion* en 1982, par exemple) : « Comment cadrer le ciel ? ».

Le cadre s'ouvre au mouvement, à la mise en mouvement par le motif et accepte de le servir surtout lorsque ce motif s'autorise la plus grande audace : l'explosion ou la dissolution dans les abysses du ciel.

Enfin, le ciel (« à quoi bon le ciel ? ») est ce fond envahi par le soleil : sidération à son comble (le mot *sidérer* ne s'emploie-t-il pas d'abord pour les astres ?) ; dans *Identification d'une femme*, le soleil

1. Michelangelo Antonioni, Tonino Guerra, *L'Aquilone*, *op. cit.*, p. 72.

explose, comme l'on dit d'une tumeur qu'elle explose et alors le ciel change de couleur. Ce qui s'ensuit retrouve la fascination qui s'anéantissait dans un pan de mur, mais cette fois avec une puissance aveuglante et libératrice, libérée de la mélancolie (*La Notte*), de l'angoisse (*Le Désert rouge*), libérée de la société (*Zabriskie Point*), libérée du poids des sentiments, de l'amertume et de l'espoir, de la déception et de l'attente et de l'impermanence de tout.

Le ciel délivré de tout horizon (au sens philosophique du mot) s'impose lorsqu'il est traversé par une sorte de violence – effective dans *Zabriskie Point*, douce dans *L'Aquilone*. Cette violence soulignée passionnément par Antonioni citant Lucrèce :

> Rien ne ressemble à soi-même en ce monde où rien n'est stable. Il n'y a de stable qu'une violence secrète qui bouleverse toute chose [1].

Le paradoxe, au sens fort du mot, d'un tel cinéma est qu'il lui faut pour atteindre et toucher ce qu'il vise, libérer cette violence, la faire éprouver et voir ; la seule façon pour y parvenir est d'emprunter une voie, une méthode ou une attitude qui épouse ce qui est visé et qui est une forme « techniquement douce ». Le titre du film non réalisé (conçu en même temps que *Blow Up*) a été emprunté par Antonioni à une déclaration d'Oppenheimer prononcée par le physicien en plaidoirie pour ses confrères qui avaient conçu la première bombe atomique : « Mon opinion est que si quelqu'un entrevoit une chose qui lui semble techniquement douce, il s'attaque à cette chose et il la réalise. »

Dans *Techniquement douce*, T. meurt : « Il tombe brutalement, le regard éteint, les ongles enfoncés dans la terre, ses yeux remplis de larmes, fixés sur une orchidée sauvage poussée juste là » [2]. L'orchidée représente la jeune fille, mais est là aussi pour le ciel, à la place du ciel. « En effet, les fleurs sont réapparues. » Cela veut dire que le ciel et la lumière traversent à nouveau le plafond des arbres. Indice de la femme et de la lumière, l'orchidée est la dernière image que T. voit de près, de trop près, au point de n'être plus une image mais une sensation, ou

1. Michelangelo Antonioni, *L'Europa cinematografica*, n° 9-10, juillet-août 1961.
2. Michelangelo Antonioni, *Techniquement douce*, *op. cit.*, p. 131.

alors l'image fascinée et devenant floue (si antonionienne en cela), où s'anéantit le dernier regard.

Pour S., le jeune homme, la fin est la même, cruelle et concrète. Pris au piège tendu par des enfants qui, dans un instant, observeront son agonie à la frontière de la forêt et de la civilisation, S. fixe le ciel :

> Ce dialogue muet entre le jeune homme et les enfants se prolonge en de longs moments. Et puis, celui-ci n'a même plus la force de tenir la tête et les bras levés. Alors il s'abandonne et demeure ainsi, sur le dos, à regarder le ciel qui devient rose. Le rose se confond avec une tache qui prend la forme d'une maison : c'est la maison rose et sur le seuil il y a une silhouette dans laquelle nous reconnaissons la jeune fille [1].

Dans le ciel se fondent et se confondent les images ; il est l'aimant des images, les convoque puis les efface, « avec cela de particulier qu'il est l'horizon extrême, l'horizon de tous les horizons au-delà duquel il n'y a pas d'autre événement, il n'y a plus rien » [2]. Le terrain vague de *Il Grido*, encombré de deux bobines (on retrouvera deux bobines semblables, mais là assurément à dessein métonymique, dans *Huit et demi* de Fellini, posées devant le grand échafaudage) ; le parc de *La Notte* à l'aube et son horizon à trois cent soixante degrés ; la périphérie de Rome dans *L'Éclipse* et son noyau infrangible : la Bourse, étrange équivalent de l'île de *L'Avventura* ; la plaine du Pô de *Gens du Pô* et du *Désert rouge* ; puis un autre parc à l'aube, celui de *Blow Up* ; les déserts de *Zabriskie Point* et de *Profession : reporter* ; la lagune ouverte d'*Identification d'une femme* ; la jungle de *Techniquement douce* quand elle touche et retrouve la civilisation, c'est-à-dire la barbarie ; la frontière de *Rien que des mensonges* et toutes les frontières, toutes les limites, tous les horizons alors s'anéantissent. Tous ces lieux étaient ceux de l'indétermination et leur horizon toujours reporté, différé, inquiété par la brume, le brouillard, l'humidité, l'écume ou le sable du désert, toujours près à se confondre avec le ciel, à le toucher, à composer avec lui un presque monochrome où la ligne d'horizon justement devient floue, s'estompe, s'efface dans un mirage. Le ciel pesait sur eux

1. *Ibid.*, p. 134.
2. Michelangelo Antonioni, *Rien que des mensonges*, *op. cit.*, p. 19.

doucement pour les absorber ou les anéantir, ou encore, dans *L'Aquilone* ou dans *Gens du Pô*, du ciel venait une colère pour tout chambouler, casser la ligne d'horizon, en suggérant un déluge, un bombardement, une sorte de fin du monde.

Le ciel contrarie, efface et éteint l'horizon, tous les horizons, il est l'horizon au-delà de tout horizon, là où il n'y a plus de point de fuite, un horizon au double sens du mot, sans perspective à moins que subsiste, ultime point de fuite, ce soleil à atteindre à la fin d'*Identification d'une femme*, point de fascination jusqu'à l'aveuglement. Antonioni hésite entre la fascination et le réel ; on pense aux fous aveuglés par le projecteur et à la lumière aveuglante du réverbère de *L'Éclipse*, au soleil saturé d'*Identification d'une femme*, mais ces images de l'aveuglement se retournent comme un gant en une parabole que Locke raconte à la jeune fille à la fin de *Profession : reporter*, avant de mourir : « J'ai connu un aveugle, vers la quarantième année, il a recouvré la vue. D'abord il a exulté. Visages, couleurs. Mais ça c'est gâté… Le monde était plus sale, plus dégoûtant. Il y avait de la saleté partout. Quand il était aveugle, il se déplaçait avec une canne ; guéri, il a pris peur et il s'est mis à vivre dans le noir, il n'a plus quitté sa chambre. Au bout de trois ans, il s'est tué. » La caméra glisse lentement de l'interrupteur à un petit tableau encadré au-dessus du lit. Un paysage – monastère perdu dans la campagne –, qui fait de loin songer à un Corot. Que dit la parabole ? Que le réel sans filtre, sans éclipse, sans le tamis de l'art, sans l'œil du cinéma, sans l'intention du film à venir, sans ce projet qui capture et métamorphose ces bribes de visible qui autrement seraient restées sales et à l'abandon, que le réel, tel qu'il est, est insupportable.

Antonioni écrit que, pour lui, faire un film est vivre. Vivre est voir, disposer de cet aimant de la première image, le mur d'*Il Grido* par exemple (l'image de l'intuition). Cet aimant attire les images et les plus sales deviennent fascinantes ; les plus ordinaires, extraordinaires ; les plus quotidiennes finissent par être impénétrables et alors le monde, « tout le monde chante ».

Dans la lettre déjà évoquée que Husserl écrit à Hofmannsthal en 1907, on trouve cette formule à propos de l'artiste : « Qu'il suive purement et uniquement son *daimon*, comme du dedans, celui-ci l'entraîne à une activité d'aveugle voyant. »

La formule en apparence énigmatique, ou paradoxale, fait songer à nouveau à *La Lettre de Lord Chandos*, le texte de Hugo von Hofmannsthal opposant le philosophe à l'artiste, Husserl écrit :

> Sauf qu'il ne vise pas comme ce dernier (le philosophe), à découvrir le sens du phénomène monde et à le saisir dans des concepts, mais à s'approprier le phénomène du monde dans l'intuition, afin d'en rassembler une abondance de formes et de matériaux pour des configurations esthétiques créatrices [1].

On ne saurait mieux dire d'Antonioni, ni souligner plus nettement le privilège de l'intuition. En écho on trouve également, dans un texte inattendu de Panofsky sur le cinéma, une intuition complémentaire : le principe de coexpression imaginé à partir du cinéma muet. Panofsky l'énonce ainsi : « Bref, le scénario – ou, comme on l'appelle de façon appropriée le script – d'un film est sujet à ce qu'on pourrait dénommer le principe de coexpression », et il n'a de cesse à partir de ce principe de s'approcher d'une naissance du cinéma, à coups de sonde qui font imparablement penser à Antonioni. Il stigmatise les dialogues qui se voudraient poétiques, il dénonce l'idée que le cinéma soit remorqué par tout autre art, avant d'identifier ainsi le metteur en scène :

> Plus qu'aux activités du musicien ou du chef d'orchestre, les activités de l'acteur et du metteur en scène de cinéma sont comparables, respectivement, à celles du peintre et du sculpteur d'une part, et de l'architecte de l'autre [...]. On pourrait soutenir qu'un film qui ne voit le jour que grâce à un soutien collectif dont les contributions possèdent le même degré de permanence est l'équivalent moderne le plus proche de la cathédrale gothique ; le rôle du producteur correspond, plus ou moins à celui de l'évêque ou de l'archevêque ; celui du metteur en scène à celui de l'architecte en chef ; celui du scénariste à celui des conseillers scolastiques qui établissaient le programme iconographique ; et celui des acteurs, des cameramen, des monteurs, des techniciens du son, des maquilleuses et divers autres techniciens,

1. Edmund Husserl, *La Part de l'œil, Art et phénoménologie*, Presses de l'Académie Royale des Beaux-Arts de Bruxelles, 1991, p. 13.

> à celui des hommes dont le travail produisait les diverses entités physiques du produit fini, des sculpteurs et des maîtres verriers jusqu'aux carriers et aux charpentiers, en passant par les bronzeurs, les menuisiers et les maçons [1].

L'architecture travaille le cinéma d'Antonioni ; le cinéaste a souvent dit que c'est une profession qu'il aurait aimé exercer (on se souvient que Fritz Lang, par exemple, se destinait à ce métier) ; l'architecture apparaît dans ses films telle une métaphore, une scansion ou un site privilégié. Elle hante la périphérie en construction de l'épisode italien des *Vaincus*, ou les chantiers que fixe la caméra de *L'Éclipse* ; elle s'impose jusqu'à *Zabriskie Point*, ce film sans parois, sans murs, fait de vitres, où la seule architecture véritablement présente est là pour voler en éclats, et avoue que ce qui a été construit pour le film et par le film ne peut exister que dans l'instant et se trouve voué à la destruction ou à la ruine. Il ne reste d'ailleurs rien sur l'île de *L'Avventura* de la cabane de bergers, construite en plâtre et en papier mâché par Poletto, le décorateur du film.

Une conférence de Heidegger intitulée « Bâtir, habiter, penser », suggère que :

> Le rapport de l'homme à des lieux et, par des lieux, à des espaces, réside dans l'habitation. La relation de l'homme et de l'espace n'étant rien d'autre que l'habitation pensée dans son être [2].

Le cinéma, et singulièrement celui d'Antonioni, est avant tout cette façon de penser la relation de l'homme et de l'espace. Le cinéma comme l'architecture manifeste cette relation ; le film à chaque niveau, est l'élaboration de ce lien. Le plan étant avec le montage l'instance où se phénoménalise la nature de ce rapport : cet « habiter » qui exprime la tension entre l'homme et l'espace.

L'architecture pour Antonioni n'est pas une citation mais un principe ; on comprend ainsi mieux la tension permanente entre des espaces erratiques et les scènes d'intérieur. La cabane et son foyer rouge dans *Le Désert rouge* est cernée de vide ; Daria et Mark dans

1. Erwin Panofsky, *Trois essais sur le style*, Paris, Le Promeneur, 1996, p. 138.
2. Martin Heidegger, *Essais et conférences*, Paris, Gallimard, 1986, p. 188.

Zabriskie Point sont définitivement sans toit ni loi. Heidegger l'écrit: « C'est seulement quand nous pouvons habiter que nous pouvons bâtir. » C'est une façon d'habiter en crise qu'expriment les films d'Antonioni, et ils imposent cette crise et la définition d'une façon d'habiter où l'errance et l'exil sont des manières de ne pas être chez soi (que Heidegger définit comme *unheimlich*), une manière d'habiter qui expulse le protagoniste de la facticité qui l'emprisonne. Les palais et les réceptions sont les lieux et situations exemplaires de ce mensonge; et le désert, où la route qui défile, le vol et l'envol, les figures d'une réduction, au moins d'une modification, où le sujet commence à habiter d'une autre manière un espace qui s'ouvre. Le film devient, plus nettement encore, architecture à part entière, quand il expulse, gomme ou détruit l'architecture. Il conquiert son espace en affrontant le site préétabli par l'architecture. Le cadre conforme l'architecture à sa loi et la met en péril. Dans la scène d'ouverture de *L'Éclipse*, la façon dont Antonioni construit chaque plan intérieur est analogue au travail d'un architecte qui bâtirait une prison mentale, celle d'une mélancolie, tenue d'ailleurs par des emblèmes empruntés à l'architecture et à la peinture: une pyramide, objet « décoratif » que Ricardo déplace, qui devient césure dans le cadre, parfaitement centrée, contondante; un cadre vide que Vittoria manipule (elle écarte un cendrier débordant des mégots de cette nuit de dispute et dispose une petite sculpture ainsi mise en situation d'être observée); un tableau ancien, enfin, représentant une ville construite en promontoire (tableau qui, dans un tel décor, est un vestige).

La façon dont Antonioni construit ses films est le signe et l'aveu d'une époque où habiter est une crise; Aldo, dans *Il Grido*, incarne cet homme qui ne sait plus habiter. Il n'est pas seulement celui qui ne sait pas où habiter mais il est celui qui ne peut plus habiter tout court, car il n'y a plus de lieu pour lui. Un homme en exil semblable à Locke lorsqu'il retrouve sa maison et s'y sent à ce point un étranger que commence sa course vers le vide.

L'architecture citée, incluse, consentie ou voulue par le film n'est dès lors plus un décor, elle accentue l'effet de forclusion ou au contraire celui de liberté. Elle manifeste et amplifie telle ou telle manière d'habiter. Dans le même texte, Panofsky consigne :

> Car pour en revenir à notre point de départ, dans la vie moderne, le cinéma, c'est ce que la plupart des autres formes d'art ont cessé d'être : non pas un ornement mais une nécessité [1].

Filmer est habiter le monde. C'est d'ailleurs cette manière d'habiter, de savoir et de pouvoir habiter qu'est devenu le film, consciemment, lucidement et nécessairement; une forme et un prédicat existentiel. Quand Antonioni intitule le recueil de l'édition italienne de ses textes : *Fare un film è per me vivere*, il souligne cette nécessité. Vivre est cette construction qu'est le film, cet édifice dont l'élaboration débute bien avant le jour du tournage, dont la première pierre invisible est posée quand l'intuition du scénario s'impose. (Le fameux mur dont parle Antonioni à propos d'*Il Grido*.)

Identification d'une femme n'est-il pas le film de ce chantier intérieur, de cette vigilance et de ce travail en amont du film, où le film se fait avant de se faire, ce temps où l'auteur apprend à habiter avant de bâtir? Ce temps d'identité encore flou, où l'identification d'une femme serait le précipité qui permettrait d'identifier l'espace et de s'accorder à lui. La scène de la lagune ouverte est l'équation de cet accord, distillation chimiquement pure de l'intuition créatrice pour Antonioni : un espace infini et flou et une femme enfin nette – à cet instant, la femme est à la fois un lest et un point fixe. En outre, cette scène pousse la question du repérage à sa limite, elle en évoque à la fois la précarité et le caractère d'artifice. Elle manifeste la toute puissance de l'intuition sur toute préméditation, mais paradoxalement, accuse la soumission de cette intuition à une sorte d'étiage qui ferait couler cette intuition vers les mêmes lieux et les mêmes espaces, et choisir pour les habiter toujours la même femme : Christine Boisson ne ressemble-t-elle pas intensément dans cette scène à Lucia Bosè ?

Le metteur en scène est un architecte de la vision, et le personnage incarné par Tomas Milian, Niccolò, compossible avec tous les hommes du cinéma d'Antonioni, qui d'une certaine façon le précèdent et

1. Erwin Panofsky, *Trois essais sur le style*, *op. cit.*, p. 139.

l'annoncent : producteur en faillite, peintre sans talent ou sans succès, ouvrier sans travail, architecte qui ne construit pas, écrivain en panne d'écriture. La première génération des héros antonioniens se retrouve dans ce cinéaste qui cherche comme un pôle la femme qui va aimanter les lieux, les laisser venir à elle et les peupler. Il y a chez Antonioni, en marge de l'idée d'exil, d'errance ou de fuite une réflexion sur le tarissement ou la panne. Chaque part du visible et toutes choses peuvent d'ailleurs être frappées de panne, et c'est précisément ce qui, souvent, les rend visibles et esthétiquement singulières dans l'espace du cadre.

Niccolò, le cinéaste, est en proie au doute, menacé par le désœuvrement, et cet homme en panne devient un homme sans qualités, sans qualités parce qu'il les possède toutes, et ce personnage annexe la seconde génération des héros antonioniens : le courtier qui sait où est l'argent et que l'argent est abstrait, l'ingénieur, le photographe, l'étudiant en cavale qui apprend le risque, la violence et le danger, le reporter enfin. Cette suite, ce défilé, cette théorie d'hommes, réunit la somme des qualités qui fait du cinéaste ce maître d'œuvre de la vision, capable de construire non seulement un palais, une hutte ou une maison de verre, mais un monde, dont l'architecture réelle, par citation, métonymie ou métaphore, n'est, comme l'était la peinture, que l'indice. Le cinéma absorbe et capitalise les autres arts ; il les ancillarise car, épuisés, ils lui cèdent la place – suggestion provocante mais à nuancer, puisque le cinéaste est ici lui-même en panne. Niccolò pourtant n'est pas victime de l'angoisse, mais de cet en amont anxieux, empreinte en train de se faire, qui est le schème, et le pli intérieur, le creux où le film doit prendre forme et corps.

> De nos jours, on ne peut nier que les films tournés autour d'un scénario sont une forme d'art (même si leur qualité laisse parfois à désirer : ce n'est après tout pas l'apanage du cinéma !). En outre, ils sont, avec l'architecture, le dessin animé et le design commercial, l'une des seules formes d'art visuel encore vive [1].

1. *Ibid.*, p. 110.

Le verdict de Panofsky se vérifie si on observe le caractère non-transitif du cinéma d'Antonioni vers la peinture. L'empreinte de la peinture est profonde et visible, mais la métamorphose de ce cinéma par la peinture quand celle-ci a voulu s'en inspirer (les tentatives sont nombreuses, redondantes, gauches) échoue dans la citation. Il semble qu'il n'y ait pas de retour possible à la peinture, mais en revanche, il serait aisé d'observer combien la photographie ou la vidéo ont été modifiées de l'intérieur par le cinéma d'Antonioni, comment ce cinéma a d'une certaine manière plié la vision, créant une architecture de la vision tributaire du cinéma, et semblant faire peser sur la peinture le poids hégélien d'un dépassement sans appel. L'activité de peintre d'Antonioni n'infirme pas une telle constatation puisque sa peinture opère sur le mode du prélèvement, jamais de la *mimésis*; elle prolonge expérimentalement une piste ouverte par son cinéma, complémentaire de son travail d'architecte dans les lois du cadre et du plan. Le prélèvement ou le fragment, sa dimension haptique et picturale, existe en marge mais de façon indispensable du plan-séquence et de sa puissance architecturale et optique. La tentation d'Antonioni peintre est la part qu'oublie le plan, la part informelle où va s'échouer le plan quand l'architecture ne le cadre plus. Ses tentatives picturales cherchent à donner un relief, au sens d'une dignité, à cette dimension informelle, jusqu'à ce que naisse et s'impose une forme.

Tout rapport de citation d'un art à un autre est esthétiquement pauvre et perdu d'avance; la citation directe, qu'Antonioni n'a d'ailleurs jamais utilisée, de la peinture dans le cinéma, est toujours rhétorique, il faut que le cinéma absorbe la peinture, la comprenne, pour créer une tension forte entre les deux arts. Elle apparaîtra ultimement dans *Al di là delle nuvole* (*Par-delà les nuages*, 1996), où l'acteur-narrateur, John Malkovitch, pose devant un tableau de Cézanne, se conforme à la pose du modèle, et, exagérément, déforme son apparence, sculpte son propre corps pour devenir le modèle. Le tableau, cadre dans le cadre, reste bien le paradigme de la mise en scène, la marque à l'intérieur de la vision dont la vision est tributaire. Et Cézanne demeure le peintre par excellence d'une architecture de la vision, qui peut faire exister le proche et le lointain ensemble, l'optique et l'haptique dans le même espace. Cézanne, que nous trouvons encore dans *Par-delà les nuages*, pour une saynète douce-amère, où il est implicitement question du tarissement : non pas celui d'Antonioni filmant dans les conditions que l'on sait, mais celui de Wim Wenders. À la question posée par une Jeanne Moreau plus sentencieuse que jamais, Mastroianni tout occupé à peindre répond : « De retrouver le geste d'un génie me procure plus de satisfaction que mes propres coups de pinceaux. » Il peint à la façon de Cézanne mais, entre la montagne qu'il représente et la montagne, se sont interposées les cheminées d'une centrale nucléaire. Ce que veut l'image, la peinture ne peut plus le peindre, comme si c'était désormais les sujets qui disposaient du médium, comme si le réel, insurpassable, immodifiable, souverain, décidait de l'outil susceptible de le rendre visible, de se conformer à lui ; comme s'il fallait chercher un mode de coexistence spécifique entre le réel et son outil.

Ce différend avec le réel, Antonioni l'entretient depuis *Il Grido* ; dans *Il Grido*, et plus systématiquement encore dans *Le Désert rouge*, il rabote le réel, ou au contraire en accentue les angles, souligne les couleurs, et même artificiellement les modifie. Mais dans *La Notte* tout aussi bien, il amplifie la dimension en noir et blanc du film ; la scène du damier, où les protagonistes jouent au palet, apparaît assurément comme l'indice qui oblige le film à être en noir et blanc. Le damier de *La Notte* est infiniment plus qu'un argument supplémentaire dans la mise en scène. Il est un emblème architectural et symbolique. Le sol devient le damier d'un jeu de palet, puis un principe architectonique soulignant la construction du film en noir et blanc. Panofsky concluait ainsi son article : « Le problème est de manipuler et de filmer une réalité non stylisée et d'obtenir néanmoins un résultat qui ait du style. Proposition non moins légitime et ambitieuse que toutes les propositions des formes d'art plus anciennes »[1].

Destituant toute image apprise ou attendue du soleil, Antonioni détruit le soleil tel que les plans ordinaires du cinéma nous le font voir. Il le réinvente.

1. *Ibid.*, p. 141.

> Nous en savons trop sur le soleil. Moi, par exemple, j'ai parfois la sensation que le soleil nous hait, et le fait d'attribuer un sentiment à une chose qui est toujours là, égale à elle-même, signifie qu'un certain type de rapport traditionnel n'est plus possible, ne m'est plus possible[1].

Cette idée de destruction et de haine – de haine de ce qui est aimé – est centrale. Dans *La Couleur de la jalousie*, il met en scène cet étrange épisode : « Dans un camion, il y a un cheval noir, le poil luisant, superbe, arqué. Au sol, gît un chien dans une mare de sang, le crâne fracassé par les coups de sabot [...]. Matteo regarde tantôt dans le camion, tantôt les deux hommes, sans comprendre, sensible cependant au climat hallucinant et mystérieux que dégage ce drame entre animaux. »

La scène prend tout son sens dans le dialogue qui suit :

> L'homme — Et maintenant qui va le faire courir dimanche ?
> Matteo — Pourquoi ?
> Le chauffeur — Pourquoi ? Il ne monte même pas dans le camion sans lui, il ne mange pas... Alors pour ce qui est de courir...
> Silence. Tous trois regardent le cheval qui a fait un pas en avant vers le chien et soulève une jambe comme pour le toucher sans cependant oser[2].

Au-delà de la métaphore où conspirent l'amour, la haine, la nécessité et la destruction, il y a dans cet épisode minuscule une dimension de violence. La violence contre l'autre, qu'il soit anonyme ou le plus proche. La série des assassinats, dans les trois épisodes des *Vaincus*, est violence contre la société, comme le regard de Daria qui dynamite la maison dans *Zabriskie Point* ; le suicide d'Aldo dans *Il Grido* est retournement de cette violence contre soi – comme l'est, de façon anecdotique le suicide de Gianni, le producteur de *La Signora senza camelie (Corps sans âme*, 1953*)*, suicide d'ailleurs manqué.

1. Michelangelo Antonioni, *Écran*, n° 35, mai 1975.
2. Michelangelo Antonioni, *I film nel cassetto*, *op. cit.*, p. 126 ; éd. fr. « La couleur de la jalousie » in *Scénarios non réalisés. Michelangelo Antonioni*, *op. cit.*, p. 115.

Dans les dernières pages du *Métier de vivre*, Pavese note, à la date du 25 mars (1950) :

> On ne se tue pas par amour pour une femme. On se tue parce qu'un amour, n'importe quel amour, nous révèle dans notre nudité, dans notre misère, dans notre état désarmé, dans notre néant [1].

Même si le cinéaste réfute souvent, malgré son adaptation de *Tra Donne*, devenu *Femmes entre elles*, une parenté avec Pavese, on débusque dans *Le Métier de vivre* des correspondances, en tout cas avec le premier Antonioni :

> La haine doit être – donc – le soupçon que le corps d'autrui possède pour son compte un esprit et se passe de nous [2].

Cette haine se métamorphose après *Blow Up* et *Zabriskie Point*. La mort de Locke dans *Profession : reporter* en est une forme autrement complexe, un suicide différé. En revanche, les suicides des premiers films s'inscrivent dans l'horizon amoureux et sont, au sens de Pavese, les résolutions d'un vide révélé. L'ultime suicide évoqué est celui de l'aveugle qui a retrouvé la vue dans *Profession : reporter*. C'est le suicide de celui qui ne peut pas apprendre à voir, de l'homme à qui l'art de voir est octroyé trop tard, après une nuit trop longue, l'échec de celui qui ne peut s'aventurer dans le monde ainsi désarmé. L'amour est une arme que l'on retourne contre soi. Savoir voir, voir c'est-à-dire viser, en est une autre. Dans *Techniquement douce*, T. est armé, doublement armé, mais cela ne l'empêchera pas de mourir.

T. meurt comme Aldo, comme Mark, et une lueur au-delà de l'angoisse passe dans ses yeux, comme Locke, rejoint par ce qu'il fuit. « Que fuis-tu ? », demande la jeune fille dans *Profession : reporter*. Locke lui suggère de se retourner, et elle se retourne pour fixer la route vide qui défile derrière eux. Alors Antonioni filme en une seconde dans ses yeux ce qu'elle regarde ; ce qu'elle voit est ce que Locke fuit. Et cela n'a pas de nom, d'autre nom que cette indéfinissable lueur dans les yeux de Maria Schneider.

1. Cesare Pavese, *Le métier de vivre*, Paris, Gallimard, 1977, p. 459.
2. *Ibid.*

L'amour n'a jamais sauvé personne, Maria Schneider, qui dans le film n'a pas de prénom, le sait, tout comme la jeune fille dans *Techniquement douce* (qui aurait d'ailleurs dû être incarnée par Maria Schneider).

> T. — Tu m'aimes ?
> La jeune fille — Oui mais je ne sais pas où te mettre.
> T. — Où me mettre ? Mais qu'est ce que je suis pour toi, un objet ?
> La jeune fille — Non, mon amour, tu n'es pas un objet, mais chaque chose doit avoir une place, dans la vie, non ? [1]

Les vaincus sont donc ceux qui n'ont plus de place. Les assassins et les suicidés des premiers films deviendront ces hommes en fuite dont on suppose qu'ils ont eu deux vies. Mark, dans *Zabriskie Point*, suggère d'ailleurs que, malgré sa jeunesse, il a eu deux vies, quand, croisant un cabriolet, il y reconnaît sa sœur, « quelqu'un de sa vie d'avant ». La perte d'identité pour Locke, dans *Profession : reporter*, est une forme de salut qui, au lieu de lui offrir une seconde vie, double sa mort. La fuite et l'errance se sont substituées au drame trop explicite ; elles sont cependant des mesures dilatoires pour un même dénouement. L'errance est le mode d'être du sujet antonionien. Il y a dans l'œuvre du cinéaste la puissance implicite d'une philosophie, présente sans référence ni citation, mais inscrite dans une époque. Si Antonioni croise la peinture en permanence avec un savoir et une lucidité exacerbés, en revanche il ne convoque jamais la philosophie et son cinéma est le contraire d'un cinéma à thèse. La correspondance avec la pensée de Heidegger est pourtant récurrente. Pour Heidegger, l'errance est ce mode d'être de l'être-là, du *Dasein* oublieux alors du mystère (c'est-à-dire la dissimulation de l'étant en totalité), pour insister auprès de tel étant croisé dans l'horizon de la préoccupation quotidienne. L'errance pour Antonioni a bien sûr son sens ordinaire, l'odyssée sans but d'Aldo dans *Il Grido*, la fuite de Locke dans *Profession : reporter*, mais aussi bien l'errance balisée, assurée, si parfaitement contrôlée de Piero dans *L'Éclipse*, otage conditionné et inconditionnel des étants contingents. Un sujet qui d'emblée n'est plus réglé par les lois d'un

1. Michelangelo Antonioni, *Techniquement douce*, *op. cit.*, p. 69.

récit classique dont il serait le protagoniste, mais bien cet être-là, où le *là* l'emporte sur l'*être*, le déporte et le cloue là où il est, faisant de lui cet être « impossible à aimer » ou « à aimer bien » et dont l'errance n'a pas un sens spatial ou géographique mais bien ontologique.

Une telle destitution du sujet classique n'est évidemment pas une interrogation philosophique qui s'incarnerait ensuite dans le film, elle naît du protagoniste et trouve des formes concrètes dans le récit.

Une figure surplombe cette hésitation, puis cette modification du sujet : celle du double escorté du change et de la substitution. Le tout premier court métrage d'Antonioni, aujourd'hui perdu, montrait, sous la forme d'un plan-séquence, l'intrusion d'une femme chez sa rivale à dessein de reprendre des lettres compromettantes. Ce qui d'emblée faisait la singularité de ce court métrage et qui allait s'inscrire comme un motif persistant dans toute l'œuvre, était qu'une seule et même actrice jouait les deux rôles. Une coupe invisible, dans la continuité du panoramique les confrontant l'une à l'autre, laissait le temps à l'actrice de changer de place et de se situer en contrechamp. Ce dispositif qui énonce à la fois une obsession et le refus d'un procédé – le contrechamp – se retrouve ensuite : à la fin de *La Notte* par exemple, quand Lidia et Valentina sont face à face en robe noire (le plan donne alors la sensation que l'une est littéralement le reflet de l'autre) ; dans *Le Mystère Oberwald* (*Il Mistero di Oberwald*, produit par la RAI en 1980) également, où le jeune anarchiste se cogne sans cesse à son double (le portrait du roi qui règne sur chaque scène). Et dans combien d'autres situations encore : dans *La Dame sans camélias* (1953), Clara de dos, fait face à sa propre image dans l'écran, jouant, cheveux courts et à genoux, le rôle de Jeanne d'Arc ; Mavi, dans *Identification d'une femme*, est confrontée à la photographie publiée dans le magazine qui permettra à Niccolò de la retrouver.

Cette figure trouve son amplification dans *Profession : reporter* jusqu'à devenir le sujet même du film. Une telle obsession n'est jamais une figure de style, mais la marque et le symptôme d'une modification du sujet. Le *je* glisse vers l'anonymat qui pèse en chacun de ces protagonistes et l'on peut soupçonner Antonioni d'avoir voulu pour *L'Éclipse* Alain Delon précisément pour ce qu'il y avait de plastique et de ductile dans sa beauté. Effet qui marque également la composition de l'acteur de *Plein soleil* de René Clément aux mêmes dates. Un acteur oxymore dont la beauté est singulière jusqu'au type (au sens d'archétype ou de prototype), c'est-à-dire jusqu'à l'anonyme. Antonioni chercha ainsi pour *Zabriskie Point* des acteurs non professionnels, et arrachés à l'anonymat ; renouant sans doute volontairement avec une tradition liée à la naissance du cinéma, et que rappelle Panofsky dans l'essai écrit après guerre, *Style and Medium in the Moving Pictures* :

> Les acteurs de ces films de la préhistoire étaient le plus souvent recrutés dans les cafés où les figurants qui couraient le cachet ou bien des citoyens ordinaires au physique avantageux s'assemblaient à une heure dite [1].

Mark Freshette avait été découvert par Antonioni à Boston lors d'une bagarre à un arrêt de bus. Il retournera à cet anonymat, teinté par le film de ce qui apparaît après coup comme un destin. Dans le film, le personnage qu'il incarne tombe sous les balles de la police en rendant l'avion volé. Trois ans plus tard, il sera lui-même arrêté à Boston lors d'un braquage de banque et incarcéré pour quinze ans. Il mourra à vingt-sept ans, dans la cour d'exercice du pénitencier sous une barre d'haltères, l'enquête concluant à une mort accidentelle. Le film garde l'image de Mark Freshette, éternellement jeune, comme le dit la chanson de Roy Orbison, lorsque Daria remonte dans la Buick :

> Dawn comes up so young / Dreams begin so young / And if you live just for today / The day may soon be done / But there's a place where dreams / Always stay so young.

La jeunesse doit traverser le temps. Le même et la substitution œuvrent l'un en l'autre. N'est-ce pas la même femme que cherche à identifier Antonioni dans *Chronique d'un amour* et *Identification d'une femme*, puisqu'il s'use à chercher dans le moindre plan une ressemblance ou une réminiscence de Lucia Bosè en Christine Boisson ? À partir d'une ressemblance lointaine, la direction d'acteurs identifie l'actrice à une autre, comme si le temps n'avait pas passé ; cette jeu-

1. Erwin Panofsky, *Trois essais sur le style*, *op. cit.*, p. 110.

nesse, cet incroyable besoin de la jeunesse, se retrouve dans l'érotisme des deux premiers épisodes de *Par-delà les nuages*. Elle est une donne essentielle, le contre-motif du change quand le double est le même.

Le roi mort est resté jeune dans la figure du jeune anarchiste du *Mystère Oberwald* et Antonioni retrouve Monica Vitti dix ans après *Le Désert rouge* mais l'on impute le passage du temps sur ses traits au fait qu'elle soit reine et joue en costume d'époque. Dans *Identification d'une femme*, il la cherche – les initiales de l'héroïne Mavi (Maria Vittoria) ne sont-t-elles pas les siennes? Cette ligne entre *Chronique d'un amour* et *Identification d'une femme* est ponctuée aussi par le jeu persistant dans l'image des photographies, celles qui résument la vie de Paola ou celles, clouées en désordre au mur, en vue de l'improbable identification. Cette ligne ou ce lien implicite suppose que l'identité ait été perdue ou soit troublée, lointaine, flottante, celle d'un sujet indéfini qui doit se préciser s'il le peut au fil du film.

Cette défaite du sujet, marquée par la perte de l'identité, oblige à penser une perte d'identité du lieu. Ce sujet, pour être là, doit rendre l'espace neutre. Antonioni, en filmant Bomarzo [1], la villa des monstres, pour un documentaire, et en filmant les architectures de Gaudí dans *Profession : reporter*, efface l'écart entre documentaire et fiction, injecte du documentaire dans la fiction et de la fiction dans le documentaire. Il neutralise les lieux. Ils sont à la fois uniques mais douloureusement substituables, et, ainsi anesthésiés, ils sont le « là » de l'errance.

Pavese avait préfacé l'édition italienne d'*Au cœur des ténèbres* de Joseph Conrad :

> Parmi les nombreux écrivains "exotiques" de la fin du siècle (Loti, Kipling, London), il est sans doute le moins "pittoresque", le moins désireux de présenter, sur une palette bigarrée, les formes et les couleurs qu'il a croisées. On dirait qu'il les cache, qu'il veut en émousser la vivacité, qu'il les dissout en une vague, fondu nostalgique et introspectif, qui soustrait toute matérialité aux choses vues et les passe sous silence dans une atmosphère présente, monotone mais toujours magique [2].

1. *La Villa dei mostri (La Villa des monstres)*, durée 10', 1950.
2. Cesare Pavese, *Letteratura americana e altri saggi*, Milan, Il Saggiatore, 1971, p. 202.

On ne saurait mieux écrire d'Antonioni. Il y a dans la neutralisation des lieux une volonté de gommer dans l'image tout pittoresque. Certes *Gens du Pô*, par exemple, témoigne d'une attention toute particulière à un lieu et à ceux qui l'habitent. Mais il semble que même là, dans ce premier court métrage, Antonioni transcende la localité pour faire du drame un drame universel. Cette universalité est une première forme de neutralisation.

Ainsi, pour que le sujet perde son identité, il fallait probablement que le lieu l'ait perdu, que le là de l'être-là soit au neutre et délocalisé.

Cette identité compromise est en permanence contrariée, mais soulignée par la puissance de l'analogie ou du souvenir :

> À cet endroit, le courant s'entrouvre et l'île se dresse, fragment de jungle, au milieu d'une Amazonie à notre mesure [1].

Au cœur de la vallée du Pô s'ouvre le paysage de *Techniquement douce* ; la jungle amazonienne était là, en amont, comme la vallée du Pô hante les paysages décrits dans *L'Aquilone* et se superpose à ceux d'Ouzbékistan. Antonioni affirme que tout ce qu'il a fait, « le pire ou le meilleur », était contenu dans *Gens du Pô* ; la vallée du Pô a hanté les voyages à venir, s'imprimant ou se surimprimant au réel, l'Amazonie ou la plaine d'Ouzbékistan.

Même si les lieux et les pays, Londres, l'Afrique, l'Amérique, la Chine, résistent, il semble qu'il y a, dans la façon de filmer du cinéaste, un désir souterrain de confier une universalité au documentaire ; de faire de l'image de tel pays, de tel lieu, de telle ville, une image exilée.

On se souvient des polémiques au moment de la sortie de *Chung Kuo, Cina* (*La Chine*, 1972) : c'est à partir d'une décision implicite qu'Antonioni a gommé toute dimension politique des images, travaillant contre la réalité politique et l'histoire à l'intérieur du documentaire, à la façon dont il subvertissait le récit classique dans ses fictions. La césarienne qui ouvre le film n'est-elle pas une sublime et insoutenable implosion dans le cadre, davantage qu'une naissance dans un hôpital chinois ?

1. Michelangelo Antonioni, *Rien que des mensonges*, *op. cit.*, p. 144.

Dans *L'Éclipse*, que reste-il de Rome : l'E.U.R.[1] et la Bourse, c'est-à-dire un cercle indéterminé, frangible, une périphérie qui semble sans fin et déserte ; et, par contraste, un centre, une ruche, un essaim, bruyant, grouillant, toxique : la Bourse. Entre, rien ; rien de ce qui identifie ordinairement Rome. Dans *Identification d'une femme*, bien sûr les amants se retrouvent à Venise, mais de Venise nous ne verrons rien. Il flotte seulement dans l'espace quelque chose de la ville, prise entre ces deux extrêmes : la lagune ouverte et le hall de l'hôtel. De Venise, où le caractère coruscant et tamisé des apparitions est le plus aigu, de la ville où la transmutation en images (toutes sortes de clichés, pittoresques, anecdotiques, sublimes) est la plus grande, Antonioni ne garde que deux scènes singulières, non seulement dépourvues de pittoresque, mais vidées des images, et où le vide est l'acteur principal. Ces deux scènes se passent à Venise, et pourraient se dérouler n'importe où ailleurs, puisque rien ne situe Venise, sinon son cœur sentimental, l'hôtel Gritti, et son horizon, la lagune ouverte (un pointillé abstrait sur une carte, une ligne indéterminée qui se perd dans la brume) ; et pourtant cela se passe à Venise et ne peut se passer nulle part ailleurs. Venise est soumise à une réduction qui lui vole ce qui permet de la décrire, lui fait perdre tous ses « là », toute la théorie d'images qui par une somme, somme d'étants à égalité, nous donne l'illusion de la connaître. Par cette réduction, Antonioni dépouille Venise pour justement en garder l'être, cet être qui sommeillait, escamoté par les palais et les images. Le cinéaste les efface de Venise pour qu'il n'en reste que l'être, au plus proche du vide.

> Tout ce que nous avons nommé est pourtant et néanmoins, mais lorsque nous voulons saisir l'être, c'est toujours comme si nous refermions la main sur le vide… Le mot être n'est plus alors pour finir qu'un mot vide. Il ne désigne rien d'effectif, de saisissable, de réel. Sa signification est une vapeur irréelle[2].

1. L'acronyme E.U.R., pour *Espozione Universale di Roma*, désigne un quartier de Rome, construit dans la deuxième moitié des années 1930 afin d'accueillir une exposition universelle prévue en 1942 et annulée en raison de la guerre. Ce quartier devait être la vitrine architecturale de l'Italie fasciste.

2. Martin Heidegger, *Introduction à la métaphysique*, Paris, Gallimard, 1967, p. 47.

Cette vapeur irréelle, Antonioni réussit à nous la faire deviner, éprouver, sentir et voir. Le plan extérieur de la lagune ouverte est d'une intimité insoutenable parce qu'il n'y a que du vide autour des personnages.

Ida est alors dans une situation comparable à celle de Vittoria dans *Le Désert rouge*, sans pathologie cependant.

> Ida – Quelle solitude, moi qui ai toujours tant d'amis autour de moi ; j'aime être très entourée. C'est magnifique mais triste.
> Lui – Regarde, c'est l'eau qui est triste et le bruit de l'eau, écoute, c'est une eau qui est sans vie. Pardonne-moi de t'avoir amenée ici, c'est une maladie, une déformation professionnelle de chercher de tels endroits.

Dans la scène suivante, comme si l'eau avait circulé de la mort à la vie, de la lagune ouverte au grand canal, Ida lui annonce qu'elle attend un enfant d'un autre homme : métamorphose de l'eau morte en liquide amniotique, passage de l'immensité à l'intimité secrète.

En revanche, le plan intérieur du hall de l'hôtel met en action tous les dispositifs du spéculaire et fait éprouver une succession de vides en enfilade, un couloir où les vides se succèdent. Dans le ciel, derrière la vitre, les mouettes s'affolent. Ce dispositif est bien plus complexe que l'interminable couloir, à l'aube, dans la fin de *L'Avventura* : le vide est autour des personnages, puis entre eux ; il les empêche de se rejoindre, il est la place de l'autre, du tiers absent qui les sépare. Pour Antonioni, l'être de Venise hésite sur ce fil invisible entre les extrêmes, comparable à celui tendu entre la périphérie et la Bourse à Rome. On retrouve cette tension dans *Zabriskie Point* : d'une part la ville, son grouillement, sa révolte, son bruit, cet inimaginable trajet en voiture qui conduit Mark vers le lieu de l'accident, ce meurtre qu'il ne commet pas mais dont il est accusé ; d'autre part le désert. Défilent, dans un engrenage qui est un film dans le film, les panneaux publicitaires des images de l'Amérique dont la succession est littéralement montée en opsies qui s'ajoutent, s'annulent et s'effacent, plans brefs, mitraille du visible qui ne laisse pas de souvenirs mais une impression, une sensation, « une vapeur », l'être de l'Amérique. Antonioni trace une ligne entre cette concaténation, surenchère d'images et d'injonctions, et le vide du désert, la vallée de la mort où s'atteignent Mark et Daria. Elle en voiture, lui en avion, s'y retrouvent pour faire l'amour. Autour d'eux, le vide et le silence. L'être de l'Amérique, pour le cinéaste, est cette tension entre deux points, une tension qui a sa première jonction dans un plan-séquence aussi saisissant que celui de la conclusion de *Profession : reporter* : un mur de panneaux le long d'une rue que longe la voiture de Mark, puis un travelling ; un camion passe devant l'immense panneau qui borde la rue, sur le camion, une vache, il s'éloigne et découvre un fermier peint sur le panneau, jetant maïs et potirons aux moutons, puis tout en ombres et en chausse-trappes d'autres images, un cochon noir sur le toit, l'ombre de vrais poteaux télégraphiques sur le mur peint. Les images sur le mur peint renvoient à l'imaginaire de Thomas Hart Benton, celui d'une Amérique profonde, rurale, mais ici en pleine ville. Les images sur le panneau sont mises en mouvement par le cinéma, ponctuées des sons et des bruits de la circulation qui deviennent le commentaire sonore d'un film dans le film. Ce long panneau est un mur, une frontière, le mur des images qu'il faut dépasser pour atteindre l'être de l'Amérique. L'être de l'Amérique est aussi pour Antonioni cette référence constante, dans *Zabriskie Point*, à *North by Northwest* (*La Mort aux trousses*, 1959) de Hitchcock, omniprésence et rémanence du cinéma. Il faut au réalisateur passer la frontière des images attendues en lestant ce passage de l'allusion au cinéma. Enfin l'être de l'Amérique, là, vraiment impossible à relater, tient dans un plan ; Daria, agressée par une meute d'enfants, prend la fuite, démarre sa voiture et libère un écran : la vitre d'un café où un homme fume en buvant une bière. C'est un vieil homme, un survivant, le témoin d'une mémoire ; il porte un bock de bière à ses lèvres, et son geste, pareil aux mouvements de l'avion, plane, hésite, plane de nouveau. Ce geste énigmatique et le vol de l'avion rose en plein ciel se font écho : maintenant Daria roule entre l'un et l'autre. Elle roule entre ces deux instants de l'Amérique et finalement l'essence de l'Amérique pour Antonioni est cette route, ligne droite coupant le vide.

On retrouve cette tension dans d'autres films ; dans *Le Désert rouge*, le réalisateur balaye l'image dépassée de Ravenne, ses mosaïques que les guides nous annoncent ; dans *Profession : reporter*, aux deux extrémités du film, au début et à la fin, l'Afrique et l'Espagne se ressemblent, se fondent, se rejoignent parce que Locke porte dans sa fuite jusqu'en Andalousie l'Afrique qui est en lui. Locke est rejoint par le lieu de sa mort, le « là » de sa mort, et la chambre au fin fond de l'Espagne est la même que celle du désert d'Afrique, l'une et l'autre cernées de vide.

Parce que les lieux sont dépossédés de leur identité, le sujet peut perdre la sienne. Consécution plutôt que conséquence de cette dépossession, le sujet devient autre ; le récit n'est plus un récit classique, les lieux ne sont plus décrits mais interprétés selon leur essence. Reste à sentir en ces lieux l'être du personnage antonionien. Dans les trois épisodes, français, italien et anglais des *Vaincus*, le protagoniste est d'une certaine façon le même et la spécificité du pays a du mal à résister. Ainsi, la course de lévriers près de Londres est moins spécifiquement anglaise qu'elle ne fait penser à la course des hors-bords sur le Pô dans *Il Grido*. La force de l'image antonionienne est d'absorber la localité, dans *Les Vaincus*, par un mécanisme de correspondance et d'identité par exemple. Il tire le lieu vers une tonalité affective singulière, une inquiétude angoissée pour *L'Avventura*, une insouciance menacée dans *Le Désert rouge*. Si le « là » est l'occasion de l'être, l'être peut aussi bien donner le « là » ; il y aura de moins en moins un sujet acteur et législateur d'un récit et arbitre de son décor, mais bien, à la place de ce sujet différent, un être-là, poreux, instable, filtre de l'ensemble des tonalités affectives qui peuvent le solliciter. Celui-ci n'est plus mis en scène au sens où le sujet classique l'était, mais scruté et analysé tel ce filtre ; Antonioni, en le filmant, filme à travers lui. Ceci explique le rapport particulier du cinéaste aux acteurs, la demande qui leur est faite d'être modelables « et le moins intelligents possible », ce qui fait que, paradoxalement, Steve Cochran dans *Il Grido* et Alain Delon dans *L'Éclipse* remplissent si bien leur rôle et que, malgré le mécontentement d'Antonioni, en tout cas pour Steve Cochran, le résultat est si convaincant. Ses personnages sont des sujets en otage, neutralisés comme les lieux l'étaient, aliénés et en suspens.

Cet être-là, tel que le comprend Heidegger, est bien un prisme, la vitre qui filtre le monde. Quand l'être-là change de tonalité affective, ce n'est pas la manière d'être du *Dasein* qui change mais la manière d'être de tous les étants. Lorsqu'à la fin de *L'Éclipse* Piero sent monter en lui une *Stimmung* qui lui est radicalement étrangère et pourrait le métamorphoser, le paysage des étants se modifie autour de lui. Ce n'est pas parce qu'il décide de ne pas répondre au téléphone, quand tous les téléphones rebranchés se mettent à sonner, et qu'il ne répond pas, mais c'est précisément parce que la manière d'être de tous les étants s'est modifiée que les téléphones sonnent dans le vide. On pourrait dire que Piero subit cette modification mais en aucune façon qu'il décide de ne pas répondre. À cet instant, l'être-là de Piero tremble, mais à peine, et il est au bord de quelque chose d'autre. L'emprise et l'empire des étants qui le régentaient jusqu'alors sont prêts à céder. Dans *Profession : reporter*, Locke passe d'une identité à une autre mais rien n'est changé pour autant. Il nous le fait inconsciemment savoir quand, téléphonant, il colle ses fausses moustaches sur un globe lumineux. L'interprétation humaniste et existentialiste fait fausse route parce qu'elle définit l'homme par l'homme selon un empirisme culturel (tout ce que l'homme peut faire) et des valeurs. Il y a insidieusement, à travers les personnages antonioniens, dont le Piero de *L'Éclipse* est le parangon, une tentative de définition non humaniste de l'homme : la volonté de le comprendre et de le mettre en scène, non pas systématiquement selon quelque chose d'humain en lui, mais par ce qui est plus originel en l'homme que lui-même et qui est la finitude d'être le « là » en lui.

Dans *L'Éclipse* assurément a lieu ce tournant; et Giuliana, dans *Le Désert rouge*, ne sera-t-elle pas livrée à l'impermanence des tonalités affectives, imposant en elle la hiérarchie qui fait que l'angoisse surplombe toutes les autres ?

L'esthétique d'Antonioni ne serait pas si novatrice si elle n'incluait pas cette redéfinition du personnage, aveu de ce que l'esthétique touche à l'ontologie, non seulement en imposant l'image et le plan tel un transcendantal de l'être, mais en ayant en son cœur, ne la laissant jamais en paix, cette question de l'être. Une compréhension de l'être qui, pour Heidegger, ouvre à une définition excentrée et extrinsèque de l'homme. Le suicide, dans les premiers films d'Antonioni, est peut-être à interpréter comme une ultime forme de résistance d'une liberté du sujet, du choix qu'il s'impose, du choix qu'il croit accomplir alors qu'il le subit. Lisons la fin du scénario d'*Il Grido* : Irma : « Aldo ! / De la galerie à la tour, Aldo entend la voix et se tourne. / Irma appelle à nouveau (voix *off* d'Irma) : Aldo ! » Cet appel est la seule chose au monde qui puisse arracher Aldo à son état de prostration. Il se penche, tangue un instant, comme s'il essayait de résister au vertige. Irma, au pied de la tour, le regarde d'un air étonné. Puis son visage prend soudain une expression de terreur, qui la pousse à crier. Dans le silence, son cri est très long, comme s'il accompagnait la chute d'Aldo et en couvrait le bruit. Un instant d'immobilité absolue. Puis, lentement, Irma se dirige vers le corps d'Aldo, elle le fixe brièvement. Le visage figé par l'expression de terreur qui lui a arraché ce cri, elle tombe à genoux, sans verser une larme. (Trois employés et l'ingénieur entrevus auparavant sortent de l'immeuble où se trouvent les bureaux ; ils sortent de l'usine, et s'unissent à la foule qui continue de courir vers la campagne. Personne ne voit Aldo et Irma.)

Dans le crépuscule plein d'ombre et de fumée, la femme est seule dans la cour de l'usine, près du corps d'Aldo. Il y aurait lieu d'opposer ce suicide, cette chute où un homme mûr bascule sans vraiment le choisir, au suicide du petit Edmund dans *Allemagne année zéro* (1947) : jusqu'au bout, chez Rossellini, le sujet reste souverain. Le personnage antonionien ne décide pas (dans *Profession : reporter*, on a la sensation que Locke subit son destin, ou cette fuite qui en tient lieu, et ni Mark, dans *Zabriskie Point*, ni T., dans *Techniquement douce*, ne décident). La notion de destin, impérieuse et archaïque n'explique rien. Une donnée surplombe le cinéma d'Antonioni que le recours au *Dasein* permet de nommer : cette fêlure qui ouvre à la modification, au change et à la substitution. Il est sur le mode du *on* (ce que Heidegger désigne par *manselbst*) : alors notre propre possibilité d'être nous est ôtée, et cette manière d'être est « de prime abord et le plus souvent » celle selon laquelle nous existons, une manière d'être inauthentique (*uneigentlich*)[1]. Cette situation est la « fatalité » contrariée qui pèse sur

1. On trouverait chez Kierkegaard une anticipation du *Dasein* : « Que l'existant est celui qui éprouve un intérêt infini à sa propre existence. » Pour Kierkegaard, il y va du salut vis-à-vis de

le personnage antonionien; il s'agit pour lui d'y échapper, de s'en échapper. C'est à cet instant qu'Antonioni prend son protagoniste et ne le lâche plus. Il y a une parenté ontologique entre l'architecte qui ne construit pas dans *L'Avventura*, l'écrivain qui n'écrit plus dans *La Notte*, l'ouvrier sans travail dans *Il Grido* et l'homme sans qualités qu'est Piero dans *L'Éclipse*.

À partir d'un certain moment dans l'œuvre, il n'y aura plus de raccord dans le regard, comme si c'était là une figure de style propre à énoncer le sujet classique et sa subjectivité. L'ultime figure du protagoniste n'a rien à perdre d'autre que la facticité de son existence, il a donc tout à perdre, c'est-à-dire tous les étants, l'étant dans son ensemble. Alors qu'Aldo n'avait à perdre que la femme aimée et son travail, que l'écrivain de *La Notte* n'avait perdu que son pouvoir d'écrire en perdant la femme aimée, l'architecte de *L'Avventura*, qui n'a jamais construit et ne construira jamais, se rapproche du courtier de *L'Éclipse*. L'un glisse vers l'inauthenticité, le second s'y vautre. Il est absorbé par l'étant dont il se préoccupe et ne se comprend lui-même qu'à partir de cet étant, identifié à lui, il manque son sens d'être authentique. Pour l'architecte de *L'Avventura*, il y a une fausse noblesse mais interchangeable de cet étant, une femme puis une autre, puis une troisième. Pour Piero dans *L'Éclipse*, les étants qui l'accaparent sont des emblèmes de la facticité, exagérément dépourvus de noblesse. À un moment, quelque chose se fissure, mais il n'y cède pas. Une tonalité affective le saisit, l'une des rares à laquelle Heidegger accorde un privilège ontologique – du moins le fait-il dans la conférence de 1929, *Qu'est-ce que la métaphysique?*[1]. En 1929, l'ennui se trouve privilégié, mais la conférence fait également allusion à la joie en regard du *Dasein* de l'aimé; cependant, joie et amour, qui permettent d'accéder à l'étant dans son ensemble, ne bénéficient pas d'une analyse aussi poussée que l'ennui. Ainsi se met en place une *terna* de tonalités affectives qui

Dieu; chez Heidegger, il n'y va pas du rapport de l'être à Dieu mais de l'être pour la mort, non pas de l'infini mais de la finitude. Exister, pour le *Dasein*, c'est être indéterminé, n'être « destiné » à rien, et cette indétermination ontique est une déterminée ontologique. C'est à partir du personnage de Piero dans *L'Éclipse* que le recours au *Dasein* prend son sens.

1. Martin Heidegger, *Qu'est-ce que la métaphysique?*, Question I, Paris, Gallimard, 1968, p. 48-69.

permet au *Dasein* d'accéder à l'étant dans son ensemble, et ce faisant, de lui donner une possibilité de sortir de l'absorption par un étant contingent. Cette *terna*, ou plutôt fausse *terna*, comprend l'ennui, la joie ou l'amour, ou la joie de l'amour, et l'angoisse. Des trois, l'angoisse est celle, décisive, qui domine, et en tout cas surplombe le cinéma d'Antonioni. Elle a la puissance d'arracher, telle une réduction suprême, le *Dasein* à la facticité, mais à la différence de la réduction classique et théorétique, qui faisait passer de l'ego empirique à l'ego transcendantal, elle est immotivée, elle est un saisissement. Par ailleurs, elle est sans corrélat ontique. Ce qui angoisse dans l'angoisse est le fait d'être jeté au monde (la *Geworfenheit)*, d'être jeté sans recours et sans secours. C'est cette déréliction qui se révèle alors sous la forme de l'*Unheimlichkheit*, le sentiment de ne pas être chez soi. Le personnage antonionien n'existe que s'il est menacé par cet existantial. Et il ne va naître au récit qu'en subissant, en s'engouffrant ou en résistant à cet assaut : le protagoniste se trouve alors jeté là, pour se retrouver. Il est inutile et spécieux de faire un inventaire des situations où l'angoisse, avançant sous diverses formes, s'empare du personnage. Dans *Le Désert rouge*, elle ne cesse de poursuivre Giuliana, vêtue de haillons phobiques ; et dans chaque film, on pourrait repérer ce moment décisif où s'accomplit ou pourrait s'accomplir ce passage qui arrache le personnage au mode d'être inauthentique. L'angoisse l'isole, isole radicalement le *Dasein* en un solipsisme existantial qui est une sorte de *principium individuationis* de l'existence. Elle fait alors éprouver au personnage son être comme quelque chose dont il a la charge. *La Notte* s'ouvre ainsi : l'hôpital, la mort programmée de l'ami, situation qui va comme une bombe à retardement, comme une mèche courant dans tout le film trouver sa solution, sa résolution dans la scène finale, comme si le véritable temps diégétique du film était entre l'annonce de la mort et la mort de l'ami. C'est-à-dire un sursis implicite et dissimulé qui, dans les substructions du film, fonde et enracine tout dans l'angoisse. Et quand la tonalité affective se modifie, ce n'est pas la manière d'être du *Dasein* qui change, mais bien la manière d'être de tous les étants. Il ouvre le monde comme une voie vierge, jamais empruntée, et ainsi la fait exister. Cette caractérisation de l'être-là, comme celui qui est *unheimlich*, celui qui est étranger chez soi, marque tout le cinéma d'Antonioni. L'antonymie dit bien un exil sur le lieu même de l'appartenance et de l'origine. Cette situation accorde les étants à elle ; elle les atteint, les frappe et les subordonne, disposant ainsi d'eux dans un mouvement interrompu. La fascination se glisse là. Elle sera une dissolution, en tout cas une manière de résorber l'étant ; l'explosion étant une autre façon de le faire disparaître, et le vertige, moins simple à rendre visible, une autre encore. La fascination pourrait être – le mot semble préparé pour cela – une dimension de l'inquiétante étrangeté freudienne. Effectivement, par contamination, les étants, dans de telles situations, deviennent à leur tour, s'accordant ainsi à l'être-là, *unheimlich*. Le sont-ils pour autant au sens où Freud l'entend ? Malgré tous les aspects d'un dispositif freudien : le double, le cadavre, etc., si le réel est indéniablement marqué d'*Unheimlichkeit*, il l'est au sens où Heidegger emploie le mot (sauf peut être dans *Le Mystère d'Oberwald*). Chez Antonioni, quand le réel bascule, il ne fait que pivoter sur lui-même. Il tourne comme une porte à tambour mais ne nous précipite jamais dans une surréalité ou dans un au-delà ou un en deçà de la réalité. Ce qui est *unheimlich*, dans la fascination, l'est parce qu'une réduction fait apparaître le même moins comme autre que comme étranger ; étranger mais pas forcément, ni nécessairement étrange. Étrangers, les étants le deviennent dans la fascination parce qu'ils semblent soudain mis en panne. La panne, le défaut et la défaillance sont autant de façon de nommer l'*épochè* qui les fait ainsi apparaître.

La panne est constatée (les plans répétés de décharges du *Désert rouge*), ou provoquée (les plans de *L'Éclipse* sur les chantiers où la maison et ses échafaudages semblent abandonnés ; ou à rebours, les tas de briques et de moellons apparaissant, parce qu'abandonnés, comme une construction). Elle est le terme d'une modification esthétique. Le statut esthétique de l'étant ainsi mis en panne (l'exemple le plus fort en est probablement le plan, dans *Profession : reporter*, de l'insecte écrasé, effacé dans la tache qui effrite le mur blanc), n'est donc pas l'inquiétante étrangeté freudienne, mais la conséquence d'une opération où l'étant devient étranger chez lui, puisque étranger à sa fonction et dans sa fonction. La fascination est le lieu intermédiaire de ce qui glisse du réel au néant, l'instant où ce qui bascule va se trouver fixé puis consacré dans le plan. Elle est le lieu de ce qui rend étranger chez soi, un signe aussi où se stabilise un instant l'angoisse, à moins qu'il ne s'agisse d'une prolepse pour retarder cette angoisse, retenir une seconde son inéluctable avancée. Il faut regarder ainsi les derniers plans de *L'Éclipse*, où chaque étant sidéré se trouve mis en panne et devient objet de fascination, mais surtout anticipation du plan ultime, quand la lumière envahit et submerge le cadre. Dans *L'Avventura*, l'angoisse éclate sur l'île, mais s'estompe et se dissout dans l'espace du film qui l'emporte et l'oublie. Dans *L'Éclipse*, au contraire, elle trouve son amplification formelle à la fin du film. Après *Le Désert rouge*, dont elle est le moteur, elle prend d'autres noms plus insidieux, moins violents, elle passe dans un regard qui ne la retient pas (dans le regard de Maria Schneider, dans *Profession : reporter*, qui regarde la route derrière elle). L'angoisse, sa plus ou moins grande prégnance, est la plus sûre mesure pour penser des époques dans le cinéma d'Antonioni ; elle trouve ses formes, qui sont celles du vide, et ce vide est la manifestation et la preuve du néant, ouvert par l'angoisse.

Bien sûr, le legs du héros classique pèse sur le personnage antonionien. Mais de *Chronique d'un amour* à *Identification d'une femme*, il ne leste pas de la même manière, la charge se déplace. Elle bouge selon la dominante affective qui donne sa tonalité au *Dasein*, le pousse, voire le propulse vers un solipsisme, ce moment où le personnage atteint dans la détresse (*Il Grido*, *L'Avventura*), l'affolement (*Le Désert rouge*) ou l'étonnement (*Blow Up*), sa solitude existentielle, l'instant où il y va de son être et où il peut enfin exister comme *solus ipse*. Cette solitude, dans chaque film, a son point d'origine et sa conclusion. Suivre la ligne de cette solitude est une autre manière d'en lire le récit, d'en interpréter les événements. La tentative ultime est de vouloir que l'existence devienne la sienne propre ; pour Mark, T. ou

Locke, partant de leur inauthenticité initiale, il est plus juste d'opposer cette appropriation que de parler d'authenticité.

Le devant quoi de l'angoisse est toujours la possibilité pure de l'impossibilité de sa propre existence : la mort. De film en film, Antonioni guide son personnage vers cette évidence nue, de plus en plus nue, le rien de l'angoisse, la possibilité qu'il sait sienne de ne plus être au monde. Pour Heidegger, cette possibilité se trouve élucidée dans la résolution anticipatrice. L'angoisse nous fait sortir de la quotidienneté du *on*, et alors l'*Umwelt*, le phénomène du monde se modifie. Ce passage est une façon de suivre l'aventure de Mark dans *Zabriskie Point*, celle de T. dans *Techniquement douce*, de Locke dans *Profession : reporter*. Antonioni ne s'obstinera pas à montrer le moment sidérant, aveuglant, assourdissant de l'angoisse, mais, gommé, presque gommé, passé sous silence, cet instant deviendra une charnière invisible, l'agrafe du change, la fêlure qui fait que Mark, T. ou Locke croient quitter une vie pour une autre. Ce qu'ils veulent, ce n'est pas seulement une seconde vie, une vie de plus, mais une autre, entr'aperçue dans l'entrebâillement de la résolution.

Les lieux qui accueillent Mark, T. ou Locke après cette rupture sont nus et vides, faussement vides, peuplés d'insidieuses menaces, des lieux instables, en aucun cas ceux d'une quiétude et d'un repos. Le mouvement qui procède et suit la résolution guide chaque fois le personnage vers sa mort. Il s'agit bien là, littéralement, de cet être pour la mort que la résolution anticipatrice, forme la plus originaire du souci, prévoyait pour l'être-là. Les morts de Mark, T. et Locke ne sont pas n'importe quelles morts : ils se dirigent vers elles. Ils y vont avec une lucidité aveugle et sans appel alors qu'Aldo, dans *Il Grido*, y allait par à-coups. Aldo se jette dans le vide, mais comme si cette résolution n'avait pas eu lieu, à moins qu'elle n'ait lieu justement à ce moment et ne se confonde alors avec son suicide, sa chute procède moins d'une décision que d'une attraction inéluctable et, aveuglé par ce qu'il voit, avant de basculer, il masque de ses mains ses yeux.

Toutes ces morts sont encerclées, cernées par le vide ; la fin d'une traversée absurde ; un arrêt brusque, une chute. Dans *Il Grido*, lorsqu'Aldo se jette dans le vide, Antonioni marque d'un point dans l'espace le centre de ce vide; la tour est un clou ou plutôt une vis qui vrille l'immensité indéfinie, indéfiniment plate et monocorde où s'enlise l'errance du personnage: une césure magistrale non seulement dans le plan, mais dans le film.

Le ciel, la forêt vierge, le désert d'Espagne, sont les noms du vide qui entoure ce point où la mort a lieu, le périmètre qui le localise: son monde.

Ces formes, leur puissance explétive, appartiennent d'abord à la peinture, elles sont des *topoï* complexes de l'histoire de l'art du XXe siècle, elles hantent par exemple la peinture d'Edward Hopper, comme si ce vide s'était substitué à ce qui pouvait être auparavant l'instant prégnant, la seconde qui capitalise le récit, l'enferme et le résume. Pour Hopper, cette force explétive au cœur de l'image procède d'une manière pour la peinture d'intégrer un temps propre au cinéma, celui du plan et du plan-séquence; un temps laconique et sans narration, dominé par une sorte d'ennui et d'inquiétude feutrée ou de douceur inquiète dans l'ennui. Et l'on trouve cet effort du vide à l'œuvre d'abord et déjà chez Degas, dans *La Leçon de danse*, par exemple, où les figures semblent border le tableau, inscrites dans un raccourci de bas en haut, en coïncidence partielle avec la perspective, la laissant déborder du cadre, créer un véritable hors-champ avant l'heure[1]. Chez Antonioni, le plan-séquence est préféré à tout autre parce qu'il poursuit ce hors-champ, et plutôt qu'il ne le poursuit, le file dans une enquête, de la même manière que le récit longeait l'absence dans *L'Avventura*. On a la sensation, chez le cinéaste, que c'est ce vide dans le plan-séquence que la caméra cherche à atteindre, jusqu'à la fascination et au vertige. La fascination ou le vertige étant deux manières d'intérioriser ce vide ainsi que de comprendre le plan-séquence final de *Profession: reporter* et son caractère processionnel (qui retrouve d'ailleurs abstraitement la dimension de fatalité dans la procession qui faisait le caractère hiératique jusqu'à l'excès de la fin de l'épisode français des *Vaincus*). La caméra cherche le vide, le cherche hors-champ, avec stupeur et lenteur en même temps, comme dans une

1. Edgar Degas, *La Leçon de danse*, huile sur toile, 39,4 × 88,4 cm, Sterling and Francine Clark Art Institute, Willamstown.

arène et c'est d'ailleurs dans une arène, juste le temps de la mise à mort invisible de Locke, que se déroule ce plan. Le plan-séquence retarde et annonce par le vide cette mort. Le film est d'ailleurs compris entre une mort et une autre, celle de Robertson et celle de Locke. Sa diégèse est un sursis – dans *La Notte* un sursis entre la prévision de la mort de Tomaso et sa fin; dans *Femmes entre elles*, entre le premier suicide manqué et le second de Rosetta. Ce sursis implicite peut être compris comme le temps de l'angoisse, angoisse différée dans *Profession : reporter* par une ultime histoire d'amour.

Dans les premiers films, à l'exception de la mort d'Aldo, la mort est la mort de l'autre, ou alors absente du récit. La disparition d'Anna dans *L'Avventura*, sa possible mort, s'effrite progressivement dans le film; la mort de Tomaso dans *La Notte*, au contraire, s'instille dans le film goutte à goutte comme une perfusion contre la facticité de tout ce qui s'y joue par ailleurs. C'est, dans *Le Désert rouge*, la musique stridente et obsédante des peurs – peur de la contagion ou peur pour l'enfant qui feint la maladie. Les trois films sont soulignés par cette ligne invisible; dans *L'Éclipse* et *Blow Up*, tout est plus complexe, simplement parce que Piero ou Thomas sont chacun à leur manière particulièrement bien armés. Dans *L'Éclipse*, la minute de silence qui aurait dû être une poche de vide au cœur du film, qui aurait dû être la minute du souci – puisqu'il s'agissait là de se souvenir d'un mort et de lui rendre hommage –, cette minute est contrariée par les sonneries du téléphone et par le commentaire de Piero concernant les millions qu'elle fait perdre. Dans *L'Éclipse* encore, lorsque le treuil remonte du canal la voiture de Piero, volée la veille par un ivrogne, dont on découvre le corps au volant de l'épave, Piero reste non seulement imperméable à cette mort, mais caricaturalement occupé par la question de réparer ou de changer la voiture. Son monde est celui de l'inauthenticité, occupé d'une heure à l'autre par tel ou tel étant, substituable à l'infini; quand, par effraction, l'effleure « cette joie ressentie en présence du *Dasein* d'un humain aimé » (*eines geliebten Menschen*[1]), il ne sait qu'en faire.

1. Martin Heidegger, *Wegmarken*, p. 110, cité par Jean-Luc Marion, *Réduction et Donation*, Paris, P.U.F., 1989, p. 251.

Oui, peut-être qu'il aime Vittoria, mais comme la jeune fille de *Techniquement douce* pour T., il n'a pas de place où la mettre.

Elle, en revanche, est perméable, alors, sans sommation, l'angoisse la prend, sans prétexte, et sous ses yeux, nous voyons plan par plan, sidérés, s'anéantir les étants du monde jusqu'à l'aveuglement final, l'image la plus forte et la plus nue de l'angoisse que le cinéma ait donnée.

Le cas du photographe de *Blow Up* est ambigu. Au début du film, il ne sait pas que l'image cache un drame, qu'il y a un paradoxe dans l'image, une vérité, que tout le film s'emploiera à dévoiler. Quand son éditeur lui demande par quelle photo il veut finir le livre, il répond : « Aucune de celles-ci. J'ai quelque chose de fantastique, pour finir. Dans un parc. Je les ai prises ce matin. Je te les ferai passer ce soir. Il y a un silence, une paix qui en émane [...]. Le reste du livre est suffisamment violent et ce serait une excellente conclusion. »

Il y a non seulement dans l'image une énigme dont le film offrira le dévoilement, mais cette énigme est celle de la mort. Le personnage de Thomas s'apparente aux bergers d'Arcadie, ce qu'il va découvrir, il va le découvrir sans stupeur. Il y a d'ailleurs quelque chose de la peinture de Poussin dans les plans du parc, mais le drame des derniers grands tableaux a reculé dans l'espace et s'est dissimulé jusqu'à devenir invisible, afin qu'il n'en reste dans le cadre que la sensation. L'enquête que va mener ensuite Thomas a lieu de façon « techniquement douce », et la résolution qui le saisit à la fin est la moins dramatique possible, presque imperceptible. Il consent à aller chercher une balle de tennis qui n'existe pas, la retrouve et d'un geste la renvoie. Il s'accorde alors lucidement avec le jeu du monde qu'il jouait sans le savoir.

L'histoire du film aura été maïeutique, non pas une simple enquête policière, ni le basculement provoqué par un mystère, mais l'imperceptible passage d'un monde à un autre, où rien en apparence n'a changé. À la fin du film cependant, Thomas n'est plus le même, maintenant il sait qu'il joue. Le parc de *Blow Up* est un des sites les plus vides du cinéma d'Antonioni. Peut-être parce qu'invisiblement, au centre de ce vide, comme si, de la pointe du compas qui en a tracé le cercle, restait ce trou, cette trace, cette marque de la résolution qui est l'autre nom de la fausse énigme policière et la matrice du film. Ce creux est le lieu du crime ; il répond dans l'espace au point où s'écrase le corps d'Aldo dans *Il Grido*.

Dans *Blow Up*, l'angoisse travaille à couvert, elle est quelque chose qui va naître du plan davantage qu'une tonalité affective que le plan voudrait exprimer. Ce retournement est capital. Les premiers films d'Antonioni étaient en quelque sorte les récits en images de tonalités affectives ; à partir de *Blow Up*, le plan, le vide que crée le plan, n'est plus un état des lieux. Il devient le lieu d'un état, un état du personnage, mais aussi un aimant qui nous attire et nous fait basculer, être dans l'image, en otage du vide comme nous l'étions de la fascination. Le vide est alors la forme ultime et accomplie de cette fascination.

Le fantasme qui viserait à établir une sorte de variation eidétique, au gré des tonalités affectives, est voué à l'échec. Le vide est la résultante d'une tonalité affective éprouvée par le personnage mais en aucune façon l'illustration d'une idée. Le vide est un écho, le nom dans l'espace de ce rien, à la fois la clausule de l'angoisse et en même temps ce qui la signale. On peut se livrer à une herméneutique du vide, d'un film à l'autre en prenant le risque d'une formalisation abusive. Mais chez Antonioni, le vide est premier, il est là d'abord dans le plan, il y impose sans préalable sa puissance explétive. Il est au début et à la fin de son cinéma. Dans *Les Vaincus* – la piste d'atterrissage en France, le terrain vague en Italie, le parc en Angleterre – ; dans *Profession : reporter*, l'objet tout entier de l'ultime plan-séquence. Au début, un vide comme une simple mise en situation ou un décor, à la fin, l'objet unique de la préoccupation, de toute la préoccupation du cinéma le plus concerté qu'on puisse imaginer. Mais c'est le même vide. Alors, vers lui, coulent lentement, ruissellent ou se précipitent les tonalités affectives fondamentales.

On a souvent interprété le cinéma d'Antonioni tel un cinéma de la mise en forme et de la mise en scène de l'ennui, d'un ennui que viendrait trouer l'épisode amoureux. Les tonalités affectives sont l'origine d'une modification du sujet dans le récit : le vide ne procède pas d'elles, mais les accueille et les loge inconfortablement. En ce qui concerne l'ennui et la joie devant l'aimé, le vide donne la réplique à ces deux *Stimmungen*, leur coupe la parole, est ce qui formellement fait que pour Antonioni l'ennui devient un faux ennui et l'amour toujours un demi-amour. Le vide est alors implicitement un outil de la mise en scène, en tout cas lorsque la puissance d'appel de l'angoisse ancillarise d'un coup les deux autres tonalités, les ampute ou les capture.

De film en film, surtout dans les premiers, les routes, les avenues, les chemins ouverts que la caméra cadre pour que le regard s'y engouffre, les envahisse jusqu'au vertige, répondent à une visée intentionnelle qui ne trouve aucun étant à retenir. Ou si peu, qu'ils deviennent des ponctuations et les balises de cette visée. S'offrent alors une image allégorique et un schème de l'ennui, ou si l'on veut une allégorie abstraite et spatiale de la mélancolie. Comme si ces plans étaient isolables du film. Ils sont désespérément une mise en situation pour l'ennui des profondeurs que connaît la littérature :

> Me voilà dans le monde, errant, solitaire au milieu de la foule qui ne m'est rien; comme l'homme frappé dès longtemps d'une surdité accidentelle, dont l'œil avide se fixe sur tous ces êtres muets qui passent et s'agitent devant lui, il voit tout ce qui lui est refusé [1].

L'ennui accomplit son travail, des sollicitations du monde il ne reste rien. C'est dans ce « décor » que se joue, dans les premiers films, la dernière scène qui peut rompre l'ennui, une scène d'amour où l'amour lutte contre l'ennui, et l'ennui contre l'amour. Parcs, terrains vagues, périphéries. Là, en extérieur jour, extérieur crépuscule de l'aube, se noue une étreinte qui est une défaite. L'étreinte d'Aldo et Virginia, dans *Il Grido*, que vient surprendre la petite Rosina – l'enfant vient de ramasser des cailloux; elle les découvre et sème alors ses pierres l'une après l'autre pour s'enfuir : c'est un terrain vague et il n'y a là, abandonnées, que deux ou trois énormes bobines, posées comme des repères et aussi comme des emblèmes (ceux du cinéma). L'étreinte, dans *La Notte*, entre Giovanni et Lidia au petit jour dans le parc, qui contraste par son silence avec les bruits de la nuit qui vient

1. *Oberman. Lettres publiées par Etienne de Senancour*, Grenoble-Paris, Arthaud, 1947, lettre XXII, t. 2, p. 101.

d'avoir lieu. La lettre qu'elle lui lit, ces mots d'amour d'hier qui n'ont plus lieu d'être, qui n'ont plus de lieu et n'auront plus lieu, défait l'étreinte avant même qu'elle se noue. Ce terrain vague, on le retrouve dans *L'Éclipse*, où l'on surprend Piero et Vittoria, elle sait alors de l'intérieur et définitivement ce qu'elle lui a dit : « Je voudrais ne pas t'aimer ou t'aimer beaucoup mieux. » La gifle à la place d'une étreinte, dans *Chronique d'un amour*, où les amants ourdissent sur un pont interminable – 130 mètres de long, dit quelque part Antonioni – le complot de la mort du mari. Étreinte sur la plage dans *Femmes entres elles*, devant une mer infinie et grise, étreinte interchangeable, triste à en mourir.

Cet ennui, Heidegger le décrit ainsi : un ennui profond s'étirant tel un brouillard silencieux dans les abîmes du *Dasein*, qui confond toutes choses, les hommes et nous-même avec eux, dans une étrange indifférence[1]. La brume, le brouillard et même la poussière (dans *Profession : reporter*) pourraient être le décor de l'ennui, son atmosphère plutôt, son milieu, son *Umwelt*, mais quelque chose fait irruption, une stupeur qui métamorphose l'atmosphère préalable. L'angoisse sous sa forme panique saisit dans la brume la plus épaisse Giuliana (*Le Désert rouge*) ou Mavi (*Identification d'une femme*). Non, les perspectives sans fin et le brouillard que l'on interprèterait trop vite comme des clichés antonioniens n'appartiennent pas à l'ennui, mais à un monde plus complexe, tramé de tonalités qui, sur fond de désintérêt du monde, se resserrent en angoisse. Dans *Corps sans âme*, *Les Vaincus*, *Chronique d'un amour* ou *Femmes entre elles*, on trouverait encore certains plans vides, en attente, des plans pour l'attente ou pour l'errance afin que s'y loge la stupeur, ou comme dans *Il Grido*, une étreinte sans amour. Mais, il y a trop de curiosité, trop de fascination, trop de puissance d'appel dans le regard d'Antonioni pour qu'il laisse triompher l'ennui plus d'un plan dans les films qui suivent. Quant à l'autre tonalité affective que privilégie Heidegger, la joie devant l'aimé, son statut est terriblement ambigu dans le cinéma d'Antonioni. Il y a assurément de la joie dans les gestes, le rire et le regard de Monica Vitti dans

1. Martin Heidegger, *Wegmarken*, p. 110, cité par Jean-Luc Marion, *op. cit.*, p. 259.

L'Avventura ou dans *L'Éclipse*, mais c'est une joie solitaire interrompue, provisoire et sans réponse ; cette joie devant l'aimé est le privilège de la femme, un privilège douloureux puisque, dans le cinéma d'Antonioni, l'homme n'a pas accès à ce sentiment ; et même le jeune Mark préfère rendre l'avion rose plutôt que de rester avec Daria.

À la fin de l'œuvre, dans *Identification d'une femme*, Mavi et Ida semblent avoir enfin découvert cette vérité ;

> "Tu es amoureux de moi ?" demande Mavi, "Tu ne m'aimes pas, tu as besoin de moi pour vivre... Pour survivre... Tu me fais peur... J'ai peur que tu détruises ma vie..."

Et Ida lucidement ira contre l'amour qu'elle éprouve, se sauvant ainsi :

> Tu es mon amour, tu es ma fête, ma nouvelle année, ma cocaïne et tant de choses encore, mais tu n'es pas mon ordre... Te souviens-tu du jour où tu m'as montré les photos des deux terroristes, tu m'as dit : "Ils ont tout en commun, idéologie, clandestinité, risques, c'est forcé qu'ils soient ensemble".

Dans le hall de l'hôtel, quand Ida apprend qu'elle attend un enfant d'un autre homme, le vide devient un vide actif, il s'impose entre Niccolò et elle. Cette scène est la reprise lente et presque processionnelle des scènes d'amour de *L'Éclipse* ou même de *L'Avventura*, quand Monica Vitti jouait des vitres et des miroirs pour mettre du vide, de l'attente, un espace entre elle et l'aimé. Souvenons-nous, le premier baiser entre Piero et Vittoria est, de façon grandiloquente, un baiser où ils s'embrassent derrière une vitre, et c'est le contact du verre qui traverse le plan. Antonioni voulait mettre ce distique de Dylan Thomas en exergue de *L'Éclipse* : « Il doit bien exister quelques certitudes, sinon d'aimer bien, au moins de ne pas aimer. »

Le vide entre les amants est précisément celui de l'incertitude. C'est ce vide qu'exporte le regard de Vittoria et qui va cerner, serrer, enkyster chaque étant et tout le visible d'une netteté et d'une stupeur, et va faire du cadre un étau jusqu'à l'éclipse finale.

Le vide, dans l'errance d'Aldo, est un vide devant soi. Le vide, pour les amants, est un vide entre eux, et qu'ils mettent entre eux. Mais le vide, dans le cinéma d'Antonioni, est plus fort que ses formes. Et si, dans l'angoisse, on a la sensation qu'il encercle le personnage, qu'il l'étreint et l'absorbe comme le brouillard justement, il travaille aussi pour son propre compte et hors récit, quand la fascination et l'aveuglement se confondent et que l'écran semble soudain saturé précisément par le vide.

Chronique d'un amour se développait entre deux accidents, dont le premier était peut-être un crime, un crime à tout le moins par intention, le second peut-être un suicide, assurément un crime parallèle, en intention. *Femmes entre elles* commençait par une tentative de suicide, et dans *Amore in città*[1], Antonioni consacrait sa contribution aux tentatives de suicides, autant de formes narratives pour créer dans le récit un vide, l'énoncé du vide, sa réalité littérale. Celui que laisse Anna dans *L'Avventura* trouve son lieu, l'île, qui d'un coup devient une île déserte (à l'exception du berger et de sa cabane), parce qu'on y cherche Anna et qu'elle n'y est pas. Ce vide est alors un vide éprouvé, alors que dans *L'Avventura*, la première scène entre Anna et son père se déroule dans un espace incongru, une périphérie dominée par le vide, un vide semblable à une toile de fond et presque comme une proposition théorique, un vide venu des films antérieurs. Il conclut *L'Avventura*, cernant une placette qui semble soudain immense et où se retrouvent les amants déchus. Un vide amené par un mouvement de caméra qui anticipe l'avant-dernier plan-séquence de *Profession : reporter*, un espace encerclé, un cratère comblé, une sorte d'île. Au centre, un banc, puis les amants et ce qu'ils voient, un volcan, et ensuite ce que le spectateur voit dans le plan, le volcan et le mur qui coupe le plan, provoquant une schize esthétique qui hésite entre la beauté lointaine du volcan au repos dans l'aube angoissée et celle, improbable, séparatrice, autonome, a priori rébarbative du mur. L'esthétique d'Antonioni est alors cet hendiadyin, le volcan *et* le mur, la congruence dans le plan du sublime et de l'ordinaire. Une beauté divisée et douloureuse mettant à égalité le vide du lointain et celui de la proximité, et dans ce vide dédoublé il ne reste rien, absolument rien de l'absence d'Anna. « Il y a quelques jours, à l'idée qu'Anna soit morte,

1. Michelangelo Antonioni, *Amore in città*, autre titre *L'Amorosa menzogna* (le mensonge amoureux), durée 10', 1949.

j'avais l'impression de mourir moi aussi. Maintenant je ne pleure même plus. J'ai peur qu'elle soit vivante. Tout est en train de devenir affreusement facile, même d'oublier une douleur. » Le vide plus que celui de l'oubli ouvre à un au-delà des sentiments.

La disparition d'Anna, la noyade de Rosetta, l'accident de Fontana (*Chronique d'un amour*), la chute d'Aldo « laissent un vide ». Ceux qui disparaissent abandonnent une place qui ne sera pas prise ou en vain (*L'Avventura*), ou qui est déjà prise (*Il Grido*), ou dont les amants ne sauront rien faire et qui les séparera (*Chronique d'un amour*). Chaque fois, littéralement, le protagoniste disparaît pour rien ; seulement pour laisser une fosse dramatique, un piège trouant le récit. (Ce piège dans lequel tombe le jeune homme, à la fin de *Techniquement douce*, et qui le livre à une agonie en suspens dans le vide.)

Le vide et ses formes ne constituent pas seulement un creux dans le récit, il impose une tangente vertigineuse qui attire spatialement le récit comme une force magnétique ferait dévier un satellite de son orbite.

L'Avventura est probablement le premier film où le vide est décliné sous son nom d'absence. Un vide qui est là partout et ne se voit pas. L'île en est le lieu parce que site et situation de la disparition, à partir d'elle la caméra cherche les formes d'une absence, puis quand l'absence est comblée, elle cherche les formes du vide dont cette absence était le prétexte et, pour le dire philosophiquement, la détermination ontique. Cette question du vide est en fait la reprise, amplifiée, de la fascination, quand elle a effacé ses objets. Dans *Le Mystère Oberwald*, un plan énigmatique nous met sur la voie. La reine est assise et s'endort, drapée dans une couverture blanche. Ce plan fixe devient pourtant l'endroit d'une étrange métamorphose : Monica Vitti, qui incarne la reine, en s'endormant, progressivement, disparaît dans l'image, tel un fantôme, comme si le sommeil la prenait à la réalité. Antonioni inscrit un mouvement, celui de la disparition, d'une disparition sur place, dans le plan fixe qui, du coup, cesse de l'être. Il est trop simple de réduire ce plan à une trouvaille technique même si le cinéaste a beaucoup commenté ce recours à la technique. Il s'inscrit en fait dans une logique profonde où l'outil sert une obsession ancienne, lui permet de trouver une forme neuve et inédite. Antonioni remarque :

> En outre, avec la nouvelle technique de la "marqueterie", l'électronique donne la possibilité de corriger seulement un angle du photogramme et de laisser le reste tel quel : si, par hypothèse, un plan est parfait, à l'exception d'un détail dans le décor du cadre où se déroule la scène, je peux modifier juste cet aspect, sans devoir tourner à nouveau toute la scène. En d'autres termes, si dans un certain décor il y a un tableau qui détonne avec le reste, grâce aux nouveaux moyens, je peux garder le cadre et changer le type de toile ou de peinture choisie.

Non seulement l'exemple emprunte à la peinture – il s'agirait d'effacer tel tableau du décor pour lui en substituer un qui s'accorde mieux à la scène ou accorde mieux la scène –, mais plus encore, le cinéaste agit en peintre selon une logique de repentir et de substitution. Le cadre dans le plan est un tableau et le tableau cité un élément parmi d'autres dans la composition. Mais ce travail de peintre économise grâce à la technique l'intention préalable d'une architecture et détourne le metteur en scène de sa vocation d'architecte, de maître d'œuvre d'un ensemble, pour le laisser être peintre et libre par rapport à cet ensemble. À cet égard *Le Mystère Oberwald* est un chantier où Antonioni invente entre autres cette forme : une phénoménalité du vide s'accomplissant devant nous. Il reprend aussi, et selon la même logique, son interrogation de coloriste : le plan reste fixe, un plan de la lune, plein cadre, que le cinéaste observe en préfiguration des images du soleil à venir, celles d'*Identification d'une femme*. La lune se laisse faire, au-delà de la charge littéraire, elle est le pôle de l'expérimentation d'Antonioni sur la couleur. La caméra ne bouge pas, mais l'image change parce que la couleur change, et modifie la forme de l'intérieur. La lune, quand la fenêtre s'ouvre, est l'écho pur et magistral des formes qui hantaient les plans intérieurs précédents : un plan fixe sur le couteau posé sur la table ronde et un autre sur le sol éclaboussé par les tessons de vaisselle cassée. Elle amplifie en une image pleine ce que suggéraient les deux plans : la forme ronde de la table, l'insistance sur ce cercle et le désordre coupant des assiettes cassées s'unissent en une image. La lune n'est pas tout à fait pleine et excoriée par les aspérités des cratères. C'est l'écart, l'inframince, tout simplement le vide entre les plans, qui consolide en dernière instance l'image, une image « amorcée » par les plans qui la précèdent, exactement comme l'explosion de *Zabriskie Point* était suggérée, retardée, annoncée et amorcée par les plans antérieurs.

La voix, comme à côté de l'image, dit : « La lune qui promène ses ruines autour des nôtres, la neige, les glaciers, colorient un peu les ouragans ; que cette violence est brève. Tout finit, tout s'endort. »

Le Mystère Oberwald ouvrait des pistes qu'Antonioni ne suivra pas, mais qui sont des variations à partir d'obsessions anciennes. C'est le film où la dialectique intérieur/extérieur produit l'effet le plus radical, mais comme s'il s'agissait là d'un emboîtement, comme si l'intérieur, accusé par l'opacité des fenêtres en cul-de-bouteille, était une boîte dans le film, comme si elle était l'intérieur de l'intérieur, une mécanique secrète, intime et littéraire, une charge explosive et sa minuterie. Alors l'extérieur a la fonction de l'intérieur, comme s'il y avait une frontière, les alentours du château, une limite au-delà de laquelle un autre extérieur – le monde réel – commencerait. Dans ce faux intérieur ou faux extérieur que sont les bois autour du château, Antonioni cueille d'incroyables secondes de fascination, qui sauveraient le film d'une vision trop littérale et trop liée au récit de Cocteau[1]. La caméra cherche l'apparition ; elle traque et débusque des anamorphoses, au sens étymologique de montée à la forme, un plan sur des escargots, un autre sur une mouche qu'on aperçoit quand la caméra recule, posée sur un cerf mort, un plan sur une plume ou un duvet blanc qui flotte sur une flaque où goutte le sang d'une poule que la fermière vient de décapiter. Monica Vitti, qui incarne la reine, aime jusqu'au vertige deux hommes, ou deux fois le même homme, ou un second homme qui fait réapparaître le premier, disparu,

1. Le scénario du *Mystère Oberwald* est de Michelangelo Antonioni et Tonino Guerra, d'après la pièce de Jean Cocteau, *L'Aigle à deux têtes*.

provoquant une spirale temporelle qui donne le vertige, ici un vertige sur place et dans le récit. La métaphore tient en deux images, au début et à la fin du cinéma d'Antonioni, la même en fait, l'une convexe, l'autre concave, l'une pleine, l'autre creuse : la tour, plantée à la fin d'*Il Grido*, où va monter Aldo avant de se jeter dans le vide, laisse s'enrouler autour d'elle un escalier, une spirale qui est la proposition progressive du vertige à venir, celui d'Aldo quand il regardera, en bas, le vide ; dans *Identification d'une femme*, Antonioni filme le moule de cette image, la cage d'escalier où Niccolò attend Mavi, une spirale trouée en son centre, une forme autour du vide et qui le fait voir. Si le dénouement n'est pas fatal, l'image est la même, en creux, que celle de la tour. Entre ces deux plans séparés par vingt-cinq ans, quelque chose s'est usé qui est probablement l'idée de l'amour et le sens du tragique. Monica Vitti résume ainsi son interprétation dans *L'Éclipse* : « Je me trouvais en face d'une femme qui ne ressentait pas ou pas assez l'idée d'aimer. » L'angoisse accapare l'amour, ou plutôt le manque de ce qui sauve, là où un espace s'était creusé pour l'accueillir. L'inventaire final des plans qu'anéantit le regard prouve aussi que ces lieux sont ceux de ce creux, la rétrospection de chaque lieu est hantée par ce vide laissé par un amour, pas assez puissant ou décidé pour s'y loger.

Dans *Blow Up*, le manche de la guitare avec lequel Thomas s'enfuit est une relique arrachée de haute lutte, mais pour être aussitôt jetée ; c'en est fini du bois de la croix de saint Marc, nous sommes à l'époque où les reliques sont profanes et ne durent que le temps de s'en saisir, c'est du moins la leçon que donne implicitement le photographe. Ni culte, ni piété, seulement l'instant : photographe, Thomas le sait. Ne parle-t-on pas aujourd'hui si vulgairement de « film culte », expression qui est à notre époque le comble du nihilisme : se rassembler autour d'un objet en soi invisible est devenu une valeur en soi, une valeur sûre, pour une foule de fidèles anonymes qui se reconnaissent entre eux par le seul énoncé de la relique, faisant apparaître pour une valeur ce qui était voulu telle une essence. Le geste, en apparence anodin, qui abandonne le manche de la guitare, est un manifeste contre la valorisation des étants et leur suffisance, le geste d'Antonioni cinéaste, une preuve par l'instant. Un instant justement qui ne garderait pas de preuve. Le manche de la guitare est perdu, et celui qui le ramasse n'en sait pas l'histoire, l'objet brisé disparaît comme le corps du mort.

Le film dit aussi cette vérité : que le temps arrêté, celui qui se résumerait aux photogrammes, à l'instant prégnant que la photographie veut arracher au fil de la vie, ment. Pour qu'il avoue, il faut donc l'assembler dans une logique de montage, ou l'exploser, c'est-à-dire l'agrandir jusqu'à l'invisible, ce que fait le photographe détective, rapprochant et assujettissant son art au cinéma. Comme dans la fascination, il semble pour Antonioni que le visible ne prend tout son relief que lorsqu'il est brisé, fondu, dépossédé de son sens commun, de sa valeur d'usage. Les derniers plans de *L'Éclipse* sont une façon de mettre en panne chaque étant, et dans le plan de chercher une fission de l'étant qui alors se durcit, résiste, devient de plus en plus solide. Tous ces étants, page de journal annonçant l'hypothèse d'une guerre atomique, pan de mur crénelé verticalement pour affronter le vide, gros plan sur un regard accusé par le verre des lunettes, tendent vers le néant qui les habite. Là pour rien, ils sont en place du rien. Godard, en écho, ressasse superbement, dans son *Éloge de l'amour* (2001), une phrase qu'on dirait volée à Heidegger commentant Hölderlin : « Les images qui masquent le néant sont le regard du néant sur nous » [1].

Dans *L'Éclipse*, le noir et le blanc conspirent à une telle solidité que le poids et la gravité de ce qui est là deviennent une menace. Mon regard est menacé par ce qu'il voit, qui alors lui devient étranger, hostile et étranger par cet excès de réalité, surcroît de présence pour rien que ce rien de l'angoisse peut dans une seconde déborder en m'aveuglant.

1. Cette phrase conclut déjà les *Histoire(s) du cinéma* (Paris, Gallimard-Gaumont, 1998, tome IV, p. 300). Godard l'attribue à Maurice Blanchot : « Il faut peut-être ajouter encore : l'image capable de nier le néant est aussi le regard du néant sur nous, elle est légère et il est immensément lourd, elle brille et il est cette épaisseur diffuse où rien ne se montre ».

Identification d'une femme s'ouvre sur l'image d'un ventre de femme enceinte, écho à la césarienne de *Chung Kuo, Cina*, et s'achève sur l'aveuglement repris de *L'Éclipse*. L'hypothèse d'un film sur le soleil s'est substituée à l'identification d'une femme, le lemme en est le suspens des sentiments, pour un film où il ne serait pas question de l'errance d'un homme qui ne trouve pas sa place (et pas même dans le sentiment d'une femme), mais de la révolution « sans fin » de l'astéroïde qui fixe le spectateur de ses yeux-cratères – un regard aveugle de nouveau-né.

Les films d'Antonioni n'en font qu'un, dont *Identification d'une femme* veut, mélancolique mais sans nostalgie, être le résumé. Sa conclusion est l'amplification d'un secret : quelques secondes d'excès et de surcroît où le cadre implacable du cinéma d'Antonioni consent à être débordé. Dans *L'Éclipse*, la lumière était tenue en étau par le cadre, ici elle en appelle à l'écran, tout l'écran, à « l'univers » aurait dit André Bazin. Le mot « fin » est d'autant plus lisible que le soleil dévore l'espace : « fin » est dès lors le titre paradoxal du film à venir, et, parce qu'il efface toutes les images, celles qui sont oubliées reviennent, frangibles, incertaines mais prégnantes, comme autant de plans qui sont des éclats et des chutes. La mémoire trouve ainsi un film où la vie et le cinéma se chevauchent. À Rome, l'appartement où, depuis longtemps, vit Antonioni, au dernier étage en surplomb lointain de la périphérie, est un panoramique à trois cents degrés, et le panneau bleu du bowling sur le Tibre est une balise, parmi tant d'autres, d'un chenal mystérieux et contrarié, où se cognent, s'enchevêtrent, se télescopent et se répondent des centaines de plans qui ne sont pas des mensonges. Et l'on sent battre au cœur des images cette violence dont parlait Lucrèce, seul élément stable à la crête de l'impermanence de tout. C'est un film immense qui se déroule là, chargé de vérités secrètes et changeantes. Surgissent alors des recès de la mémoire le nom de l'écrivain dans *La Notte* (Giovanni Pontano, qui vécut en fait de 1426 à 1503) ; les figures de cire dans *Chung Kuo, Cina*, semblables en contrechamp des visages à une peinture d'histoire interminable et factice ; l'usine de Shanghai, rémanence de celle du *Désert rouge*. Revient aussi le planétarium, métaphore d'un horizon enfin sans limites, c'est là que se retrouvent les amants dans *Chronique d'un amour*: « On se croirait en Afrique, je regardais toujours les étoiles lorsque j'étais là-bas », dit Guido. Puis surgissent de *L'Éclipse* les chambres d'enfants avoués par ces deux adultes qui ne savent pas s'aimer, et le ballon qui s'envole et éclate, tué comme dans une fête foraine. Et puis le tableau de Balla à la tête du lit où Niccolò et Mavi font l'amour, un tableau qui a longtemps appartenu à Antonioni. Coupant ces plans oubliés, ses propres tableaux enfin, non pas les *Montagnes magiques*[1], mais ceux qu'il a conçus pendant l'hiver 2002 : dessins d'une main tremblante projetés en grand format par un assistant pour y disposer, comme dans *Le Désert rouge*, les couleurs.

Il existe un projet de court métrage d'Antonioni libellé ainsi : un musée d'art figuratif quelconque à Rome, Florence ou Venise, considéré non pas pour les peintures exposées, mais pour le rapport entre ces peintures et le visiteur (voire entre les peintures et le paysage que l'on voit des fenêtres), afin d'étudier les sensations que l'œuvre d'art suscite. Cette idée est un leitmotiv de la pensée d'Antonioni, formulée dès 1964 :

> Aujourd'hui, le spectateur ne doit plus laisser pénétrer l'image dans son cerveau à travers les yeux; il doit avoir une attitude presque créative. Jusqu'à présent on disait voir un film, lire un film. Ces mots sont décalés. Aujourd'hui, c'est le rapport entre deux images qui compte. C'est une forme dans son devenir, qui change comme les visions du microscope selon le mode d'observation. Il est donc plus juste de dire que nous devons sentir un film[2].

Le visible n'est plus face à nous, mais soumis à une logique d'apparition, de manifestation en tous sens. Voir est travaillé de l'intérieur par une théorie des sensations qui irrigue la vision, la suggère et l'induit.

Cette dimension est accusée encore par l'évidence que l'invisible peut être rendu visible :

1. Michelangelo Antonioni, *Le Montagne incantate ed altre opere, mostra omaggio*, Ferrara, 30 juillet-30 octobre 1933.

2. Michelangelo Antonioni cité par Renzo Renzi, *Une biographie impossible*, Rome, Cinecittà international, 1990.

> Nous savons que sous l'image révélée il en existe une autre, plus fidèle à la réalité, et sous cette autre, une autre encore, et ainsi de suite. Jusqu'à l'image de la réalité, absolue, mystérieuse, que personne ne verra jamais [1].

Ce n'est pas seulement une métaphore, celle du visible qui peut être effeuillé jusqu'au cœur, au noyau, à l'origine, c'est aussi l'idée très concrète (mise en lumière dans *Blow Up*) que soumettre la pellicule à un procès de *Latensificazione* [2] revient à mettre en évidence des images que le processus normal de développement ne parvient pas à révéler. Enfin, une phénoménologie de l'image est l'accent décisif, probablement implicite pour Antonioni, afin de stigmatiser tout nihilisme – résultat inéluctable de la métaphysique, privilège aveugle accordé à l'étant, idolâtrie de l'image acquise.

Rendre visible, c'est destituer l'image de son privilège ontothéologique, opérer une fission du visible acquis, du visible de l'étant, de l'étant et de rien d'autre. C'est objecter contre le pouvoir des images toutes faites, déjà vues et acquises, un pouvoir de manifestation, jusqu'à l'explosion ou à l'aveuglement, comme s'il y avait en chaque atome de visible la possibilité d'accéder à « cette réalité absolue, mystérieuse, que personne ne verra jamais ».

Une image ne doit pas devenir une relique, image fétiche et fossile, échappée au temps du film, mais rester le pli d'une vision, la marque de son envoi, l'index d'une modification du regard. Antonioni aura cherché non seulement à faire voir le visible mais à le faire sentir. Si, dans *Blow Up*, il y a une charge contre le nihilisme, ce serait la mésestimer que de la comprendre seulement sous l'angle sociologique, elle est avant tout le principe d'une modification du regard, une réduction supplémentaire qui démet l'étant de ce que l'on croit acquis en lui.

Ce *sentir* que veut Antonioni est partout. On le trouve dans la volonté obstinée de filmer le vent, filmer ce qui ne s'exprime en principe que selon ses conséquences. Comme l'ange, le vent est

1. Michelangelo Antonioni cité par G. Tinazzi, *Michelangelo Antonioni, Identificazione di un autore*, Parme, Pratiche Editrice, 1985.

2. Je me risque à traduire : intensification de l'image latente.

invisible, il faut le rendre visible, ou mieux, sensible, il faut faire voir le vent comme il faut faire entendre le silence. Filmer le vent dans *L'Aquilone*, ou dans ce projet d'une bande sonore pour un film à New York, intitulé *D'un trente-septième étage sur Central Park* :

> D'autres rafales. Le vent revient, rageur, et passe entre les gratte-ciel, il semble s'esquiver, il déferle crânement sur le parc. Un klaxon le fait taire, comme s'il lui avait donné une claque. Terminé, le vent[1].

Dans *L'Éclipse*, le vent est présent dès l'*incipit* sous la forme un peu dérisoire d'un ventilateur. Et à la fin du film, du moins sa première fin narrative, avant que tout ne soit pétrifié, fusillé, détruit, le vent fait doucement frémir les arbres. Tout le film oscille entre la sensation de pétrification et celle, libératrice, que manifeste le vent ; il s'insinue entre deux sensations, fossilisation interrompue par un souffle. Le film respire grâce à cette sensation de vent, mêlée à des impressions d'Afrique : les affiches et le décor où Monica Vitti improvise une danse inattendue, sagaie à la main, ou encore lorsque le petit avion atterrit quand deux Africains s'ennuient devant le bar de l'aéroport. Le vent joue ainsi un étrange second rôle dans le cinéma d'Antonioni, éclipsé par la méchanceté du soleil, mais décisif cependant. Dans le scénario de *L'Aquilone* comme dans *Gens du Pô*, il emporte tout, il est l'insaisissable, une force qu'il faut s'adjoindre. Lorsque Antonioni tournait le dernier plan de *Profession : reporter*,

> le temps était venteux et l'air nerveux vibrait, annonçant une tornade, qui, à la fin, détruisit des villages entiers. Pour pouvoir fonctionner, en dépit de ces conditions, la caméra était le plus souvent enfermée dans une sphère[2].

1. Michelangelo Antonioni, *Rien que des mensonges*, *op. cit.*, 1985, p. 231.

2. Michelangelo Antonioni cité par Carlo di Carlo, *Professione : reporter*, Bologne, Capelli Editore, 1975.

chapitre 3
les paradoxes d'un retournement
Jean-Luc Godard, quand la peinture remonte à la surface du cinéma

Le modèle cinématographique, celui où l'image qui se donne se perd à la seconde où elle se donne, aide à penser l'image fixe, unique, dont le modèle est le tableau de chevalet. Or, dans l'expérience esthétique, l'étant demeure comme le nom de cette perte. L'œuvre est un écran où ce qui se projette se projette. Il est l'écran d'une projection, mais avant tout – et c'est le propre de l'expérience esthétique – l'écran qui me sépare de ce qui m'est donné. Plus intense la donation, plus nette la perte qui lui succède, plus coupant cet écran où l'œuvre s'affirme bien comme le nom de la présence devenue impossible à la seconde, où, à partir de l'œuvre, la donation suggère sa possibilité. L'œuvre atteste que ce qui m'est donné m'est aussitôt repris. La donation n'est un terme ultime[1] que parce que la *Gegebenheit*, que l'on

1. Edmund Husserl, *L'idée de la phénoménologie*, 4e leçon, Paris, P.U.F., 1990, p. 86.

traduit en général par « présence » et que je traduis par « donation », renvoie à une perte, condition même pour qu'elle soit absolue.

Dans le *Voyage en Italie* de Rossellini (1953), sous les yeux des époux qui se séparent, dans les fouilles de Pompéi, on invente les corps des amants, eux, séparés par la mort. Les scories du volcan ont enseveli ces corps qui n'ont plus de substance, seulement le dessin, le contour de la mort, corps sans chair, à l'air libre ils tomberaient en poussière. Ils sont alors pris en plâtre (comme le visage du mort pouvait être jeté en plâtre pour en garder l'empreinte) afin de retrouver une forme solide, afin d'être vus comme des sculptures pourraient l'être. Cette scène est une métaphore de la création, le travail du regard ne s'accomplit que si cette invention, au sens archéologique du mot, a lieu. Quand les corps pris en plâtre remontent à la surface, montent au jour, l'épouse se détourne. Il y a là de l'insoutenable. Elle se détourne et fuit. Ce travail du regard devient, au sens propre du mot, l'histoire de l'œuvre. Il suppose d'avoir accepté la séparation, pris la mesure de l'écran, éprouvé cette coupure, d'avoir fait l'épreuve et, d'une certaine façon, le deuil de ce qui lui a été donné pour lui être repris. Le travail du regard est donc peut-être un travail de deuil.

Un texte évoque une telle expérience. *Le Moine au bord de la mer* de Caspar David Friedrich est l'œuvre décrite, et Heinrich von Kleist l'écrivain :

> Quel enchantement de laisser le regard errer sur une étendue d'eau illimitée, dans une solitude infinie au bord de la mer, sous un ciel ténébreux. Mais encore faut-il être allé là et en revenir alors qu'on voudrait passer de l'autre côté et que c'est impossible ; et que l'on voudrait être dénué de tout ce qui aide à vivre, et pourtant entendre la voix de la vie dans le mugissement des vagues, dans le souffle du vent, dans la course des nuages, dans le cri solitaire des oiseaux. Il faut pour cela une exigence de cœur et le préjudice, peut-on dire, que porte la nature. Mais devant le tableau tout ceci est impossible et tout ce que j'aurais dû trouver dans le tableau je le trouvai entre le tableau et moi, c'est-à-dire une exigence imposée par mon cœur au tableau et le préjudice que celui-ci me portait. Et ainsi je devins un moine, le tableau devint une dune mais la mer sur laquelle aurait dû errer mon regard nostalgique était complètement absente. Rien ne peut être plus triste et plus pénible qu'une pareille situation au sein de l'univers :

> unique étincelle de vie dans le vaste Royaume de la Mort, point solitaire dans un cercle désert. Le tableau, avec ces deux ou trois objets pleins de mystères, est une sorte d'Apocalypse ; c'est comme s'il portait en lui les pensées nocturnes de Young, et, puisque dans sa monotonie et son infinité, il n'a pour premier plan que le cadre, on a l'impression en le regardant qu'on vous a coupé les paupières. Et pourtant le peintre a sûrement ouvert une voie nouvelle dans le domaine de son art ; et je suis persuadé qu'avec son esprit, on pourrait représenter un mille carré de sable du Brandebourg, avec un buisson de ronces où perdre une corneille solitaire gonflant ses plumes, et qu'un tableau de ce genre donnerait une impression vraiment digne d'Ossian ou de Kosegarten. Oui, si l'on pouvait peindre ce paysage avec sa terre crayeuse et son eau, on pourrait, je crois, faire hurler les renards et les loups : et c'est à coup sûr la plus haute louange que l'on puisse adresser à ce type de peinture de paysage [1].

Ce qui fonde le « on vous a coupé les paupières » n'est pas ici un excès de présence (donc de donation), mais le fait que cet excès ait lieu en l'œuvre, soit contraint par elle, et l'on ne sait si ce qui coupe les paupières est ce qui provoque « pareille situation au sein de l'univers » ou plutôt que « pareille situation au sein de l'univers » tienne à l'absence de la mer : « la mer sur laquelle aurait dû errer mon regard nostalgique était complètement absente ». Ce qui coupe en dernière instance les paupières semble être le cadre : « il n'a pour premier plan que le cadre, on a l'impression en *le* regardant qu'on vous a coupé les paupières ». Que veut dire couper les paupières ? Cela veut dire être condamné à voir, à voir jusqu'à l'aveuglement, condamné à voir jusqu'à ne plus voir, condamné à ne plus voir donc. Le cadre est ici la frontière, la coupure où la donation s'intensifie en une donation

1. Heinrich von Kleist, *Empfindungen vor Friedrichs Seelandschaft*, in « Berliner Abendblätter », 1810. Ce serait faire peu de cas de ce texte que de le condamner à une simple lecture kantienne et d'y lire l'aveu d'une supériorité de la nature sur l'art qui se manifesterait sur le terrain propre de l'art, bien que l'art ait pour Kant besoin de la nature pour être lui-même, besoin du modèle. Dans sa classification des arts, Kant se contente d'indiquer que la peinture ne donne « que l'apparence de l'étendue corporelle » et lui préfère alors « l'art des jardins ». S'il y a indéniablement un pli kantien dans ce texte de Kleist (quand, au § 49 de la *Critique de la faculté de juger*, Kant note que l'art est un produit de la nature, il précise bien qu'il s'agit de la nature du sujet), restreindre ce texte à la notation d'un écart impossible à combler entre la nature et l'art serait insuffisant.

où ce qui est donné est donné sur le mode de la séparation. Le cadre est la délimitation de l'écran qui sépare, tout autant qu'il est ce qui désigne l'œuvre comme œuvre, l'encadre. Le cadre est le lieu de démarcation où s'accomplit le déni de la donation. La donation, ou l'intuition donatrice, s'amplifie jusqu'à l'excès et jusqu'à la saturation, ce que comprend précisément la notion de phénomène saturé :

> Il s'agit en effet d'un visible que notre regard ne peut soutenir ; ce visible s'éprouve insoutenable au regard, parce qu'il pèse trop lourd sur lui ; la gloire du visible pèse et pèse trop. Ce qui pèse ici, ce n'est ni le malheur, ni la peine, ni le manque, mais bien la gloire, la joie, l'excès [1].

Ce qui pèse dans l'expérience esthétique a ceci de particulier – et c'est ce qui rend cette donation paradoxale – qu'il ne pèse pas seulement d'un poids de joie, mais pèse de tout son poids de séparation d'avec la joie. Si ce visible est insoutenable, c'est parce que nous en sommes séparés.

Reprenons la détermination et l'attribution du « le » dans « on a l'impression en *le* regardant qu'on vous a coupé les paupières ». *Le* semble renvoyer à « tableau », mais j'ai préféré l'attribuer à « cadre » ; en fait, dans cette phrase, c'est syntaxiquement que se déroule le scénario de la séparation. *Le* renvoie d'abord au tableau, puis au cadre, ou plutôt, puisque, comme l'écrit Kleist, « tout ce que j'aurais dû trouver dans le tableau je le trouvai entre le tableau et moi », au cadre puis au tableau. Le tableau est l'instance de la séparation selon le cadre ; le cadre est paradoxalement la frontière visible qui borne la séparation. Paradoxalement, parce qu'une frontière est toujours invisible, le cadre rend visible l'invisibilité de la frontière.

Le tableau me donne à voir que je vois ; pour reprendre le très beau commentaire du *videre videor* cartésien de Michel Henry [2], il faudrait dire : « j'éprouve que je vois » plutôt que « je vois que je vois », et

1. Jean-Luc Marion, « Le phénomène saturé », *op. cit.*, p. 109.

2. On se reportera à l'*Essence de la Manifestation*, Paris, P.U.F., 1963, et pour ce point en particulier au commentaire de Jean-Luc Marion « Générosités et phénoménologie » et aux remarques sur l'interprétation du cogito cartésien par Michel Henry, dans les *Études philosophiques*, 1988 / I.

« je vois que je vois (le tableau) » deviendrait dans le tableau ce qui me sépare de ce que Kleist évoque, et qui serait un « j'éprouve que j'éprouve ». « Oui, écrit Kleist, si l'on pouvait peindre ce paysage avec sa terre crayeuse et son eau, on pourrait, je crois, faire hurler les renards et les loups. » Le « j'éprouve que je vois » se retourne soudainement en un « je vois que je ne peux éprouver ». Le tableau me sépare non seulement de « la mer sur laquelle aurait dû errer mon regard » (d'avoir les paupières coupées fixe le regard, le retient en un point, « point solitaire dans un cercle désert », et lui interdit d'errer), mais aussi de ce que je ne peux toucher en lui, « sa terre crayeuse et son eau » ; le tableau est le corps d'une chair du monde dont je ne peux faire l'épreuve.

Il faut entendre ce qu'il y a entre le tableau et moi au sens familier qui résonne dans le français de la traduction ; ce qui s'est mis entre le tableau et celui qui voit, au sens où quelque chose se met entre deux êtres pour les séparer, est tout simplement que le tableau ne soit pas le monde, ou, plus justement, que le *videre* ne soit pas le *videor*, ne puisse jamais l'être et qu'en fait son incapacité à l'être soit accusée par le *videor.* Le tableau est l'instance, le lieu de ce voir (*videre*) et en confirmant que j'éprouve que je le vois, le tableau, puis le cadre, selon le mouvement de la séparation entérine la séparation d'avec ce que j'éprouve.

L'expérience esthétique est par excellence le lieu où ce qui est éprouvé l'est sur le mode de la séparation. Oui, l'œuvre est un écran. Je l'ai dit, l'écran où ce qui se projette se projette, où ce qui se donne se donne, est l'écran qui sépare, qui me sépare de ce qui m'est donné. Que dit : « je le trouvai entre le tableau et moi » ? Cela dit aussi que je ne peux m'approcher. L'écran instaure donc une immobilité, un interdit symétrique à la fixité du regard aux paupières coupées. Je ne peux avancer, l'écran me tient à distance. Déjà il me séparait de ce qu'il me montrait, mais maintenant il me signale qu'il m'en sépare.

Cela peut s'entendre à deux niveaux, banalement, en constatant qu'une attitude surdétermine une vision — si j'avance, je ne vois plus ce que je vois —, mais aussi selon une acceptation métaphysique : si j'avance, j'affronte la séparation, j'entre dans son ordre (cette seconde acceptation reprend d'ailleurs la première). Si j'avance, j'avoue demander au tableau l'*impossible* (« c'est-à-dire une exigence imposée par mon cœur au tableau »). Il y aurait un troisième terme de séparation, celui qui incombe à la perte, le disparaître de ce qui vient de se donner, en d'autres termes, ce qui fait que l'image fixe ne se donne, pour autant qu'elle apparaisse véritablement, que sous le modèle de l'image en mouvement. Les plans fixes d'Ozu phénoménalisaient cette durée, tenant en équilibre la présence, chronométrant seconde par seconde le compte à rebours de la perte. L'écran serait donc l'instance de la donation et de la perte à la fois, l'horizon même de l'expérience esthétique : celui d'une donation dénégatrice où ce qui m'est donné ne m'est donné que pour m'être repris.

Le constat de ce manque intrinsèque au tableau, formulé par Kleist, correspond au manque que le dispositif de mise en scène du diorama adressé à Shukowski par Friedrich essayait de combler. Le texte consacré au *Moine au bord de la mer* regrette, de manière anticipatrice et précinématographique, que rien ne s'anime à partir du tableau, bruits et sensations. Il faut redire la distinction bazinienne entre cadre et écran.

> Le cadre polarise l'espace vers le dedans, tout ce que nous montre l'écran étant au contraire censé se prolonger indéfiniment dans l'univers[1].

Dans le tableau de Friedrich, le cadre – c'est ce que nous laisse entendre le texte de Kleist – est excédé par l'écran. Il n'y a pas un cadre dans l'écran (comme on le pense parfois au cinéma : un surcadrage), mais, au contraire, un écran à l'intérieur du cadre qui accuse le cadre et d'une certaine manière le désavoue. Le tableau fait écran, c'est-à-dire me donne à la fois ce qu'il représente, me le rend présent, mais aussi m'en sépare. L'écran, encore une fois, devient instance de séparation selon le cadre. Cette toute-puissance de l'écran, de donation et de séparation, Godard l'affirme et la confirme souvent en d'autres lieux que ses films. En 1967, par exemple, dans les *Cahiers du cinéma* :

1. André Bazin, *Qu'est-ce que le cinéma ?*, Paris, Cerf, 1976, p. 192.

> Le triple écran, associé ou non avec l'écran variable, peut donc provoquer dans certaines scènes des effets supplémentaires dans le domaine de la sensation pure, mais pas davantage. Et j'admire précisément Renoir, Welles, Rossellini, d'être parvenus, par une voie plus logique, à un résultat égal, sinon supérieur, brisant le cadre sans pour cela le détruire.

Le pouvoir des plans, chez Godard, tient souvent à ce qu'au lieu de démultiplier l'écran, il le double. Je dis « double » au sens familier du mot. Il suggère ou place un écran dans l'écran, pour pousser à sa limite la sensation de séparation et peut-être l'annuler. Comment comprendre cet écran dans l'écran, qui est autre qu'un cadre dans le cadre et en appelle à une phénoménalité propre au cinéma, alors que le surcadrage héritait de dispositifs empruntés à la peinture ?

Dans *For ever Mozart* (1996), on peut observer un élément itératif, sous diverses formes, divers aspects dans la mise en scène, élément qu'il serait absurde de penser comme un simple élément de décor, devenir et s'imposer comme un écran dans l'écran. Je pense à la grande baie vitrée de la villa au début du film qui semble découper, vitrer, encadrer et traiter tel un tableau le paysage sur lequel elle ouvre. Il n'y a aucun surcadrage pourtant, et la sensation que le paysage est devenu une image sous verre tient à cet écran dans l'écran qui fait du paysage un objet, me sépare de lui. D'autres vitres viennent ponctuer le film, celles du train, puis celles, brisées, de la maison dans la guerre, où extérieur et intérieur semblent indifférenciés et la mise en scène affolée, comme si elle ne trouvait plus de paroi où s'adosser. Je pense aux miroirs de la dernière période du film, mais surtout à cette vitre coulissante de la maison sur la plage : écran qui, même s'il est oblique, coïncide avec l'écran et sépare le metteur en scène de l'action, de l'actrice, de la même manière que l'écran, le premier, nous sépare de l'action, double ce qui est mis en scène et, d'une certaine façon, celui qui met en scène. Entre les deux écrans s'est réfugié misérablement le metteur en scène, Vicky, frileux et mal assis ; à l'air libre, l'actrice, martyrisée par la répétition du « Oui », fuit pour s'échouer, mais à rebours d'un naufrage, c'est-à-dire de la terre vers la mer. Elle s'échappe, échappe en même temps à ce dispositif qui la prenait en tenaille et l'aimantait. La scène dicte un protocole de séparations. On peut presque effeuiller ces écrans : l'écran qui sépare le spectateur de ce qu'il voit, puis la baie vitrée, deuxième écran, où s'est logé Vicky ; l'écran invisible, enfin, devant lequel vient s'échouer l'actrice, comme s'il y avait entre la plage et la mer, entre le fini et l'infini, une vitre. Trois écrans donc, pour une sorte de mise en abîme écourtée : celui réel du cinéma, la baie vitrée qui est un dispositif de mise en scène, et l'écran invisible que seule l'actrice semble voir, et qui fait éprouver ce que Kleist évoque. Le regard du spectateur ricoche de l'un à l'autre. C'est donc entre l'écran et son double que Godard tient ce qu'il veut rendre visible.

Dans *Détective* (1984), il glisse cette phrase : « La vérité, c'est entre apparaître et disparaître. » Gilles Deleuze, dans *L'Image-temps*, fait de la méthode du « entre » la clef stylistique de Godard. Jacques Aumont remarque que, comprise par Deleuze, cette méthode ne touche « qu'un aspect des films : la narration, le sens, la communication » [1]. En tout cas, à relire Deleuze, une méthode qui fait que « le film cesse d'être des images à la chaîne, une chaîne ininterrompue d'images esclaves les unes des autres » [2]. De son côté, Jacques Aumont va penser le « entre » à l'instar d'Élie Faure, cité en exergue de *Pierrot le Fou* (1965), et où il est question de Velázquez et de peindre « non plus des choses définies, mais ce qu'il y a entre elles ». Pour Deleuze donc, l'interaction de deux images engendre ou trace une frontière qui n'appartient ni à l'une ni à l'autre : une vérité entre apparaître et disparaître. Pour Aumont, le « entre » ressortit au pouvoir de l'espace dans le plan. Il y a dans *For ever Mozart* un écho à la phrase d'Élie Faure, Vicky dit : « Et puis, le monde a vieilli. Il s'éloigne. Et quand je regarde le ciel entre les étoiles, je ne peux voir que ce qui a disparu. » Une autre façon, donc, d'entendre cette vérité « entre apparaître et disparaître ».

Cette vérité est perçue picturalement, à la fois espace entre les choses et alentour où ces choses sont données. Il faudrait observer quel traitement Godard, dans la « mise en scène », fait subir à ce milieu, à quel point il étire, comprime, maltraite cet espace. Il instruit, intuitivement, un opérateur (il faut vraiment entendre le terme au sens

1. Jacques Aumont, *L'œil interminable*, *op. cit.*, p. 233.
2. Gilles Deleuze, *L'Image-temps*, *op. cit.*

qu'on lui donne en mathématiques) qui est un véritable outil dans et de la mise en scène. On pourrait faire la recension des occurrences de cet opérateur au fil des plans et de film en film. Je désigne cet opérateur par la formule d'écran dans l'écran, parce que l'effet escompté est celui d'une tenaille, ou mieux, d'un étau, et que cela suppose donc parenté, égalité et coattenance des deux mâchoires de l'étau. Deux écrans, donc. Le premier reste invisible, comme toute frontière, et Godard le désigne ainsi dans une lettre aux *Cahiers du cinéma* : « On tire son chapeau devant la casquette de Serge Daney lorsqu'il écrit que l'écran fait écran au lieu de refaire surface. » Dans la lettre, une ligne avant, Godard avait écrit : « Nous sommes donc tous sûrs d'avoir le dernier mot, dans nos disputes amoureuses, en Yougoslavie, y compris si nous restons [je souligne] *muets de saisissement.* » Ce que je voudrais essayer de montrer se passe donc entre ces deux écrans. Pour que l'écran, séparation inaugurale, soit aboli, Godard lui cherche et lui trouve son autre dans l'espace du plan, et les fait jouer, l'un par rapport à l'autre. Jouer au sens où deux pièces d'un mécanisme jouent, mais aussi comme des acteurs jouent entre eux, sous la direction du metteur en scène. Cette logique de l'étau s'accorde à une esthétique du sublime ou, si l'on veut de surcroît garder le mot de Godard, à une esthétique de la « saturation ». Dans les *Cahiers du cinéma* en septembre 1952, Godard cite Fénelon, et dit qu'il veut « un sublime si familier que chacun soit tenté de croire qu'il l'aurait trouvé sans peine, quoique peu d'hommes soient capables de le trouver ». Dans *For ever Mozart*, Vicky, porte-parole de Godard, dit : « Peu d'hommes voient ».

Je laisse parler Godard, qui énumère, en juillet 1958 dans les *Cahiers*, à propos de Bergman, les phénomènes saturés qui reviendront dans ses films.

> Les grands auteurs sont probablement ceux dont on ne sait que prononcer le nom lorsqu'il est impossible d'expliquer autrement les sensations et sentiments multiples qui vous assaillent dans certaines circonstances exceptionnelles, devant un paysage étonnant, ou lors d'un événement imprévu : Beethoven, sous les étoiles, en haut d'une falaise battue par la mer ; Balzac, quand, vu depuis Montmartre, il semble que Paris vous appartient ; mais désormais, si le passé joue à cache-cache avec le présent sur le visage de celle ou celui que vous

> aimez; si la mort, lorsque humiliés et offensés vous parvenez enfin à lui poser la question suprême, vous répond avec une ironie toute valéryenne qu'il faut tenter de vivre; désormais donc, si les mots, été prodigieux, dernières vacances, éternel mirage, reviennent sur vos lèvres…

Puis Godard va parler de Bergman. Dans cette citation, Godard décrit ce qu'il aime, anticipant ce qu'il veut. Parmi ces exemples de phénomènes saturés, je garde une occurrence: « si le passé joue à cache-cache avec le présent sur le visage de celle ou celui que vous aimez ». Deux plans de *Passion* (1982) illustrent après coup cette image, deux plans de *Passion* où ce dispositif en étau agit en deux temps, pour obtenir ceci de singulier que le second écran, montant à la surface, abolit l'écran qui fait écran.

Dans *For ever Mozart*, Godard, reprenant Manoel de Oliveira, pour parler de ce qu'il demande à son cinéma et au cinéma, dit: « Une saturation de signes magnifiques qui baignent dans la lumière de leur absence d'explication. » Cela serait la vérité du cinéma, entre apparaître et disparaître. Cette saturation aveugle, le « avoir les paupières coupées » de Kleist, trouve un reflet dans le commentaire que fait Godard, en janvier 1958, dans le numéro 79 des *Cahiers du cinéma*, du film de Nicholas Ray *Amère Victoire*: « Et c'est en ce sens qu'*Amère Victoire* est un film anormal. On ne s'intéresse plus aux objets, mais à ce qu'il y a entre les objets, et qui devient à son tour objet. » Le « entre » s'incarne, il peut être vu, donc filmé. On lit à la fin de l'article: « Car *Amère Victoire*, comme le soleil, vous fait fermer les yeux. La vérité aveugle. »

Être condamné à voir jusqu'à ne plus voir, avoir les paupières coupées, renvoie à l'image fixe (le tableau) fascinante de fixité: un fondu au noir qui succède à l'excès de visible propre à ce surgir-disparaître dans le temps de l'image en mouvement. Dans la peinture tout autant que dans le cinéma, il s'agit bien de saturation, un excès dans l'apparaître, propre à un médium ou à un autre; l'écran dans l'écran constitue la mâchoire tangible de l'étau dans lequel le visible est pris.

Cet étau est en même temps l'un des agents et un instrument de cette saturation. Le mot « saturation » est tendu à la philosophie de Jean-Luc Marion, laquelle trouverait une mise en œuvre insoupçonnée dans le cinéma de Godard. Les phénomènes saturés s'exceptent de la mise en scène entendue au sens large, puisque mettre en scène, au sens phénoménologique du mot, revient en principe à projeter ou à construire un monde d'objets intentionnels. Or, le cinéma de Godard a ce dessein de mettre en scène des phénomènes libérés de la contrainte intentionnelle, ou plutôt de mettre en scène des phénomènes – et c'est cela, à mon avis, mettre en scène – à l'instant où ils se libèrent de cette contrainte. Le pouvoir de mettre en scène, seul, les fait apparaître, et il semble parfois que c'est en venant s'écraser sur la surface qui lui résiste (l'écran) que tel phénomène apparaît. Le regard voyant moins que ce qu'il embrasse, le second écran, parfois, le recentre, le capture et l'enferme, avant de le libérer pour le lâcher dans le vide.

Le cinéma de Godard est un cinéma où l'intuition domine et donne, cherchant toujours à faire le plein de la présence. Mais ce faisant, il rend la corrélation entre noèse et noème à son mystère, et fait de ce mystère son centre. C'est ce mystère qu'il tient en étau, non pas pour rétablir une corrélation, mais pour la suspendre ou la dénoncer. La rhapsodie du visible doit correspondre à cette saturation de signes qui, par force (à l'instar d'un coup de force), ne peuvent que « baigner dans la lumière de leur absence d'explication ». La fin de la phrase (« baigner dans la lumière de leur absence d'explication ») dit cette rupture du binôme noético-noématique et prend acte que l'intentionnalité ne peut pas combler cette intuition.

La définition du phénomène saturé répond à la seconde partie de la phrase. L'« absence d'explication », cette lézarde dans le binôme noético-noématique, indique que cette saturation a bien eu lieu. Son lieu, l'écran ici, est celui d'une déroute intentionnelle qui peut – n'est-ce pas ainsi qu'est reçu le cinéma de Godard ? – exercer la fascination ou le refus catégorique. La donation que l'intuition opère, tout en donnant ce qui se donne, joue la scène de l'auto-constitution du phénomène. L'incandescence de l'apparaître, jusqu'à l'aveuglement, déborde toute visée intentionnelle, pour avérer que l'intuition est moins une faculté de l'âme que la scène du monde. S'il était question de désigner ces phénomènes, de les dénombrer dans l'œuvre de Godard (Godard les décèle et les nomme dans le cinéma de Bergman par exemple), il est évident qu'ils dénonceraient tout inventaire et toute taxinomie. Subsistent seulement certains plans : le ciel, des visages. Des plans où il est question de l'impossible (c'est l'un des leitmotive de la phrase de Kleist) qui orchestre la séparation née du « entre ». Des plans où le visible est pris en étau, des plans où la séparation est à son comble.

Deux scènes extraites de *Passion* montrent cela. On pourrait, tant elles sont repérables dans le film, les penser tel un récit autonome à l'intérieur de la diégèse, deux moments d'une même vie, et croire que le film bégaie, alors que c'est la vie qui bégaie dans le film. La première scène comporte quatre plans. Jerzy et Hanna regardent sur un écran vidéo une prise qui se centre et se concentre sur le visage de Hanna. Le moniteur vidéo force Jerzy et Hanna à mimer ce qui a lieu devant eux comme sur un miroir en différé. Les gestes du travail redeviennent ceux de l'amour. Jerzy et Hanna sont pris en étau, en otages par ce second écran qui les tient entre le premier écran et ce reflet d'eux différé, qui décale la *mimesis*, la fait bégayer et mentir. Dans la seconde scène, Jerzy est seul devant l'écran, pris dans ce même étau. Hanna, elle, est passée de l'autre côté, derrière le petit écran. Ils se font face. Le petit écran du moniteur vidéo est le cadre d'un exil et d'une séparation. L'étau va se resserrer au point que les deux écrans vont se confondre : le regard de la caméra, fusionnant avec celui de Jerzy, s'approche de l'écran pour toucher et embrasser Hanna. Mais ce mouvement du désir est celui de l'oubli que la séparation entraîne – et on ne sait pas s'il est subi ou souhaité. L'arrêt sur image qui retarde l'oubli va précipiter l'image dans l'oubli. On entend d'ailleurs « je t'oublie » deux fois et la sensation d'écho est liée à la nature de l'image, celle de l'écran vidéo. L'histoire de la nymphe Écho, quittée par Narcisse, et celle de Hanna se ressemblent. L'écho est dans le film l'autre forme du bégaiement, la forme qui renvoie au mythe, alors que le bégaiement est marqué dans le film d'un surcroît de réalité (le bégaiement vaut pour Isabelle et l'écho pour Hanna). La voix et l'image sont décalées, et le gros plan qui nous submerge est celui, non pas du visage de Hanna, mais du visage de Hanna filmé et vu dans le second écran.

On notera que ce mouvement est opposé, dans sa fonction, à celui d'un fondu enchaîné. Le passé monte à la surface du présent, mais s'y conforme, s'efface en lui, alors que dans le fondu enchaîné le présent se dissout, absorbé par le passé. Godard ne souligne-t-il pas cette question du présent en écrivant, sous l'écran dans la scène de la projection, scène clef du *Mépris*, la phrase des frères Lumière (« Le cinéma est une invention sans avenir. »)? Il la commente dans *Histoire(s) du cinéma*, en réaffirmant que le cinéma est une invention au présent, et que seule la main qui efface peut écrire. Dans le gros plan de Hanna, le mouvement de la main est là, obsédant. Au moment où les écrans se touchent, quand les mâchoires de l'étau se sont serrées, nous ne percevons pas les gestes, les mouvements de Hanna, ni les expressions de son visage, mais nous percevons l'action sur la commande vidéo des allers et retours, et des arrêts que lui impose Jerzy. Ce faisant, l'écran nous sépare du visage de Hanna que ressassent le regard et le geste technique et mécanique de Jerzy. En apposant sa marque sur l'écran, le cadre de la vidéo fait image, cette image est l'empreinte du visage de celle qui est en train de disparaître : un portrait. Il y a une coalescence douloureuse des deux écrans, l'écart entre l'un et l'autre est devenu infime, et nous ne le percevons plus que par la violence que fait Jerzy à sa mémoire en regardant, en retenant ce qui lui apparaît une dernière fois pour disparaître : le visage de Hanna mis à distance quand il est pris au plus près, à portée de baiser.

Godard avait écrit en 1966, dans le numéro 184 des *Cahiers du cinéma* :

> Le seul film que j'ai vraiment envie de faire, je ne le ferai jamais, parce qu'il est impossible. C'est un film sur l'amour, ou de l'amour, ou avec l'amour. Parler dans la bouche, toucher la poitrine, pour les femmes, imaginer et voir le corps, le sexe de l'homme, caresser une épaule, des choses aussi difficiles à montrer et à entendre que la guerre et la maladie. Je ne comprends pas pourquoi, et j'en souffre.

Ce dispositif, cet étau que l'on observe dans les deux extraits de *Passion*, est dans le cinéma de Godard l'aveu de cet impossible. La notion de saturation suggère ce que ce cinéma obtient quand il s'approche au plus près de cet impossible. Dans les deux cas, un montage alterné coupe le plan par un rappel du monde, l'autre monde, celui du réel, qu'il est possible, à l'excès, de filmer, mais qui, ici, échappe à la mise en scène, se cogne au cadre, quand les acteurs se cognent les uns contre les autres. Dans *Sauve qui peut (la vie)* (1979), c'est ce que dit Paul, après avoir lutté avec celle qu'il aime : « C'est la seule façon qu'on a encore de se toucher. » Et dans *Passion*, le plan qui succède à ce gros plan de Hanna dans l'écran participe du désordre de l'autre monde, celui que Godard peut et sait filmer.

L'idée de ce film impossible coïncide bien sûr avec celle de phénomène saturé. D'un côté, il y aurait les phénomènes saturés qui sont infilmables : la guerre, l'horreur, tout ce qui fait les *Histoire(s) du cinéma* et fait dire à Godard : « Jamais de gros plan, la souffrance n'est pas une star, ni l'église incendiée, ni le pays dévasté. » Cela en appelle à une éthique du cinéma et Godard l'a bien dit, le travelling ou ici le gros plan sont affaire d'éthique. De l'autre côté, il y aurait des phénomènes saturés qui appartiennent au « film impossible », le film sur l'amour, de l'amour, avec l'amour. Godard s'est expliqué en images de cette double aporie. Dans *Week-end* (1967), un plan résume et symbolise l'horreur impossible à filmer : un lapin écorché, plein cadre, est là à la place de la représentation du meurtre de la vieille dame. Le cadre est celui d'une métaphore singulière. Ce qui est filmé là fait peur, est abject, mais de façon dérisoire. Godard dose la dérision et l'abjection pour qu'elles se confondent dans le plan. Comme si le lapin écorché ne suffisait pas, Godard inonde le plan de rouge. Retournant la réponse qu'il faisait à la question « on voit beaucoup de sang dans *Pierrot le Fou* » : « Pas du sang, du rouge », Godard semble suggérer à la fois du sang et du rouge, du rouge et du sang, comme si, par un geste absurde mais concerté et diabolique, il avait mélangé dans le même pot du sang et de la peinture. C'est cette sensation-là que le spectateur éprouve, celle d'un mélange de liquides, d'un mélange de substances, c'est à la fois du sang et du rouge. Et la forme du lapin écorché renvoie à une *archè*, à quelque chose qui est à la place d'une vision d'horreur, et pourtant ce n'est qu'un lapin.

Les hendiadyins : un lapin *et* une allégorie, du sang *et* du rouge, disent qu'il y a là de l'infilmable et le manifestent de façon exagérée et volontairement grossière. Godard pousse la phénoménalité de ce plan hors de ses limites. Puisque le cadre ne peut pas contenir l'horreur, puisque l'horreur déborde le cadre, le regard, dans un effet de plongée, transforme le cadre en cuvette, et le liquide (du sang et du rouge) vient de l'extérieur du cadre le remplir, l'inonder, submergeant par une vague, puis une houle, le cadavre du lapin. Une cuvette, une fosse, un trou inondé de rouge, ce plan cruel d'un film « trouvé dans la ferraille » euphémise, anticipe et répond aux images vraies qui criblent les *Histoire(s) du cinéma*. Ce plan de *Week-end* a une réplique tardive dans *Détective*. Godard essaie de filmer ce qu'il dit être impossible, une scène de conversation dans une salle de bain entre un homme et une femme, Claude Brasseur et Nathalie Baye. La scène est tramée de douleur et de malaise, de désir perdu et de difficulté à tout (c'est une des scènes où Godard touche au plus près à ce souhait : « pour les femmes, imaginer et voir le corps, le sexe de l'homme »). Dans cette scène, Godard accède à ce qu'il veut, mais sait que, de toute façon, c'est « impossible ». Il conclut le plan par une devinette de Lewis Carroll, éclipsée par ce qui a lieu dans le cadre, qui contient soudain un trop plein de violence, de dégoût et d'énigme : sur le plateau de petit déjeuner, une souris blanche crevée ; Claude Brasseur remplit sa tasse d'un liquide noir (un liquide noir qui semble trop onctueux pour être du café, trop noir pour être du chocolat). Il continue à remplir sa tasse même lorsque celle-ci déborde, et le liquide coule sur la nappe blanche, dans le plateau, partout. Le cadre, exactement comme dans *Week-end*, devient une cuvette, le lieu d'un absurde et insolite sacrifice, d'un geste sans raison qui prend une forme propitiatoire. Le cadre est, selon un rituel secret – celui de la mise en scène –, le lieu d'un sacrifice au sens, cette fois, d'une résignation. Ce plan énigmatique est à la place d'une impossibilité, Godard met en scène une souris blanche et un plateau de petit déjeuner, un liquide noir qui déborde, dans un mélange de gravité et de dérision, parce qu'il n'arrive pas à arracher à la scène précédente le précipité d'émotion, de chagrin et de néant qu'il escompte. Alors le cadre déborde, déborde de ce liquide noir. Seulement, cette fois, la substance vient de l'intérieur du cadre, par hémorragie interne, et non pas de l'extérieur.

Godard, dans ses *Histoire(s) du cinéma*, avait volé à Léon Bloy cette phrase : « L'homme a dans son pauvre cœur des endroits qui n'existent pas encore et où la douleur entre afin qu'ils soient. » Godard creuse dans son cinéma des plans qui sont des cavités pour cette douleur, des plans, tels des codicilles, qui sont le rappel du film impossible. Dans le plan de la souris blanche inondée de liquide noir, dans le plan du lapin écorché, submergé par le sang et le rouge, dans le plan du visage de Hanna, visage de l'amour devenu Méduse et débordant le cadre, chaque fois, le même chiasme entre le frisson et la dérision s'opère. Il y a là une dimension sacrée, sacrificielle ou théurgique, une sorte de mystère qui fait frissonner. Dans le collage des citations viatiques qui finissent par faire l'esthétique de Godard, on trouve (à la fois dans *Prénom Carmen*, et dans les *Histoire(s) du cinéma*) cette phrase adaptée de Rilke : « Vous savez, la beauté c'est le commencement de la terreur que nous sommes capables de supporter. »

D'une certaine manière, la conjonction des deux écrans dans le plan de *Passion* que j'intitulerais volontiers « je t'oublie » appartient à une phénoménalité assez proche de celle que je viens d'observer, quelque chose qui envahit le cadre, le déborde, le submerge. Dans cette scène, en montant à la surface de l'écran. Il faut décidément, encore une fois, revenir à ces deux scènes de *Passion*. Ce qui déborde, ce qui fait trop plein dans le cadre est un visage, celui de la femme aimée et ce visage s'approche si près, au moment de son débord, qu'on a la sensation que par ce stratagème, Godard parvient enfin à « parler dans la bouche ». Dans ces plans, le second écran est effectivement un écran concret, mais on peut, dans le cinéma de Godard, dénombrer les variations de ce motif (j'entends à nouveau motif au sens de *motus*, ce qui met en mouvement). L'étau est ce qui constitue l'image, plate, aplatie, une image juste quand les deux écrans n'ont plus d'espace entre eux et où ce qui est vu – l'arrêt sur image l'atteste – est juste une image. Le montage a pour Godard, plus que pour un autre, une puissance disruptive. Il travaille le montage en produisant des étincelles de sens et oppose des mondes : le monde de l'amour et l'univers du producteur en train de compter les dépenses. Godard cherche aussi dans le plan à confirmer cet effet disruptif qu'obtient le montage. Jerzy et Hanna sont devant l'écran : leurs visages et le jeu de leurs mains semblent conditionnés et commandés par leurs gestes sur l'écran vidéo. L'image vidéo bégaie, mais sa fonction est de guider celle qui n'arrive pas à naître du jeu des acteurs et à atteindre « l'impossible » de l'émotion et de l'amour. L'une contraint l'autre et la prolonge, mais en exerçant sur elle (celle qui est sur l'écran et non celle de la vidéo) un chantage (littéralement, elle la fait chanter). Dans la première scène, il dit : « Il suffit de prendre » et elle répond : « Prends-moi dans tes bras. » À ce moment, l'image devient celle du travail dans l'amour ou de l'amour dans le travail. Et à ce bégaiement dans le montage, ou dans le plan, répond celui d'Isabelle, indice d'un balbutiement général mais voulu de tout le film. Cette hésitation est l'un des signes de « l'impossible » évoqué par Godard, la condition de l'image juste, sa raison suffisante. Le gros plan de Hanna concentre ce que l'étau peut tenir et obtenir, mais la voix trébuche, et ne chante plus. Elle dit, en conclusion : « Je t'oublie. » Et ce gros plan fait voir, après coup, autant d'images adventives qui étaient les images annonciatrices de cette dernière, ou qui en seront le ressassement, écho assourdi, parce que la mise en crise opérée par ce plan est révolue. Je pense au plan où Hanna attend Jerzy au bas de l'escalier. Il la congédie d'un petit geste de la main et en gros plan, sur le visage de Hanna, sur ses lèvres, nous lisons « Au revoir ». Être quittée, partir et pouvoir voir à nouveau. On peut travailler à aimer, mais cela ne suffit pas. *Passion* s'achève sur un départ, qui est paradoxalement une marche arrière, de la voiture. La voiture de Jerzy singe « en vrai », c'est-à-dire dans l'écran (le premier, le grand) ce que saurait manigancer l'autre écran (le petit, le second) : une marche arrière qui est tout autant un retour sur l'image. Quelque chose veut faire croire qu'il y a un écran dans l'écran qui serait un écran vidéo.

On trouve ce type de tension dans de nombreux plans de *Détective*, de façon moins riche que dans l'extrait précédent, quand une citation

(Stroheim en noir et blanc mais donnant l'impression de jouer dans le film de Godard) vient se fondre dans le grand écran, l'épouser. Godard invente une sorte de fondu dans l'image, de montée du passé à la surface du présent, une forme rhétorique comparable au fondu enchaîné ou au fondu au noir. Il y a aussi de nombreux plans que je dirais emprisonnés : Godard trouve dans l'espace du balcon de l'hôtel, où il place la petite caméra qui est la complice du petit écran, une autre figure de l'étau, entre les barreaux du balcon et la porte-fenêtre, entre l'extérieur et l'intérieur, c'est-à-dire un nulle part spécialement emprisonné, coincé. Sans inverser la visée intentionnelle, de tels plans chez Godard vont de l'intérieur vers l'extérieur, ils poussent la mise en scène vers l'extérieur, la mettent au bord du vide, dans le vide, mais barrée par le balcon. Dans ces plans de balcon, expérimentés par *Détective*, l'image est au bord d'elle-même, prête à basculer, ce que suggère Godard lorsqu'il affirme : « La vérité, c'est entre apparaître et disparaître. » Il s'agit aussi simplement d'une image d'inconfort, où la situation de celui qui voit en contre-plongée est celle d'un guetteur (Godard, évidemment). Le balcon de *Détective* fait référence à certains tableaux de Manet, *La Gare Saint-Lazare*, de 1873, où une petite fille de dos, derrière une grille, observe un train noyé dans sa fumée [1].

À la fin de *For ever Mozart*, on découvre un plan où le spéculaire revendique tous ses droits, un plan où les miroirs ont quelque chose qui fait que la fonction de l'étau devient autre, moins douloureuse, facticement moins douloureuse. Ce plan est une citation complexe du tableau de Manet *Un Bar aux Folies-Bergère* [2], de 1881, le plan du cinéma est totalement vidé de ce qui se reflétait dans le miroir. Ce n'est donc pas le tableau qui est cité, mais un lendemain cinématographique de ce tableau, très paradoxal, puisque le plan du cinéma est vidé du mouvement et de l'agitation du tableau. Le plan est également vidé de ce qui constituait « le premier plan » du tableau, la disposition d'une fausse nature morte : bouteilles de champagnes, verre aux roses trop

1. Édouard Manet, *La Gare Saint-Lazare*, 1873, huile sur toile, 93,3×111,5 cm, National Gallery of Art, Washington.

2. Édouard Manet, *Un Bar aux Folies-Bergère*, 1881, huile sur toile, 96×130 cm, Courtauld Gallery, Londres.

épanouies, compotier de cristal. Godard épure donc son plan de quelque chose qui, dans la peinture, participe de l'essence du cinéma, le fond du tableau, mais aussi de ce qui fait l'essence de l'image fixe, le tableau, la nature morte disposée en avant-scène. Godard ne conserve donc que le dispositif d'ensemble et la mélancolie de la jeune femme.

Détective contient d'autres formes de ces écrans secondaires : l'écran de l'ordinateur auquel Jim pose ses questions. Sur l'écran de l'ordinateur, l'image d'un boxeur devient une image affranchie de l'ordinateur, un dessin qui, d'une seconde à l'autre, s'efface sur l'écran, en laissant apparentes et donc en faisant apparaître les trois taches rouges qui coloraient partiellement le dessin. L'écran de l'ordinateur est venu envahir le premier écran selon le principe et la formule déjà observés.

La fin de *Détective* et celle de *Sauve qui peut (la vie)* offrent deux formes ultimes de cet étau. La dernière minute de *Sauve qui peut (la vie)* donne un rôle décisif à un pan de mur, un monochrome rouge au format d'un écran, qui est là, synecdoque explicite, à la place du sang : Paul Godard vient de mourir. Dans ce plan, l'ex-femme de Paul et Cécile, sa fille, s'éloignent, disparaissent par une porte sur le côté droit de cet écran rouge, comme l'on sort d'une salle de cinéma. Elles vont d'un écran, le nôtre, à cet écran rouge, sans que rien ne bouge. L'écran rouge serre l'étau, non par un mouvement de caméra dans le champ et sa profondeur, mais par celui du déplacement des acteurs, associé au pouvoir du rouge. (On l'a vu, Goethe, lorsqu'il suggère que le rouge est la couleur de l'*Augenblick*, explique que c'est la seule couleur qui produit un mouvement.) Dans un tel dispositif, les deux mâchoires de l'étau ne bougent pas, mais on a l'impression d'une tension entre elles, qui tient au rouge et au déplacement de Cécile et de sa mère. Ce dispositif est aussi la métaphore du film. Dans *Détective*, le tambour de la porte dans lequel reste coincé Émile Chenal (Claude Brasseur) est associé à la fois à une mise en crise et à une résolution du film : fausse résolution pour une fausse enquête, mais aussi panne de l'image où l'engrenage grippé ne tourne plus. L'arrêt sur image trouve son image, ou plutôt sa métaphore : Émile Chenal est entre deux battants de verre et reste interdit, comme si le film, la pellicule, venait de casser à cet instant. Le premier écran, le nôtre, restitue cette panne, nous prenons ainsi conscience de ce qui vient de s'interrompre.

Ce lieu entre l'écran et son double est celui du dénouement, comme avait pu l'être le ciel dans les premiers films de Godard ; cet espace pris dans l'étau espère une saturation qui tiendra moins à ce qui est montré qu'à l'opérateur psychologique et visuel qui le tient, le retient pour nous le faire voir et éprouver. La solution, ou l'épilogue du film, n'est plus un panoramique sur le ciel et la mer se confondant, mais un temps mort, un temps après ou avant la mort.

chapitre 4
des images non faites de main d'homme
filmer l'invisible : Jean-Luc Godard et Andreï Tarkovski

L'intuition commande au cinéma de Godard, presque à la manière d'une contre-méthode. Au début, elle trouve son ennemi déclaré dans le scénario et son omnipotence, ainsi qu'en témoigne Godard dans l'interview accordée aux *Cahiers du cinéma* à propos de *Pierrot le Fou* :

> Depuis mon premier film, je me suis toujours dit : je vais travailler davantage le scénario et, chaque fois, je m'aperçois que j'ai encore une possibilité de plus d'improviser, de tout créer au tournage, c'est-à-dire sans appliquer le cinéma à quelque chose. J'ai l'impression que Demy ou Bresson, lorsqu'ils tournent un film, ont une idée du monde qu'ils cherchent à appliquer au cinéma, ou, ce qui revient au même, une idée du cinéma qu'ils appliquent au monde. Le cinéma et le monde sont des moules pour des matières, alors que dans *Pierrot* il n'y a ni moule ni matière [1].

1. Jean-Luc Godard, *Godard par Godard*, *Les années Karina*, Paris, Flammarion, 1985, p. 108-109.

Je soupçonne Godard d'avoir ouvert, lu et cité *Matière et Mémoire* de Bergson, d'abord à cause du titre. La mémoire n'est pas le moule intentionnel, préintentionnel où va se couler une matière, mais l'écran où s'impriment des images qui resurgiront à un moment ou à un autre. La mémoire serait le subjectile de tous les subjectiles, le support ultime, le support en première et en dernière instance où viendraient, dans la retombée d'une image, se déposer d'autres images. L'intuition, au-delà de sa guerre contre le scénario, véhicule aussi ce pouvoir accordé à la « fraternité des métaphores ». Le montage, le collage et le faux raccord ne sont pas chez Godard des figures de style, mais co-présents au travail de l'intuition.

Godard, dans ses *Histoire(s) du cinéma*, convoque Bresson pour expliquer ce principe qui suppose une véritable iconologie des intervalles :

> Si une image, regardée à part, exprime nettement quelque chose, si elle comporte une interprétation, elle ne se transformera pas au contact d'autres images. Les autres images n'auront aucun pouvoir sur elle, et elle n'aura aucun pouvoir sur les autres images. Ni action, ni réaction. Elle est définitive et inutilisable dans le système cinématographique [1].

Il bâtit ses *Histoire(s) du cinéma* en historien, un peu à la manière dont Warburg fabriqua son atlas, intitulé d'ailleurs *Mnemosyne*, en proposant une iconologie qui ne porterait pas sur la signification des figures, mais sur les relations que ces figures entretiennent entre elles selon un dispositif visuel complexe et irréductible à l'ordre du discours. Les planches de l'atlas de Warburg offrent un déroulement de photogrammes hétéroclites qui finit dans la planche par produire de l'homogène et de l'autonome. La lecture en boustrophédon d'une planche de l'atlas est quasiment une lecture cinématographique. Godard cherche, par le montage d'images hétérogènes que renforce l'hétérogénéité des textes, une autonomie du même ordre afin d'obtenir une puissance et une saturation homogènes à partir de cet hétérogène. Dès *Pierrot le Fou*, on voit des images aussi différentes qu'un nu de Renoir ou une planche des Pieds Nickelés s'agencer sans

1. Robert Bresson, *Notes sur le cinématographe*, Paris, Gallimard, 1975, p. 17.

hiérarchie (le nu de Renoir scandé par le brasillement sur la mer et la planche des Pieds Nickelés reprise par l'incendie de la Peugeot 404 rouge.) Sur l'écran s'impriment successivement, mais en escomptant un effet de superposition, le mot Total, puis, recadré, un visage de femme peint par Lichtenstein, un autre par Picasso, et un détail enfin de visage par Chagall. Ces images se « totalisent » par superposition pour n'en faire qu'une.

Godard coupe la parole au scénario, il court-circuite le sens premier des images, il se débrouille pour que la phrase ou la phrase des images ne soit pas faite, toute faite. Dans *Passion*, Jerzy dit d'ailleurs à Hanna : « Profite que la phrase n'est pas faite pour commencer à parler, pour commencer à vivre. » Les figures de style godardiennes, le faux raccord par exemple, sont par excellence les formes d'une iconologie des intervalles. Il faudrait estimer le crédit phénoménologique du faux raccord. Il est la forme du privilège absolu de l'intuition, la preuve que l'objet n'est jamais préconstitué. Cette formule de Godard « vouloir filmer un paysage de dos » s'explique, en fait, en comprenant le collage godardien telle une façon de conjuguer les esquisses d'un objet, d'une situation, ici d'un paysage.

En phénoménologie, la noèse ne se donne jamais de façon pleine et entière, mais par la succession d'esquisses (*Abschattung*) qui ont toutes comme horizon cet objet. Godard constitue son objet fragmentairement, approximativement, par esquisses et sans forcément l'atteindre. Le faux raccord, deux fois, trois fois la même scène – le même objet –, est la figure méthodologique qui énonce que trois *Abschattungen* approchent mieux le sentiment et la sensation de l'objet qu'une seule. Pour filmer un paysage de dos, combien faudrait-il de faux raccords, combien faudrait-il d'images différentes de ce paysage ? Une carte postale, un plan filmé au crépuscule, un tableau de ce paysage par Picasso, un autre par un peintre du dimanche ; la succession et le collage de chacune de ces images arriveraient peut-être à donner la sensation du paysage de dos. L'hétérogénéité du collage godardien n'est pas seulement une hétérogénéité culturelle. Mettre à égalité Picasso et les Pieds Nickelés, un tigre de réclame et un tigre peint par Delacroix, c'est induire un montage qui ne se contente pas de bouleverser la hiérarchie des images, mais procède également par juxtaposition de ce qui est absolument et résolument hétérogène.

En phénoménologie, ce qui se donne peut se donner par présentation (*Gegenwärtigung*) ou par présentification (*Vergegenwärtigung*), c'est-à-dire selon une hiérarchie où ce qui est, est là devant moi ou, au contraire, présent par le souvenir. Godard monte à égalité la mémoire du cinéma (combien de réminiscences de Bergman, et pas seulement *Monika* (1953)), les images au présent, les grands tableaux de l'histoire de la peinture, et leur mise en mouvement par le cinéma. En remontant le cours d'une telle méthode, on pourrait arriver à l'origine même de l'intuition, ce principe d'anamnèse, cette marque de l'envoi, l'instant où une image, quelle qu'elle soit, vient s'imprimer sur la grande toile de la mémoire. Cet écran de la mémoire est pour Godard la condition d'un cinéma présent.

L'idée que tout s'est imprimé sur un subjectile, puis organisé en un précipité d'intuitions, traverse les explications de Godard et ses métaphores :

> Il m'a toujours semblé étrange que l'on doive résumer un film avant sa naissance, et décrire avec des mots couchés sur du papier des images et des sons, ainsi que leur rapport (qui seront debout sur une surface sensible) [1].

Au-delà de l'anathème contre le scénario, c'est l'idée d'une surface sensible, un subjectile où quelque chose vient faire empreinte, que je retiens.

Quand, à la fin de *Pierrot le Fou*, Ferdinand se peint le visage en bleu telle une tête de guignol en carton-pâte, devenant enfin par ce maquillage le frère d'un des Pieds Nickelés, avant d'enrouler les bâtons de dynamite autour de sa tête, son geste n'est qu'à moitié un geste de peintre. C'est un geste entre le geste du peintre et un autre geste, entre celui de l'artiste et celui d'une liturgie singulière. Dans le mouvement qui badigeonne le visage, il y a une saute qui fait passer d'une esthétique à une autre, et met d'un coup Picasso et les Pieds Nickelés sur le même plan. On retrouve le même principe que celui qui

1. Cité par Jean-Louis Leutrat dans *Des traces qui nous ressemblent*, Chambéry, Éditions Comp'act, 1990, p. 79.

présidait à la juxtaposition et au collage. Je garde trois temps de l'action : se badigeonner le visage, se couvrir le visage en l'enroulant de dynamite, allumer la mèche de l'explosion (chercher à l'éteindre et ne pas y parvenir). Le visage de Ferdinand, s'il avait pu éteindre la mèche, se serait imprimé dans le rouleau des bâtons de dynamite. Utilisant deux matériaux dérisoires, grossiers, démesurés, absurdes, Godard met cependant en scène les trois temps d'un rituel bien particulier : s'enduire le visage afin que quelque chose s'imprime sur un objet qui vient masquer ce visage. Le principe d'empreinte, avant d'être dynamité, conclut un film dédié aux images de la représentation.

Jacques Aumont conclut *L'œil interminable* par un chapitre intitulé « Godard peintre ou l'avant-dernier artiste ». Le rapport de Godard à la peinture et à ses formes satellites, le collage par exemple, a été là si parfaitement analysé qu'il semble difficile d'y ajouter quoi que ce soit. À l'intuition première qu'il y a chez Godard, comme chez Ozu ou Tarkovski, un dépassement du cinéma, s'en ajoute une autre. Le dépassement de la peinture par le cinéma ouvre pour Godard à une *Aufhebung* du cinéma par lui-même : une *Aufhebung-boomerang*. Si elle laisse chez Ozu quelque chose en suspens, équivalent au signe « mû » écrit sur la tombe du cinéaste, elle ouvre chez Godard sur une théorie du cinéma, une histoire, des histoires et une théorie. Cette théorie touche à l'origine des images, à celle du portrait, à l'*archè* de la représentation. Et cette origine s'accorde essentiellement à ce qu'est le cinéma, c'est-à-dire des images non faites de main d'homme. En 1959 déjà, dans un article pour la revue *Arts*, à propos de *La tête contre les murs* de Franju, Godard écrivait :

> Voilà pourquoi, à chaque gros plan, on a l'impression que la caméra essuie les visages comme le linge de Véronique celui de la Sainte Face... [1].

Semblable à un pouls à la fois imperceptible et convulsif, arythmique, une théorie bat (au centre d'un dispositif théorique général) avec toujours plus de netteté dans le cinéma de Godard. L'image, le modèle théorique, conceptuel, métaphysique de l'image

1. *Arts*, n° 715, mars 1959.

de cinéma, est pour Godard une image non faite de main d'homme, une image *acheiropoïète*. Il faut, à travers quelques plans et quelques films, remonter le cours de cette intuition, la prendre là où elle est absolument explicite : dans les *Histoire(s) du cinéma (3b)*. Avec un sérieux qui pousse le sermon jusqu'à la caricature, Godard annonce la scène en question par un chenal de métaphores où la nouvelle vague et les apôtres ne font qu'un. Je relève : « Le cinéma nous le connaissions sans jamais l'avoir vu », un peu plus loin « parce que le vrai cinéma était celui qui ne peut se voir », plus loin encore « l'image est de l'ordre de la rédemption – attention – du réel », puis « témoin veut dire martyr » et pour conclure « Langlois nous le confirma, c'est le mot exact ».

Ces prolepses sont l'amorce d'une scène, elle aussi caricaturale, une scène absolument et totalement théorique, démonstrative, explicative, dans laquelle Godard utilise tout ce qu'il sait du cinéma en quelques secondes pour rendre visible tout ce qui vient d'être dit. L'annonce de la révélation du mystère dans la foi de l'invisible se conclut par une anthologie de l'image : qu'est-ce qu'une image de cinéma ? D'où vient-elle ? Après avoir navigué, cabotage obsédé par la ligne d'horizon et la haute mer, de la carte postale à la peinture d'histoire, d'*À bout de souffle* à *Passion*, Godard répond : elle est une image non faite de main d'homme. Surgit alors, comme un diable de sa boîte, la scène que j'aurais envie de baptiser (un peu à la façon dont Aumont dans *Amnésies*[1] parle de la grande scène du lit dans *À bout de souffle*) « la petite scène du *mandylion* », Godard met un linge blanc en mouvement, et ce linge va essuyer, par superpositions, des visages, ceux des anges musiciens par exemple[2], puisque Godard se cite

1. Jacques Aumont, *Amnésies*, Paris, P.O.L., 1999, p. 239.

2. Dans *Passion*, l'*Assomption* du Greco comporte deux anges musiciens et le personnage féminin au torse nu sur lequel le *mandylion* viendra en transparence se poser, ne figure pas dans la toile. Le geste par lequel il commande le silence, par son index levé devant sa bouche, reprend celui d'un ange. Le *mandylion* vient s'imprimer à la seconde de ce geste sur un personnage inventé par Godard. Notons, puisque influence du Greco il y a, la parenté de cette image avec la *Sainte Face* du musée du Prado et celle de la collection J. March Servera. La phénoménalité en est strictement inverse : dans le tableau de Madrid, le visage du Christ est imprimé dans un voile qui semble flotter, dans l'image de Godard, le visage apparaît en transparence sous le voile qui flotte devant lui.

reprenant un plan de *Passion*, comme s'il voulait assurer sa démonstration d'un degré supplémentaire de sens et affirmer la chose suivante : le passage d'une esthétique de la représentation et de la *mimesis* à une autre, celle-là résolument connaturelle au cinéma, une esthétique gouvernée par la puissance des images *acheiropoïètes*.

Déjà, dans *Scénario du film Passion* (1982), Godard nous avertissait :

> [...] la mémoire parce qu'elle est là, toute blanche, l'écran blanc, la toile blanche, le linge blanc comme le linge de Véronique, le corps du film on disait, Véronique disait le corps du Christ[1].

Le voile vole littéralement dans l'écran, il cherche l'empreinte des visages. Il est l'écran du cinéma affrontant et servant la peinture, la faisant voir en l'effaçant[2]. On assiste en même temps à une mise en abîme de la peinture par le cinéma, là encore de façon quasiment théologique. Pour saint Augustin, toute image est image de quelque chose qui fait image ; la danse du *mandylion* disqualifie, en quelque sorte, un degré de vérité antérieur du cinéma de Godard au profit d'une vérité ultime. La mise en mouvement de la peinture par le cinéma participait d'une logique de la *mimesis* dans laquelle le cinéma restait dominé par un surplomb de la peinture. Le *mandylion*, en un même mouvement, efface et absorbe l'image citée de la peinture dans *Passion* et en prend l'empreinte. La revendication, si souvent formulée, de mystère trouve là sa forme. Quand Godard dit : « La perspective fut le péché originel de la peinture occidentale », l'intention d'une bi-dimensionnalité est double : adéquation à l'image, mais surtout appel à une dimension numineuse, sacrée, dont, on le sait depuis les icônes, la bi-dimensionnalité est le paradigme.

Dans cette même « petite scène du *mandylion* », Godard citera *Nouvelle vague*, et cet autre diabolique de l'image qui a lieu par impression : la fabrique des t-shirts, le comble du nihilisme. Les t-shirts des musées : le moment du nihilisme sans retour, quand l'étant est définitivement devenu un produit. Un produit qui n'a même plus la mémoire de son origine, de sa double origine : l'image peinte

1. *L'avant-scène cinéma*, n° 223-224, mars 1984, p. 89.

2. Effacement qui, puisque « seule la main qui efface peut écrire », est la condition de la création : « il n'y a pas d'anamnèse sans amnésie ».

que l'on imprime sur le t-shirt et la logique sacrée, mystérieuse, inaugurale de l'image qui s'imprime dans un linge. La fabrique « luciférienne » des t-shirts répond comme un négatif absolu aux images *acheiropoïètes*, comme si l'invention – l'image par empreinte – avait oublié sa mission première, ce qui est exactement ce que Godard dit du cinéma. Godard n'est jamais allé aussi loin dans l'explicitation, dans la théorie, abandonnant en plein milieu de ses *Histoire(s) du cinéma* une sorte de pièce à conviction si importante, si décisive, mais apparemment trop visible pour être vue et commentée.

« Oui, la nuit est venue, un autre monde se lève comme si on avait supprimé la perspective, le point de fuite » : Godard fait culbuter des esthétiques telles des quilles, par concaténation, d'abord celle de la *mimesis* dominée par la question de la perspective, puis celle d'un cinéma aliéné par le tableau, modèle du visible, sans parler bien sûr de cette esthétique qu'il stigmatisait depuis l'incipit de *Pierrot le Fou*, l'esthétique du produit. Godard emprunte, je l'ai déjà souligné, à Blanchot cette phrase : « Les images qui masquent le néant sont le regard du néant sur nous. » Et, de la même manière qu'« il y a des degrés dans l'amplification du silence » – je cite encore Godard –, il y a des degrés d'occultation du néant. Godard semble dire que le néant pèse sur nous selon l'image, à proportion de l'image qui nous regarde. Il est donc légitime de parler d'une esthétique de la comparution antonyme d'une esthétique de la comparaison et du produit[1].

Allons jusqu'au bout, le néant est de toute évidence celui de l'angoisse, celui ouvert dans l'angoisse comme le premier nom de l'être. L'être se phénoménalise dans l'angoisse, précisément par la destruction et l'anéantissement de tout étant. C'est le retrait de l'étant dans l'angoisse qui permet à l'être d'apparaître, les tableaux seraient donc autant d'étants masquant l'être, et le néant, ce *ne-ens*, pèserait sur nous par l'intercession de tels étants. La conspiration des images travaille donc par rapport au dévoilement de l'être. Le néant pèse à la mesure de l'image. Il est aussi la mesure commune à toutes les images.

1. Pour cette question, je me permets de renvoyer à Alain Bonfand, *Lettres d'août*, Paris, La Différence, 1990, et *Histoire et Phénoménologie. Recueil de textes 1984 – 2008*, Paris, Vrin, 2009. (On se reportera au chapitre intitulé « L'expérience esthétique à l'épreuve de la phénoménologie. La tristesse du roi. »)

Le nihilisme absolu de l'image des t-shirts, les cartes postales de Klee affichées dans les chambres d'*À bout de souffle*, les affiches de Picasso punaisées dans *Pierrot le Fou* à côté des posters de femmes nues, ou *L'Entrée des Croisés dans Constantinople*[1] mis en mouvement dans *Passion*, masquent le néant chacun à leur façon.

La vérité du cinéma serait de s'accorder à sa vérité d'image, d'être, au sens plein du mot, une image non faite de main d'homme, c'est-à-dire, théologiquement, une image qui révèle, une image qui témoigne, une image qui guérit, une image qui sauve. Abgar, roi d'Edesse, malade de la lèpre, aurait envoyé auprès du Christ son archiviste Ananias, qui était aussi peintre, afin de demander au Christ, qui faisait des miracles, de venir et de le guérir. Ananias avait mission, si d'aventure le Christ avait refusé, de faire son portrait et de l'apporter au roi. Ananias trouva le Christ encerclé d'une grande foule, et dut monter sur une pierre pour le voir et tenter de le dessiner, mais en vain, « à cause de la gloire indicible de son visage ». Avisant qu'Ananias cherchait à faire son portrait, le Christ demanda de l'eau, se lava le visage et l'essuya dans un linge sur lequel ses traits restèrent fixés. Il donna le linge à Ananias, avec une lettre pour le roi lui promettant de lui envoyer l'un de ses disciples. À la manière d'une relique, le linge guérit le roi de la lèpre, maladie de la défiguration qui effaçait progressivement le visage du roi. L'apôtre Thaddée acheva la guérison du roi et le convertit.

Si l'on connaît bien cette première occurrence d'image *acheiropoïète*, une image qui guérit, on sait moins les suites de l'histoire. Abgar fit retirer une idole au-dessus de l'une des portes de la ville et à sa place y disposa la sainte image ; quand son arrière-petit-fils, revenu au paganisme, décida de la détruire, l'évêque de la ville pour la protéger la fit alors murer après avoir placé devant elle, à l'intérieur de la niche, une lampe allumée. Avec le temps, on oublia la cachette, que l'on retrouva lorsque le roi des Perses assiégea la ville en 545 : la lampe était toujours allumée devant elle, et non seulement

1. Eugène Delacroix, *La prise de Constantinople par les Croisés* (autre titre : *L'Entrée des Croisés dans Constantinople*), 1840, huile sur toile, 411 × 497 cm, Musée du Louvre, Paris.

l'image était intacte, mais elle s'était imprimée sur la face interne de la brique en céramique qui la masquait[1].

Si je laisse de côté l'inscription écrite par Godard dans ses *Histoire(s) du cinéma* : « Mur murant de loin en loin », parce que la « fraternité de la métaphore », sous la forme du jeu de mot, est trop lointaine, une image en revanche, arrachée à un autre film, s'impose. Dans *Hélas pour moi* (1993), une carte postale représentant un ange de Klee disposée en marque-page en plan fixe et comme éclairée par une bougie, en fait une lampe, se met à cligner dans l'image, pour s'y imprimer. Cette image-là est essentielle.

Il existe donc deux types d'image *acheiropoïète*, l'une où le visage du Seigneur est représenté sur un linge, le *mandylion*, l'autre où le visage est représenté comme s'il s'était imprimé sur la brique, le *keramion*. S'il n'existait que la danse du *mandylion*, même « confirmée » par l'ange de Klee, elle n'aurait pas autant d'importance. « La petite scène du *mandylion* » explique quelque chose au spectateur, et l'explique au moment où Godard semble le comprendre pour lui. Il y a, dans son cinéma, des degrés d'explicite qu'il tire inexorablement vers la théorie.

Godard théorise progressivement une intuition première. D'abord l'intuition première : précisément « la grande scène du lit » dans *À bout de souffle*, qui correspond à un pur acte de cinéma. Ensuite, la scène des deux écrans déjà commentée dans *Passion* : « je t'oublie », scène où l'auteur préthéorise, c'est-à-dire dissèque sur la table d'opération du cinéma ce qui va devenir une théorie. Enfin, la scène du *mandylion* où Godard raconte en images, presque comme une parabole, ce qui est devenu une théorie.

En regard de ces étapes auto-théorétiques, l'ange dans *Hélas pour moi* est une image absolue, absolument puissante, où s'impose quelque chose de voulu, mais sans dissertation ni explication. C'est une des rares images où Godard obtient du cinéma ce qu'il lui demande : une saturation de signes magnifiques qui baignent dans la lumière de leur absence d'explication. L'ange en carte postale est une œuvre de Klee de 1939, funeste et crépusculaire, un de ces anges qui manifestent que

1. La version la plus ancienne du récit se trouve dans la Doctrine d'Addaï, évêque d'Edesse au VIe siècle.

Klee se sait en sursis et condamné. L'ange apparaît dans son œuvre terminal selon une fonction et une origine que l'on peut lire théologiquement. L'ange entre dans la théologie par euphémisme : dire le nom de l'ange n'est pas dire le nom de Dieu. Il n'est pas un thème, mais l'apparaître apaisé de ce que seule l'œuvre peut donner. La figure de l'ange, pour Klee, excède le contexte d'une thématique, elle est plus qu'une décision pour contredire la peur, elle est cette décision en tant qu'elle en est « l'esquisse » manifestée. Rappeler l'usage du mot dans le concept qu'elle recouvre est indispensable, dès qu'il s'agit de voir ou d'interpréter les derniers dessins de Klee, en particulier la série des *Anges*. C'est sous le mode de l'esquisse qu'alors ce qui demeure, demeure :

> Ce n'est pas une propriété fortuite de la chose ou un hasard de notre "constitution humaine" que notre perception ne puisse atteindre les choses elles-mêmes que par l'intermédiaire de simples esquisses [1].

C'est dans l'esquisse et seulement dans l'esquisse que la chose peut se donner pour ce qu'elle est, c'est-à-dire sans autre reste, à demeure, et pourtant, puisque seulement esquissée, portant en elle essentiellement son retrait. Les dessins des *Anges* de Klee doivent être compris telles des esquisses, au sens où l'esquisse est la visibilité même du *ce* de « ce qui est esquissé ». L'esquisse porte en elle, et c'est ainsi qu'elle peut se comprendre, non seulement son inachèvement, mais les formes de cet inachèvement, qui ne sont jamais à entendre pour des manques, mais au contraire telles des hypothèses reconduites de visibilité, de donation et de retrait.

Ce concept d'esquisse, conjugué à la notion de tableau, fait réapparaître l'idée d'écran. L'écran au sens de distance et non au sens de déformation ou de filtre, au sens d'une surface qui sépare, sur laquelle peut rebondir ou s'anéantir mon regard comme sur un mur, une paroi qui sépare en même temps qu'elle montre ou fait voir. L'écran donc, au sens de ce voile où une expression vient s'imprimer, où par empreinte quelque chose demeure. Il y a, entre la notion

1. Edmund Husserl, (*Les idées directrices pour une phénoménologie*, Paris, Gallimard, 1950), *Ideen I*, 1913, deuxième section, chapitre II, § 42 (77), (traduction revue).

phénoménologique d'esquisse et le principe de l'empreinte, une proximité, une identité impensée. Ce qui se donne par esquisse se donne par empreinte, l'image *acheiropoïète* serait phénoménologiquement une esquisse ultime, définitive, celle qui n'en attend pas d'autres.

Le lien entre l'ange et l'image de Dieu se noue peut-être là. Autant d'anges que d'esquisses pour une seule manifestation du divin, chez Klee pour un seul contre-monde de l'angoisse, en revanche une seule empreinte pour l'unique visage du Dieu vivant. Les anges de Klee sont peut-être dans la logique de la *mimesis* une figure intermédiaire entre la représentation et l'empreinte, d'autant plus que le trait qui les trace est à ce point co-présent à l'angoisse, à ce point le trait de l'angoisse, qu'il en est l'empreinte. Klee trouve dans les figures de la peur, de la mort, de la maladie, parfois dans celle du politique, les termes de cette angoisse qui, invisible, ne pourrait se montrer autrement. Il est question de voir l'invisible dans de telles effigies, tant elles parviennent à être l'esquisse de cette angoisse.

Quand, en l'œuvre, toute assignation, toute thématisation, a été rendue secondaire et réductrice par ce statut auquel l'œuvre parvient dans l'angoisse, il faut entendre l'esquisse comme l'équivalent, en l'œuvre, de l'angoisse en tant que retrait. Une seule ligne parfois se love en elle-même, s'étend, donne naissance à une forme que je reconnais du nom d'ange, parce que cette ligne devient forme, parce qu'elle s'adjective. Quand la ligne devient un ange nommable, reconnaissable, l'ange n'est jamais complètement l'ange, il est « encore laid », « féminin », « oublieux ». Mais, parce qu'il contredit le silence le plus grand, parce qu'il augmente le silence, il est le silence en acte que chaque œuvre recherche. Ce silence survient comme l'ange, il arrive non pas après l'œuvre mais en elle. Le silence est la plus sûre mesure de la coïncidence de la donation et du retrait, de leur insécable présence en l'apparaître. L'ange est là pour disparaître. Le silence a besoin de ces lignes, exactement comme la musique a besoin d'une matière : cuivre, bois, ivoire ou corps de l'homme. La musique nécessite un milieu, matériel et charnel, mais en même temps son espace est abstrait : l'instrument est visible, la musique est invisible. De la même manière, et pour Klee qui était aussi musicien, les lignes ne représentent pas l'ange, elles sont l'ange; ce qui est représenté, et cela seul, est ce qui l'adjective.

Il existe un autre ange de Klee qui règne discrètement sur ou dans les *Histoire(s) du cinéma* de Godard, de 1939 aussi, *Vergesslicher Engel*, (*Ange Oublieux*)[1]. Cet ange de Klee veille, il est, au cœur des désastres de l'histoire, une forme du silence et une présence recueillie. Godard a-t-il pris garde au titre, ou s'en est-il tenu à la seule expression de l'ange, expression de l'apaisement ou de la prière? Le titre énigmatique dit que l'ange est oublieux, distrait un instant, mais de quoi? Des désastres, de la misère, de l'horreur? L'image suggère peut-être qu'il n'y a pas d'anamnèse sans amnésie. Et si l'on entend le mot anamnèse en son sens liturgique – rendre présent en remettant en mémoire – l'expression de l'*Ange Oublieux* s'accorde à cette partie du canon de la messe qui suit la consécration, constituée par les prières à la mémoire de la Passion, de la Résurrection et de l'Ascension.

L'ange de la carte postale, dans *Hélas pour moi*, marqué du sceau de l'angoisse, est bien en cela une image qui masque le néant et fait que le néant nous regarde. Cet *Angelus Dubiosus* de 1939 également, en vérité une aquarelle sur papier contrecollée sur carton de format modeste (29,5 × 21 cm), est un réceptacle de l'invisible pour tout le film. Il sera dit dans le film que « voir l'invisible est fatigant ». Il s'est logé et réfugié là, et ce qui est « rendu visible », cet invisible qui épuise celui qui le guette, se concentre et se métaphorise dans cette image. Dans cette aquarelle, comme dans la plupart des anges de Klee en 1939, on a la sensation qu'une lumière traverse les traits et vient de derrière le dessin, pareille à une lumière immanente, intérieure, qui donne à l'œuvre une puissance de vitrail. L'image alors masque le néant, mais à la façon d'une éclipse, une lumière (de l'être?) perce et pèse sur nous à l'égal d'un regard. Cette lumière sature l'image, la déborde, elle est une lumière de l'intuition donatrice qui prend à rebours, à contre regard, la lumière du projecteur intentionnel. Godard emploie cette image exactement pour ce qu'elle est, avec une évidente conscience de sa portée ontologique, et la met en marque-page. Certes, il l'éclaire, mais fait en sorte que le spectateur éprouve que la lumière vient de l'image,

1. Paul Klee, *Vergesslicher Engel*, mine de plomb, 29,5 × 21 cm, Fondation Paul Klee, Berne.

clignote de l'intérieur de l'image, que l'ange est rythmé par les diastoles et les systoles d'une lueur qui lui appartient. La mise en scène de cette œuvre est le commentaire profond et adéquat de tout l'œuvre de Klee en 1939. La co-présence de ce plan à l'image qu'elle met en scène est au-delà de la théorie; l'image alors fait voir l'image, l'amplifie, l'invente au sens archéologique et phénoménologique du mot et donc la fait apparaître. Il y a pour une fois une étonnante modestie, presque une humilité chez Godard, à ce que le raccord de cette œuvre à son propre cinéma se fasse par une carte postale[1]. La théorie est de façon consentie et inexorable l'échec du cinéma de Godard, le renoncement à cette saturation de signes magnifiques qui précisément ne sont magnifiques que parce qu'inexplicables.

Je reviens sur ces mots: « Le seul film que j'ai vraiment envie de faire, je ne le ferai jamais parce qu'il est impossible. C'est un film sur l'amour ou de l'amour ou avec l'amour. » En ce sens, dans *À bout de souffle*, Godard tente par intuition l'impossible. « La grande scène du lit » est une variation sur la nature de l'image, en tout cas de l'image de la peinture dans le cinéma. L'affiche de Renoir d'abord, référent mimétique, point d'appui du spéculaire, puis celle du *Paukenspieler*[2]

1. Klee, à partir de 1936, se sait malade et condamné. À une thématique de l'intrusion et de la destruction qui avait fissuré son œuvre dès 1933, date de son exil, s'ajoute une thématique du sursis où se mêlent ce qui appartient au crépuscule d'un monde et l'angoisse du peintre. À partir de 1939, la mort propre, insubstituable, au nom de sursis, se dégage de l'histoire: elle est vécue nûment, elle envahit l'œuvre. Cette brèche est aussi le lieu où l'être, ultime dessein de l'œuvre de Klee, se donne, et ne se donne que pour mieux être repris. Tous les objets du monde, susceptibles d'être peints, vont porter le sceau de la peur et de la fin. Les œuvres qui traduisent l'intrusion de l'histoire en elles portaient comme une inscription précise. La catastrophe à venir échappe lentement à son contexte: elle devient le symbole de toute catastrophe. En 1940, elle est littéralement l'image d'une apocalypse. Dans les premières œuvres de Klee, se mettait implicitement en ordre et en évidence un rapport qui s'établissait entre la tonalité affective et l'œuvre, un rapport analogique, global, insécable entre deux termes équivalents. Dans l'œuvre terminale, ce rapport ne joue plus que sur une tonalité fondamentale, l'angoisse, qui désormais intone chaque tableau et chaque dessin, au détriment de toute autre tonalité, dès lors vassalisée ou condamnée sans merci. Klee peint ou dessine comme l'on tend les bras pour prévenir une chute, comme l'on protège son visage devant une agression, comme l'on ébauche dans le vide un geste de crainte. Picturalement, la dimension archétypale du monde qui s'y présente correspond à l'avènement d'une tension extrême du motif, où le motif saisi à son origine semble déchirer le fond puis l'obstruer, où le trait du dessin, son pourtour, apparaît à l'égal d'une frontière.

2. Paul Klee, *Paukenspieler*, 1940, peinture à la colle sur papier, 34,4×21,7 cm, Fondation Paul Klee, Berne.

(*le Timbalier*), 1940, un des derniers tableaux de Klee, tableau de l'urgence et de l'angoisse, tableau en noir et rouge dans ce film en noir et blanc, comme si Godard déjà cherchait le rouge qui inondera *Pierrot le Fou*. Une affiche est là pour que Jean Seberg se regarde; une autre est la métaphore de la mise en mouvement de tout le film. Dans cette scène il y a, au-dessus de l'électrophone, une autre carte postale de Klee[1].

Ces deux images de Klee se préimpriment dans le cinéma de Godard et sur l'écran de sa mémoire. L'ange évoqué dans *Hélas pour moi* en sera l'anamnèse. Mais dans cette « grande scène du lit », ce qui me frappe, c'est une sorte de phénoménalité parente, à la seconde où ils disparaissent sous les draps, de celle de « la petite scène du *mandilyon* », comme si un fantôme venait vivre, s'agiter sous ce drap devenu l'écran nous cachant quelque chose et sur lequel, dans lequel, en même temps, quelque chose s'imprime. Ce que Godard ne sait pas, ne peut pas montrer : « parler dans la bouche, toucher la poitrine, pour les femmes, imaginer et voir le corps, le sexe de l'homme, caresser une épaule, des choses aussi difficiles à montrer et à entendre que la guerre et la maladie », cela alors s'imprime dans le drap. Cette ellipse magistrale, Godard y pense-t-il en 1966, quand il fait référence à ce film impossible, aussi impossible que de mettre en scène *Les Palmiers sauvages* dont Jean Seberg cite la dernière ligne : « Between grief and nothing, I would take grief » ? Godard n'aura jamais su filmer le chagrin, il usera donc toutes les images pour nous faire éprouver que le néant pèse sur nous. Les corps que Godard ne sait montrer, leur émotion, sont là, en train de s'imprimer dans le drap, invisibles. Il ne s'agit pas de cacher une scène érotique, mais de dire que le phénomène érotique[2] est, au sens propre du terme, irreprésentable, qu'il est un mystère.

Jacques Aumont, dans *Amnésies*, souligne justement cette idée de mystère :

1. Assurément un tableau de 1938 contemporain de *Tänze vor Angst* (*La danse de la peur*) 1938/90 (G 10) ou de *Der furchtsame Grausame*, 1938/138 (J 18). Placée au-dessus de l'électrophone, cette carte postale qui évoque une avancée, une marche fatidique et inexorable répond, en vignette, à la musique que Godard choisira pour conclure la scène.

2. Jean-Luc Marion, *Le phénomène érotique*, Paris, Grasset, 2003, p. 155-157 et p. 255.

> Mais son cinéma, et aussi bien sa théorie critique, sont la relève des grands expressifs et des grands amoureux du sentiment, voire du pathos. Le cinéma n'est pas un art, pas une technique, il est un mystère : la vérité est qu'il est tout cela, et que les *Histoire(s)* ont été faites pour concilier toutes ces pensées du cinéma, en un moment où l'histoire de l'art, jusque dans les dernières ramifications et diverticules de la critique de films, a parfaitement assimilé la notion de *Kunstwollen*, a accepté que tout puisse devenir vouloir d'art, même la destruction programmée de l'art, même l'éclectisme et le tout-art. La tonalité mélancolique est avant tout celle de cette acceptation, à regret, de l'extension indéfinie de l'art. Ce qui s'étend indéfiniment ne protège pas beaucoup, et c'est la résonance ultime, inquiète ou angoissée, de l'idée de "mystère"[1].

On mesure l'évolution de Godard à l'aune de sa déclaration en août 1963 aux *Cahiers du cinéma* :

> Quand j'y réfléchis bien, outre l'histoire psychologique d'une femme qui méprise son mari, *Le Mépris* m'apparaît comme l'histoire de naufragés du monde occidental, des rescapés du naufrage de la modernité, qui abordent un jour, à l'image des héros de Verne et Stevenson, sur une île déserte et mystérieuse dont le mystère est inexorablement l'absence de mystère, c'est-à-dire la vérité. Alors que l'odyssée d'Ulysse était un phénomène physique, j'ai tourné une odyssée morale : le regard de la caméra sur des personnages à la recherche d'Homère remplaçant celui des dieux sur Ulysse et ses compagnons. Film simple et sans mystère, film aristotélicien, débarrassé des apparences, *Le Mépris* prouve, en 149 plans, que, dans le cinéma comme dans la vie, il n'y a rien de secret, rien à élucider, il n'y a qu'à vivre et à filmer.

Souterraine, subliminale, l'idée d'une image non faite de main d'homme, d'une image par empreinte, est inauguralement là, alternative à toutes les images qui existent déjà. Remonte-t-elle à la surface de la mémoire quand Godard filme la danse du *mandylion* ? Tout événement dépose une trace dans la mémoire, que Semon désigne tel un *engramme*, et qu'il décrit comme la reproduction d'un

1. Jacques Aumont, *Amnésies*, *op. cit.*, p. 239.

original[1]. Les engrammes, j'extrapole, sont les photogrammes d'un film qui n'existe pas, celui de cette mémoire. De la même manière que les images de *Monika* montent à la surface de *Pierrot le Fou* (ou encore celles de *Some Came Running* de Minnelli), il me semble que les images en mouvement et le mouvement du drap de la grande scène du lit sont remontés à la surface de la petite scène du *mandylion*. Je ne crois pas que les traces de *Monika* dans *Pierrot* soient de l'ordre de la citation.

Il y a chez Godard deux régimes de ressouvenir : la citation, plus ou moins consciente et orchestrée, et l'anamnèse, la trace de cette sorte d'engramme que j'évoquais. Ces deux régimes de la mémoire répondraient à deux régimes de la représentation, par *mimesis* et, à l'inverse, par empreinte. Dans la scène que j'ai intitulée « je t'oublie » dans *Passion*, à la seconde où l'écran de la vidéo vient toucher l'écran du cinéma, à cette seconde où il s'y imprime, le moment du contact coïncide avec la grimace et le rictus de Hanna, comme si nous voyions là ce qui se passe sur un visage quand on en prend l'empreinte. Godard connaît probablement le beau texte de Jean Epstein intitulé *L'Âme au ralenti* :

> Je ne connais rien de plus absolument émouvant qu'au ralenti un visage se délivrant d'une expression. Toute une préparation d'abord, une lente fièvre dont on ne sait s'il faut la comparer à une incubation morbide, à une maturité progressive ou, plus grossièrement, à une grossesse. Enfin, tout cet effort *déborde* [je souligne], rompt la rigidité d'un muscle. Une contagion de mouvement anime le visage. L'aile des cils et la houppe du menton battent de même et quand les lèvres se séparent enfin pour indiquer le cri nous avons assisté à toute sa longue et magnifique aurore. Un tel pouvoir de séparation du sur-œil mécanique et optique fait apparaître clairement la relativité du temps. Il est donc vrai que les secondes durent des heures ! Le drame est situé en dehors du temps commun. Une nouvelle perspective purement

1. Richard Semon, *Die Mneme als erhaltende Prinzip im Wechsel des organischen Geschehens* (*La Mémoire en tant que Principe Constitutif du Devenir Organique*), texte de 1904, contemporain de la naissance du cinéma. J'emprunte ce savoir à Philippe-Alain Michaud : « Zwischenreich, Mnemosyne, ou l'expressivité sans sujet », publié dans *Les Cahiers du Musée national d'Art moderne* n° 70, hiver 1999-2000.

psychologique est obtenue. Je le crois de plus en plus. Un jour le cinématographe, le premier, photographiera l'ange humain [1].

Le ralenti du visage de Hanna, la saccade provoquée par la vidéo, retient un cri que va étouffer l'écran au moment de l'empreinte. Ce cri énonce « je t'oublie », il est la seconde de l'impression, le moment du contact entre le visage « révélé » par l'écran vidéo et la toile tendue par l'écran de cinéma. Il y a quelque chose de chirurgical dans ce plan, la toile de l'écran de cinéma est un drap qui couvre un visage qui ne peut paradoxalement parler et bouger que parce qu'il est sous l'anesthésie locale de l'écran de la vidéo. Les images de la vidéo au ralenti donnent cette sensation interne que le visage est gourd, engourdi, lucide, conscient, mais en partie anesthésié. Bien avant dans le film, Jerzy met les doigts dans la bouche de Hanna, comme si cette scène réelle anticipait celle où le visage de Hanna dans l'écran vidéo doit s'effacer, va s'effacer, en touchant la toile de l'écran de cinéma. Quand Jerzy met les doigts dans la bouche de Hanna, il essaie de faire voir quelque chose que Godard dit être l'impossible, un geste érotique mais qui devient médical ou obscène, l'image tardive, sabotée, profanée pour la faire exister, de cette étrange expression : « parler dans la bouche » [2].

Le dernier plan de *Je vous salue Marie* (1983) est également un cri silencieux : des lèvres rouges grandes ouvertes dans l'écran comme s'il s'agissait là d'un baiser impossible. Godard remanie sans fin cette façon de déchirer l'écran par une expression qui semble toucher l'écran, s'approcher très près de sa frontière pour s'y imprimer, autant qu'il décline l'idée d'un linge blanc dans lequel quelque chose s'est imprimé et qui apparaît. Par exemple, dans les *Histoire(s) du cinéma*,

1. Jean Epstein, *Écrits sur le cinéma*, Paris, Seghers, 1974, tome I, p. 191. Je souligne que ce texte d'Epstein semble destiné à Godard puisque Nicole Brenez le cite également dans un article intitulé « Le film abymé, Jean-Luc Godard et les philosophies byzantines de l'image » publié dans *Études cinématographiques* n° 194-202, *Jean-Luc Godard, au-delà de l'image 2*, Paris, Éditions Lettres Modernes, 1993, où elle tresse avec un indéniable savoir-faire et un grand talent le texte de Jean Damascène et la pensée de Jean-Luc Godard.

2. On trouve dans *Blackout* de Ferrara (1997) un plan d'une perturbante analogie avec la scène que nous venons de décrire, un plan qui est exactement le symétrique inverse du plan de *Passion*. Juste après une prise de drogue, le plan traduit ce que le protagoniste éprouve. L'image alors recule dans le cadre, tombe, comme tirée par un point de fuite, elle va s'anéantir dans le noir de l'écran comme si la nuit de l'écran absorbait alors le cadre, métaphore de la perte de conscience, du trou noir où le cadre, emblème de l'intentionnalité, est envahi/mangé par la nuit de l'écran.

en conclusion du long texte de Victor Hugo où il est question de la Serbie détruite par la répression turque, s'impose le portrait par Monet de Camille sur son lit de mort. Godard procède sur cette image à deux opérations. La première, y inscrire un nom et une date, de trois ans antérieure au tableau (la date du texte de Victor Hugo). La seconde, faire apparaître par anamorphose, au sens étymologique du terme de montée à la forme, une petite figure recroquevillée, tracée avec un morceau de charbon, une forme fœtale, plaintive, déhiscente, qui va, en clignotant, surgir et s'effacer, oblitérant un coin du tableau. Dans le drap blanc du lit de Camille, naît cette forme comme si elle s'était imprimée sur le tissu, comme si, dans ce portrait d'une morte, il y avait un autre portrait, par empreinte. Alors Godard fait entendre, après la description des horreurs en Serbie, cette phrase qui incarnerait le seul et véritable mystère : « le petit enfant dans le ventre de sa mère ». Dans le coin du drap blanc, cette forme, dans laquelle je reconnais maintenant l'esquisse d'un visage, bat comme un cœur, selon une phénoménalité comparable à celle de la carte postale de l'ange en marque-page dans *Hélas pour moi* [1]. L'image devient tout entière un paradoxe, et à ce portrait de morte Godard extorque la sensation d'une naissance [2]. Le texte de Victor Hugo de 1876 est, à la date des *Histoire(s) du cinéma*, d'une terrible actualité. Godard en a coupé la fin, et surtout la dernière ligne : « L'avenir est un dieu traîné par des tigres. »

1. Camille était morte à la fin de l'été 1879, le 5 septembre, et avait 32 ans. En faisant ce portrait, Monet avait écrit ces lignes : « Je me suis surpris en train d'observer la tempe tragique, cherchant presque mécaniquement les dégradations du coloris que la mort venait d'imposer au visage rigide. Des tons de bleu, de jaune, de gris, que sais-je ? Voilà où j'en étais venu… Mais avant d'avoir l'idée de fixer les traits aimés, l'automatisme organique réagit déjà au choc de la couleur. Les reflets me contraignirent contre ma volonté à une action inconsciente… » Claude Monet, *Camille sur son lit de mort*, 1879, huile sur toile, 90 × 68 cm, Musée d'Orsay, Paris.

2. Godard gomme toute la fin du texte dans laquelle Hugo explique que le génocide commis par les Turcs fait apparaître la nécessité d'une nationalité commune pour l'Europe, un gouvernement un, un immense arbitrage fraternel : « Ce qui se passe en Serbie démontre la nécessité des États-Unis d'Europe. Aux gouvernements désunis succèdent les peuples unis. Finissons-en avec les empires meurtriers. Muselons les despotismes et les fanatismes. Brisons les glaives des superstitions et les dogmes qui ont le sabre au poing. Plus de guerres, plus de massacres, plus de carnages ; libre pensée, libre échange ; fraternité. […] Ceci n'était hier que la vérité ; grâce aux bourreaux de la Serbie c'est aujourd'hui l'évidence. Aux penseurs, s'ajoutent les assassins, la preuve était faite par les génies, la voilà faite par les monstres. » 29 août 1876.

L'image que je viens de décrire – le portrait de Camille – serait-elle là par une opposition d'antonymes, inconsciemment, à la place des derniers mots du texte de Victor Hugo ? Godard invente une loi d'associations et d'ellipses qui finit, à partir de ses images à lui, par créer un montage subjectif, intime, analogique. Il y a une contagion induite par la méthode de Godard, on se surprend à penser et à faire se répondre les images selon un principe godardien.

Dans *Passion*, il vient d'être question de Delacroix ; le mot « tigre » n'a pas été prononcé, mais mon intuition, amorcée par ce qui vient d'être lu, est conditionnée et associe Michel Piccoli, à peine visible, avançant dans une serre, à un tigre. J'ai bien la sensation d'un tigre dans une forêt, véritablement cette sensation, alors qu'il ne s'agit que d'un petit patron odieux se profilant à travers quelques plantes vertes. À quoi cela tient-il ? À l'amorce, le texte de Delacroix, à la réminiscence des images du *Tigre du Bengale* dans la mémoire de Godard, à la réminiscence d'un autre tigre, celui associé à un groupe pétrolier et que fait, de temps en temps, surgir Godard dans ses films ? À tout cela en même temps, imprimé sur ce subjectile : la mémoire de Jean-Luc Godard, tel un écran. Un drap blanc qui attire les images et les efface. Il absorbe les images qui constituent la mémoire afin qu'elles puissent ressurgir, vivantes et visibles.

Quand Godard, dans ses *Histoire(s) du cinéma*, dit qu'avec Manet commence la peinture moderne, c'est-à-dire le cinématographe, il propose une généalogie. L'*Aufhebung* que je veux faire sentir procède aussi du déplacement pour Godard de cette question : il ne cherche plus à trouver une généalogie du cinéma dans la peinture, mais au contraire son essence, et cette essence, il la trouve dans les images non faites de main d'homme. Baudelaire a écrit que Manet était le premier dans la décrépitude de son art. Godard dit lui-même : « Chaque fois que j'aime un film, on me dit que ce n'est pas du cinéma. » Que cette *Aufhebung*, non pas celle de la peinture par le cinéma, mais du cinéma par lui-même, aboutisse chez Godard à un cinéma qui devient en images une théorie, une histoire et une doctrine, permet de lui appliquer la sentence de Baudelaire à propos de Manet. On entend bien sûr que « le premier » est à la fois un pionnier, un expérimentateur, et celui qui excelle.

Le dépassement du cinéma par une théorie et une philosophie, où le cinéma est bien ce dépassé comme dépassé intériorisé, est assurément l'ultime étape de l'œuvre de Godard, lucide et mélancolique. À « Chaque fois que j'aime un film, on me dit, Jean-Luc, ce n'est pas du cinéma », répond l'exergue du *Temps scellé* de Tarkovski. Cet exergue : « Andreï, ce ne sont pas des films que tu fais... », vient d'une conversation entre Tarkovski et son père, le poète Arseni Tarkovski, après la première du *Miroir*. (Soulignons que pas une seule fois dans ses *Histoire(s) du cinéma* Godard ne convoque Tarkovski.)

Que sont les films de Tarkovski ? Ils poussent effectivement le cinéma à sa limite. À la question : « Votre foi en Dieu se confond-elle ainsi avec votre foi en l'art ? », Tarkovski répond :

> L'art, c'est la capacité de créer, c'est le reflet, dans le miroir, du geste du Créateur. Nous, artistes, ne faisons que répéter, qu'imiter ce geste. L'art est l'un des moments précieux où nous ressemblons à ce Créateur ; c'est pourquoi je n'ai jamais cru à un art indépendant du Créateur suprême, je ne crois pas à l'art sans Dieu. Le sens de l'art est une prière, c'est ma prière. Si cette prière, si mes films peuvent amener à Dieu des hommes, tant mieux. Ma vie prendrait alors tout son sens, celui, essentiel, de "servir". Mais je ne l'imposerai jamais : servir ne veut pas dire conquérir [1].

Si les images *acheiropoïètes* offraient à Godard un modèle esthétique et conceptuel ultime pour son cinéma, celui-ci restait la démonstration de ce modèle, son élucidation, rarement sa révélation. Le plan de l'ange de la carte postale dans *Hélas pour moi* donnait cette sensation de révélation par un retournement de l'origine de la lumière, devenue intérieure et immanente, à l'égal d'une icône. Tarkovski n'explique jamais sa méthode :

> Ce qui passe pour être de l'art de nos jours n'est souvent qu'une mise en avant de soi-même. Or, c'est une erreur de croire que la méthode puisse passer pour le sens et le but de l'art. La plupart des artistes

1. « Les mardis du cinéma », France-Culture, par Laurence Cossé, 7 janvier 1986, cité par Antoine de Baecque, *Andreï Tarkovski*, *op. cit.*, p. 111.

> contemporains pourtant s'adonnent, avec un exhibitionnisme effréné, à la démonstration de leurs méthodes [1].

Il y a pourtant un modèle, un prototype qui préside au cinéma de Tarkovski.

Je risque cette formule : les films de Tarkovski sont aux films en général et au cinéma ce que les icônes sont à la peinture. Bien sûr, *Andreï Roublev* (1966) nous met sur cette voie, mais il faut se souvenir de ce que dit Tarkovski sur la genèse de ce film :

> Nous discutions avec Kontchalovski et un autre ami, à table lors d'une soirée. Cet ami a dit : "Pourquoi ne pas faire un film sur Roublev ? Je suis comédien, je pourrais très bien jouer le rôle de Roublev... La Russie ancienne, les icônes, cela ferait un beau sujet..." Au début, cette idée m'a paru irréalisable, voir détestable, trop éloignée de mon univers. Le lendemain pourtant, j'étais décidé à faire ce film et, avec Andreï Kontchalovski, nous avons commencé le travail de réflexion. C'est comme cela que s'est bâti ce projet. Heureusement, on sait très peu de choses sur la vie de Roublev, ce qui nous a permis toute liberté d'action ; liberté qui était pour nous d'une importance primordiale [2].

Ce film est, dans l'œuvre de Tarkovski, à la fois un hommage, une propédeutique et un magnifique chantier. Sa conclusion, splendide rupture diégétique, film dans le film, annonce la forme de l'oraison tarkovskienne : créer une icône, un plan qui, dans le film, serait un acte de foi et une prière.

Dans *Andreï Roublev*, Tarkovski filme *La Sainte Trinité* du monastère de la Trinité-Saint-Serge, actuellement à la Galerie Tretiakov[3]. Le passage du noir et blanc à la couleur a lieu par un raccord où le regard a été fasciné, absorbé, consumé par un feu. De ce feu en noir et blanc semble naître l'icône, et Tarkovski nous fait être, circuler, vivre et respirer en elle, littéralement la toucher du regard, avec le dessein profond de nous faire sentir ce qu'est une icône. Le plan alors est une prière, mais il s'agit de l'icône d'un autre, celle d'Andreï Roublev.

1. Andreï Tarkovski, *Le temps scellé*, *op. cit.*, p. 115.

2. Cité par Antoine de Baecque, *Andreï Tarkovski*, *op. cit.*, p. 107.

3. Andreï Roublev, *La Sainte Trinité*, 1422-27, fresque, 150×100 cm, Galerie Tretiakov, Moscou.

À partir de ce plan, *incipit* de l'œuvre, à partir de la Trinité filmée, Tarkovski n'aura de cesse d'inscrire dans ses films des plans qui ne sont plus des icônes filmées, mais des plans qui, construits comme des icônes, deviennent des icônes. La peinture irradie cependant tout l'œuvre de Tarkovski : Vinci et Bruegel resplendissent dans *Le Miroir*, la mémoire de Carpaccio traverse les plans d'*Andreï Roublev*. Tarkovski a une connaissance intérieure, profonde et sélective de la peinture. Quelque chose guide cette connaissance vers un au-delà de l'esthétique, ou une esthétique en réponse à un transcendantal : l'art est une prière.

> L'art est une prière. Cela veut tout dire. À travers l'art, l'homme exprime son espoir. Tout ce qui n'exprime pas cet espoir, ce qui n'a pas de fondement spirituel, n'a aucun rapport avec l'art. Ce sera, dans le meilleur des cas, une brillante analyse intellectuelle [1].

Tarkovski cherche les moyens d'expression du numineux, et c'est dans l'icône qu'il les décèle. Mais d'autres œuvres, profanes celles-ci, l'habitent avec une égale nécessité, pourvu que cette dimension, sacrée jusqu'à l'effroi, les irrigue. Dans *Andreï Roublev*, sans qu'on sente jamais la moindre citation d'un tableau, pèse, avant l'épilogue, la présence de Carpaccio.

> Mais revenons à la Venise de la Renaissance. Les compositions à personnages multiples de Carpaccio émeuvent par leur beauté féerique, je dirais même par la beauté de leur idée. Ces toiles rayonnent de l'inquiétante impression de pouvoir expliquer l'inexplicable : il paraît impossible de saisir ce qui nous entraîne dans le champ psychique de cette peinture, et qui nous bouleverse jusqu'à la frayeur [...] [2].

Certains plans de Tarkovski provoquent en nous ce frisson, cette peur, un séisme intérieur dont nous ne possédons pas la clef, dont nous ne connaissons pas l'origine, un chagrin, la rémanence d'une douleur on ne sait d'où venue, qu'une image, une seule image vient de réveiller. Et puis, il y a les plans d'apaisement au sortir de cette frayeur, qui en sont le réceptacle et la dissolution. De ce frisson

1. Cité par Antoine de Baecque, *Andreï Tarkovski*, *op. cit.*, p. 108.
2. Andreï Tarkovski, *Le temps scellé*, *op. cit.*, p. 59.

procède la construction des plans que je considère comme des icônes : l'élaboration de ces plans offre une analogie stupéfiante avec la genèse, la fabrication et la destination d'une icône. Cela doit avoir lieu sur l'écran, être projeté là sur ce drap tendu, et cependant, selon une phénoménalité très particulière, on doit avoir l'impression que cela vient de l'intérieur, qu'il ne s'agit pas d'une projection intentionnelle, mais d'une révélation, d'une révélation qui va venir calmer la peur qui couvrait le vide de l'écran.

Dans *Le temps scellé*, on trouve une métaphore de cet écran en attente d'une rédemption. Il semble que sans cette frayeur, cette peur originelle, rien n'aurait lieu :

> Au milieu de la route déserte, un enfant s'avance traînant un drap d'une blancheur éclatante. La caméra descend lentement. Au dernier moment, avant le changement de plan, un tissu blanc vient couvrir tout le champ de la caméra. Qu'est venu faire là ce drap ? Un drap qui séchait. À cet instant précis, nous avons perçu avec une force inouïe, et ressenti d'une manière extraordinaire, comme un fait médical, le "souffle de la peste"[1].

Sur ce subjectile en attente, l'écran, le souffle du mystère qui fait frissonner est un premier enduit, invisible, prêt à se dissiper, fragile mais impérieux et indispensable. Je vais prendre un seul exemple : le plan de *Stalker* où les trois hommes, parvenus au seuil de la chambre aux désirs, n'y pénètrent pas, et restent assis. À cet instant, longuement introduit par ce qui précède, Tarkovski les immobilise et les éternise ; techniquement, avec les outils du cinéma, il fabrique une icône, dispositif, décor et mise en scène sans lesquels je ne pourrais pas reconnaître dans le Stalker une figure christique, remonter à partir du Stalker jusqu'à son « prototype » : le Dieu fait homme. Ce n'est pas le scénario ni la puissance de la métaphore qui nous fait lire l'image pour l'icône de la Trinité, mais une puissance et une lumière immanentes à l'image, quelque chose qui fait que l'écran, le drap blanc initial, a été tout à coup nimbé, enduit d'une *lumière* telle qu'il est devenu une icône.

1. Andreï Tarkovski, *Le temps scellé*, *op. cit.*, p. 84.

Il faut se souvenir que dans la fabrication d'une icône, la dorure, le fond de l'icône s'appelle «lumière»; on recourt à l'ocre jaune ou rouge, parfois au vernis blanc, et souvent des feuilles d'or sont appliquées. Cet enduit est le fond sacré qui vibre dans tout l'écran, couvrant le souffle de la peste et la terreur initiale d'un autre frisson, ou d'un frisson d'un autre ordre. Tarkovski est fort de deux savoirs, l'un qui remonte au Concile de Nicée II :

> Et, pour résumer, toutes les traditions de l'Église qui nous ont été données pour loi par l'écriture ou sans l'écriture, nous les gardons sans nouveauté : l'une de celles-ci est l'impression, au moyen de l'icône, du modèle figuré en tant qu'elle s'accorde à la lettre au message de l'Évangile, et qu'elle sert à la confirmation de l'Incarnation, réelle et non fantomatique du Verbe de Dieu et qu'elle nous procure un profit égal, car elles renvoient l'une à l'autre [l'icône à l'écriture], dans ce qu'elles manifestent, comme dans ce que sans ambiguïté elles signifient[1],

l'autre qu'il nous redit dans *Le temps scellé* :

> En art, la connaissance est toujours une vision nouvelle et unique de l'univers, un hiéroglyphe de la vérité absolue. Elle est reçue comme une révélation, ou un désir spontané et brûlant d'appréhender intuitivement toutes les lois qui régissent le monde : sa beauté et sa laideur, sa douceur et sa cruauté, son infinité et ses limites. L'artiste les exprime par l'image, capteur d'absolu. C'est par elle qu'est retenue une sensation de l'infini exprimée à travers ses limites : le spirituel dans le matériel, l'immensité dans les dimensions d'un cadre[2].

Le cadre est devenu celui d'une icône, Tarkovski n'a pas décalqué les gestes de la *Trinité* de Roublev, il n'a pas cherché à ce qu'une posture dans l'image fasse réminiscence, au contraire, il a adossé les trois hommes les uns aux autres comme un seul corps. Son image est absolument semblable à une icône, une empreinte, un mémorial de l'incarnation au service de la transfiguration de la matière. La lumière y devient inexplicable, précisément parce que l'icône, c'est-à-dire ce plan, nous met en relation avec la lumière incorruptible du Corps

1. Traduction Marie-France Auzépy, dans *Nicée II*, Paris, Cerf, 1987, p. 33.
2. Andreï Tarkovski, *Le temps scellé*, *op. cit.*, p. 47.

ressuscité qui a gardé son contour et sa forme visible. À cette seconde, la lumière de l'icône se libère de toute opacité; ce corps n'est pas représentable. Les trois hommes, qui ne font plus qu'un seul corps, sont une éclipse de corps dans la lumière.

C'est donc une icône abîmée, une icône qu'il faut sauver, que nous propose Tarkovski. Celle d'une Trinité non pas défaite, mais au contraire soudée et reconstituée à la seconde où le cadre est inondé de lumière. Ce plan effeuille la lumière par couches d'intensité jusqu'à obtenir une véritable saturation. On peut enfin parler d'une saturation de signes magnifiques, et leur absence d'explication est, au sens théologique, un mystère. La façon dont Tarkovski œuvre pour que la lumière devienne de plus en plus intense, soit de plus en plus une lumière d'or, et soit de l'or, fait assurément penser à la technique de l'icône. La représentation doit être un geste de foi, un travail dans un pur esprit de prière (on a vu à quel point ce mot revient chez Tarkovski). Ce plan est un palimpseste de lumière finissant, par superposition, par produire une lumière absolue. La construction de ce plan est comparable à la technique de fabrication de l'icône. Une planche de bois séchée par les années est d'abord creusée pour signifier qu'on ne peint pas la surface des choses, l'apparence, mais un visage intérieur qui présentera un jour l'Homme transfiguré. Sur ce subjectile est collée une toile de lin qui recevra huit couches successives d'enduit. La dernière couche est soigneusement poncée et ce support figure la matière dans laquelle pénètre la lumière du Christ. Ce fond de l'icône s'appelle, je l'ai dit, « lumière », et est souvent recouvert de feuilles d'or. L'artiste applique alors les couleurs par couches successives, les plus sombres d'abord, les plus lumineuses ensuite, parce que « nous sommes appelés des ténèbres à Ton admirable lumière », comme le chante la liturgie. L'or n'est pas une couleur rencontrée dans la nature, de sorte que le fond doré de l'icône produit un espace où les corps n'ont plus à se conformer à des éléments de paysage ou d'architecture; ainsi libérés de toute contingence terrestre, ils se spiritualisent. L'éclat métallique de l'or reflète la lumière solaire et la flamme des bougies.

C'est littéralement ainsi que Tarkovski annonce et bâtit son icône de la Trinité. Les trois hommes réfugiés dans une image sale, grise, aqueuse, sont saisis par une première lumière qui traverse l'eau pour faire apparaître un sol pareil aux écailles du dos d'un énorme poisson. Cette première couche, encore sommaire, est l'enduit préparatoire pour quelque chose qui va avoir lieu. En faisant apparaître ce sol au premier plan, Tarkovski fait reculer dans l'image sa Trinité, l'inscrit dans un cercle, exactement comme le faisait Roublev dans sa propre Trinité, et cale le haut de la composition par une meurtrière qui semble là remplacer un autre signe. Alors Tarkovski fait pleuvoir de l'or ; une pluie d'or envahit le premier plan et irradie dans tout l'espace. Il pleut vraiment, mais le brasillement, lui, est de nature numineuse. Le temps de l'exécution, le temps de la réalisation de l'icône, sa lumière qui transforme et transfigure les trois hommes en Trinité, coïncide avec le temps de la vision. L'icône a lieu cinématographiquement, sous mes yeux, selon une temporalité qui est celle du cinéma. Mon regard, le temps de cette averse, circonscrit la scène et la perçoit telle une icône. La donation miraculeuse de l'image s'accorde son retrait et nous accorde une sorte de sursis par rapport à ce retrait. La pluie s'est arrêtée, l'image brasille encore mais faiblement, elle va regagner une immanence grise et éteinte, retrouver une dimension ontique opaque, cesser d'apparaître. L'un des membres de la Trinité jette dans ce premier plan, qui est redevenu une simple flaque, des pierres, et les ricochets provoquent des cercles concentriques d'or, des éclaboussures d'or, comme autant d'échos de l'apparaître.

Tarkovski touche à l'essence de l'image : elle n'est, ontologiquement, qu'en tant qu'elle apparaît. Il enchâsse son image entre deux plans : en amont, lorsque les trois explorateurs sont endormis sur une terre gorgée d'eau, on entend une voix de femme dire en russe un fragment de l'*Apocalypse* de Jean, puis, en noir et blanc, un long travelling filmant un sol recouvert d'eau, jonché d'objets hétéroclites et déchus, va s'échouer sur la reproduction du saint Jean-Baptiste du *Retable de l'Agneau Mystique* des frères Van Eyck. En aval, concluant en une image contraire le plan qui a statut et pouvoir d'icône, un plan de noirceur et d'inquiétude, mais régi par une phénoménalité absolument identique au précédent : prisonnier du cadre, un poisson – symbole christique par excellence – nageant dans une eau basse, la même qui submergeait la reproduction de Van Eyck, se voit soudain envahi par un liquide noir dont on ne sait ce qu'il est, mais dont le pouvoir mortifère est certain. Il est l'antonyme de la pluie d'or, sa forme négative, diabolique, celle du désastre et de la victoire du mal. Le film alors redevient en noir et blanc et la transition paraît avoir été provoquée par ce flux noir. Ce principe de transition par le noir, qui fait aller de la couleur au noir et blanc, est analogue à celui évoqué dans *Andreï Roublev*, où le feu permettait le passage à la couleur indispensable à l'apparition de l'icône. Dès lors, le Stalker et ses deux compagnons ne formeront plus de Trinité. Quand nous les revoyons, ils ne sont plus que trois hommes misérablement attablés. Dans le roman des frères Strougatski qui date de 1972, *Stalker, Pique-nique au bord du chemin*[1], dont le film est tiré, les Zones – au nombre de six – sont les débris d'un « pique-nique en bord de route », c'est-à-dire du très bref séjour sur notre planète de visiteurs extraterrestres, à qui l'espèce humaine a semblé peu digne d'intérêt. Dans le livre, le nom de la chambre réalisant les désirs est la « Sphère Dorée ».

On peut lire *Stalker* comme si le pouvoir d'une icône, son or, avait tout à coup éclaté pour sauver un territoire contaminé et rendu inhabitable par quelque catastrophe, la sainteté de l'image devant se diffuser de manière subreptice dans le film. Les pluies d'or, les brasillements, les rais de lumière qui viennent toucher ces fragments abîmés et voués au désastre sont les indices du salut dans ce corps contaminé qu'est la Zone. N'a-t-on pas la sensation que les trois hommes s'aventurent à l'intérieur d'un corps, qu'ils circulent dans un organisme malade, dont une tumeur énorme aurait explosé, se métastasant en flaques de désolation et de mort ? Oui, un corps ou un territoire contaminé, cancer ou catastrophe nucléaire... L'or et la lumière qui métamorphosent les images malades sont la victoire d'un acte de foi :

> On m'a souvent demandé ce que représentait cette Zone. Il n'y a qu'une seule réponse à donner : la Zone n'existe pas. C'est le Stalker lui-même qui a inventé sa Zone. Il l'a créée pour pouvoir y emmener quelques personnes très malheureuses, et leur imposer l'idée d'un espoir. La chambre des désirs est également une création du Stalker, une provo-

1. Boris et Arcadi Strougatski, *Pique-nique au bord du chemin*, Paris, Denoël, 1981.

> cation de plus face au monde matériel. Cette provocation, construite dans l'esprit du Stalker, correspond à un acte de foi[1].

Il n'y a pratiquement pas d'icônes de l'Esprit Saint, même en Orient, et les grands textes chrétiens parlent peu de l'Esprit Saint de manière directe, ils utilisent des symboles : le vent, le souffle, le feu, l'eau. Ces symboles sont ceux qui irriguent le monde de Tarkovski. À la fin de *Stalker*, Ouistiti, la petite fille muette du Stalker, qui ne peut pas marcher, est juchée sur les épaules de son père. Tarkovski filme le haut de son corps, et ce plan laisse la sensation qu'elle marche, il est un premier miracle puisqu'il fait oublier qu'elle est infirme, ou fait croire qu'elle ne l'est plus. Ensuite, et c'est le dernier plan du film, elle est assise au bout d'une table, son front et ses épaules sont cachés par un voile, plutôt une pauvre écharpe, mais qui, la parant ou l'enveloppant ainsi, s'apparente au *maphorion* qui couvre la Vierge dans les icônes. Sur un *maphorion* sont disposées trois étoiles d'or que l'on considère en général comme un symbole de la Trinité : une sur le front, et une sur chaque épaule. Devant l'enfant, sur une table dont la matité est impressionnante, presque surnaturelle, sont posés trois récipients de verre. La petite fille va, par un pouvoir précisément surnaturel, les faire se déplacer, jusqu'à ce que l'un, au bord de la table, bascule. Ces trois verres dans l'espace deviennent un instant les signes trinitaires du *maphorion*. Alors s'accomplit un second miracle ; Tarkovski a transformé l'enfant infirme en une Vierge qui montre le chemin, *Hodighitria*, il a bâti son icône en plaçant dans l'image chacun des emblèmes qui la constitue : la table pour le cadre, le châle misérable pour le *maphorion*, les récipients de verre pour les étoiles[2].

1. Cité par Antoine de Baecque, *Andreï Tarkovski*, *op. cit.*, p. 110.

2. Ce dernier plan de *Stalker* répond par avance à une phrase de Gortchakov qui ouvre *Nostalghia* (1983) : « J'en ai assez de toutes ces beautés écœurantes. » Le dernier plan de *Stalker* propose une beauté d'un autre ordre et qui s'apparente à la foi bien plus qu'au savoir et à la culture : « C'est ici que réside le mystère, comme le mystère de la Création. Lorsque l'on s'agenouille devant une icône pour prier, on trouve des mots justes pour dire son amour à Dieu, mais ces mots demeurent secrets, mystérieux. De même, lorsqu'un artiste trouve des personnages, des histoires, il fait œuvre de prière, communie avec Dieu dans la création, et trouve les paroles justes. Cela relève du mystère de la Création. » Andreï Tarkovski, cité par Antoine de Baecque, *Andreï Tarkovski*, *op. cit.*, p. 111.

Probablement faut-il, pour reconnaître dans ce plan de Ouistiti l'icône de la mère de Dieu (la *Theotokos*), quelque chose qui est plus qu'une intuition, et qui s'apparente à ce que le cinéaste sollicitait, quelque chose que résume à sa façon ce long monologue du Stalker à bout de force :

> Si vous saviez comme je suis fatigué... Il n'y a que le Bon Dieu pour le savoir... Et ils se disent intellectuels, tous ces écrivains, tous ces savants... Ils ne croient à rien de rien... Leur organe de la foi s'est atrophié, la fonction n'est plus sollicitée. Mon Dieu, d'où viennent-ils... Ils ne pensent qu'à une chose, se faire valoir, se vendre au meilleur prix! Se faire payer le moindre mouvement de l'âme, si seulement ils en ont une! Ils savent qu'ils ne sont pas nés pour des prunes, qu'ils sont "élus". Parce que, n'est-ce pas, la vie n'est donnée qu'une fois. Des comme ça peuvent-ils croire à quelque chose? Et personne n'y croit. Pas rien que ces deux-là. Personne! Qui vais-je pouvoir conduire maintenant? Seigneur... Le plus effrayant.... c'est que personne n'en a besoin.

table des matières

ACHEVÉ D'IMPRIMER
EN DÉCEMBRE 2011
PAR L'IMPRIMERIE
DE LA MANUTENTION
À MAYENNE
FRANCE
N° 807286J

Dépôt légal : 4e trimestre 2011